民國嵊縣志 5

紹興大典 史部

中華書局

嵊縣志卷二十六

藝文志

記

金庭觀晉右軍書樓墨池記　唐裴通

越中山水奇麗剡爲最剡中山水奇麗金庭洞天爲最洞在縣東南循山趾右去凡七十里得小香爐峯峯則洞天北門也谷抱山闕雲重煙巒迴互萬變清和一氣花光照夜而常晝水色含空而無底此地何事常聞異香有時值人從古不死眞天下絕境也有晉代六龍失馭五馬渡江中朝衣冠盡寄南國是以瑯琊王羲之領右軍將軍家於此山書樓墨池舊制猶在至南齊永元三年道士褚伯玉仍思幽絕勤求上元啓高宗明皇帝於此山置金庭觀正當右軍之家書樓在觀之西北維一間而四顧徘徊高可二丈

墨池在殿之東北維方而斜廣輪可五十尺池樓相去東西計之纔可五十餘步雖形狀卑小不足以壯其瞻玩而恭儉有守斯可以示於將來況乎處所遐深風景秀異契逍遥之至理閲鸞鶴之參差其金庭洞天卽道門所謂赤城丹霞第六洞天者也按上清經洞天在天台桐柏山中辟方四十里北門在小香爐峯頂人莫得見之樵夫往往見之者或志以奇花異草還報鄉里與鄉里同往則失其所志也過此峯東南三十餘里石竇呀爲洞門卽洞天之便門也人入之者必贏糧秉燭結侶而往約行一百里二百里多爲流水淤泥所阻而返莫臻其極也通以元和二年三月與二三道友裹足而遊登書樓臨墨池但見其山水之異也其險如崩其聳如騰其引如肱其多如朋不四三層而謂天可昇經再宿而還以書樓闕壞墨池荒毀詰於邑宰王公王公瞿然徵王氏子孫

之在者理荒補闕使其不朽卽事題兹實錄而已

沃洲山禪院記　　唐　白居易

沃洲山在剡縣南三十里禪院在沃州山之陽天姥峯之陰南對天台而華頂赤城列焉北對四明而金庭石鼓介焉西北有支遁嶺而養馬坡放鶴峯次焉東南有石橋谿谿出天台石橋因名焉其餘卑巖小泉如子孫之從父祖者不可勝數東南山水越爲首剡爲面沃洲天姥爲眉目夫有非常之境然後有非常之人棲焉晉宋以來因山洞開厥初有羅漢僧西天竺人白道猷居焉次有高僧竺法潛支道林居焉次又有乾興淵支道開威蘊崇實光識斐藏濟度逞印凡十八僧居焉高士名人有戴逵王洽劉恢許元度殷融郗超孫綽桓彦表王敬仁何次道王文度謝長霞袁彦伯王蒙衛玠謝萬石蔡叔子王羲之凡十八人或遊焉或止焉故道

猷詩云連峯數十里修林帶平津茅茨隱不見雞鳴知有人謝靈運詩云暝投剡中宿明登天姥岑高高入雲霓還期安可尋蓋人與山相得於一時也自齊至唐兹山寖荒靈境寂寥罕有人遊故詞人朱放詩云月在沃洲山上人歸剡縣江邊劉長卿詩云向人住沃洲此皆愛而不到者也太和二年春有頭陁僧白寂然來遊兹山見道猷支竺遺蹟泉石盡在依依然如歸故鄉戀不能去時浙東廉使元相國聞之始爲卜築次廉使陸中丞知之助其繕完三年而禪院成五年而佛事立正殿若干間齋堂若干間僧舍若干間夏臘之僧歲不下八九十安居遊觀之外日與寂然討論心要振起禪風白黑之徒附而化者甚衆嗟乎支竺殁而佛聲寂靈山廢而法不作後數百歲而寂然繼之豈非時有待而化之有緣耶六年夏寂然遣門徒僧常贇自剡抵洛持書與圖詣從叔樂天

乞爲禪院記云昔道猷肇開兹山後寂然嗣興兹山今樂天又垂文兹山異乎哉沃洲與白氏其世有緣乎

按一統志沃洲山高百餘丈周十里北通四明山下統大溪與天姥對峙道書以爲第十二福地唐懿宗時王式平裘甫遣兵拔沃洲寨即此在新昌縣東二十五里而太平寰宇記則以沃洲山屬嵊縣蓋嵊自梁開平元年吳越王錢鏐始析剡城縣東十三鄉置新昌縣其縣治乃剡之石牛鎮則五代以前沃洲固剡地也故錄兹篇以識舊域

周汝能天香亭記　宋王十朋

剡中佳山水爲東南州之眉目汝南周君堯夫得爽塏於剡山之陽挾雙溪之勝而家其上廣廈沈沈在剡爲甲有巖桂數百根皆古木也蒼然成林森然而陰洞然而深闢徑通幽而亭乎其中主人日與客遊焉如入宜人之林而夏不知暑如登飛來之峯而香飄自天如騎蟾蜍浮兎宫而下視人間世眞剡之絶景也予丙子冬過剡把酒是亭時堯夫將戰藝南宫予因目之曰天香明年春

果擢巍第與予爲同年友堯夫命予記之而未暇逮今七載每移書必及之乃爲言曰學者方未第志在乎得耳得則喜失則悲故以登科爲化龍爲折桂春風得意看花走馬晝繡還鄉世俗相歆豔曰仙子天上歸也是特布衣之士詫一第以爲天香耳若夫學士大夫所爲香者則不然以不負居職以不欺事君以清白正直立身姓名不污干進之書足迹不至權貴之門進退以道窮達知命節貫歲寒而流芳後世斯可謂之香矣唐宋璟以芬香勉張説漢李固以糞土視胡廣趙戒名乎名乎科第爵祿云乎哉堯夫筮仕有能聲且挺挺好議論時事遠大未易量予方以名節相期必不負所以名亭者矣堯夫又能樂教難弟諸子皆力學行見棣蕚聯芳芝蘭並秀濟濟詵詵天香滿門不止燕山之竇而已然科第之香孰如名節之香堯夫又當躬行以率之也

周瑜淵源堂記

宋王十朋

孟子曰君子深造之以道欲其自得之也說者因孟子之言論淵源之學本乎自得非傳授所能嗚呼是究孟子之所言不究孟子之所不必言也夫欲造道於未得之前不資諸師友可乎未有舍師友而自能深造者此孟子所不必言者也孟子知性本善知道莫大乎仁義爲七篇書其自得有如此者世之學者多矣自得者鮮父兄之教子弟固非無師友也命之之意鮮有及乎道學之淵源者望其深造自得可乎周君手誡子孫曰親師友之淵源噫君之家訓過人一等矣慮子若孫懈而弗遵爲名其堂且記其事

學田記

宋姜仲開

嵊縣建學久矣至紹興三十二載縣學長諭始與諸生共出力創買田地爲虀鹽之計既而告之于縣縣爲命公吏置案牘歲督其入以

給厨饌尙慮綿歷歲月事或遺忘則又書其步畝之廣袤稅賦之重輕暨佃戶之姓名租課之多寡咸刊諸石以傳不泯紹興五年十月初一日右儒林郎知縣主管勸農公事姜仲開立石

杜春生越中金石記按高似孫剡錄載王銍所撰修學碑稱淄川姜仲開建學堂移殿廡與門南向諸事文題紹興五年九月甲午則與此碑皆仲開同時所立蓋因修學之舉并置田地以供費用焉

邑令史公安之治績記　宋　李宿

嘉定歲在癸丑十二月十五日故太師魏王之孫史公爲剡令尹公既至而宣天子德意講求民瘼憫剡之爲邑其土瘠農艱而又困於租賦之重思有以紓其急於是節浮費剔民蠹疏利源明年閱兩稅之在民未輸者絹爲疋二千一百十五綿爲兩一千五百

九十一錢爲貫七千米爲石三千二百六十一乃喟然曰吾昔所積非以自膏蓋爲民也乃盡出以代其輸又明年復蠲坊郭和買絹四百疋錢二千貫父老歡呼鼓舞塡溢道路僉謂此自古所未有昔之爲令者鞭笞敲朴惟恐吾民輸之或後公一旦乃能捐一二萬緡以予民其所以惠剡人者厚矣將思揄揚稱頌以大公之所施乃相謂予曰執筆墨以紀其實子之事也願立貞珉侔狀高明垂憲於後予不得辭因次第其語以爲治績記惟公剛方不撓明敏有餘其爲政也嚴而不過於苛寬而不失於縱自下車之始卽以興利除害爲念凡事之切於民者以次而舉行曩者鄉校頹圮久而不葺生徒無肄業之地公乃更故址卜爽塏殿宇崇嚴門闥靖深講藝有堂棲士有舍倉庾庖湢莫不畢備而又增米廩招名儒日有課月有試故庠序沸絃誦之聲士子資作成之力曩者

稅籍不明無所稽証鄉胥肆走弄之奸公乃分置鄉官總以機察考經界之晦步括戶口之逃絕而又爲重立版籍第土色之上下列賦稅之品目俾收除可稽多寡可考產去稅存之患一洗盡去故民得輸納之實吏無隱漏之弊自昔催科漫無程式吏裂片紙謂之揹標朝出暮入人不堪追呼之迫公謂此非所以便民輸也乃創置匣簿總一戶合納之賦寬爲之數以二十日爲一限俾人戶以當輸之數目書於簿親爲考閱民皆樂輸而吏不敢以侵欺故已定者不至於妄增而既輸者亦免於重納自昔訟牒繁委不能徧覩雖刻月日都保爲之印狀令止親押而已公謂此非所以伸民冤也乃日受一鄉之詞訊問詳審事至即決庭無留訟而門階至於闃寂禁令明具務在必行人不敢犯而犴獄爲之常空邑有宿蠹短長無敢誰何公乃嚴追捕窮黨與而譁狡者莫不縮首

鄉有奸民縱橫村落戶不寧居公乃盡疏其惡上之於郡明置典憲而強梗者悉皆屏跡春久不雨遍走羣祀隨即沾足蝗雖入境所過多食草木之葉禾不盡傷故剡比他邑獨得中熟人皆以爲精誠德化之所感至於修舊城以防水邑民無倉卒墊溺之慮建浮橋以濟涉而往來遂免呼渡之勞自縣治而至諸廳自驛館而至倉庾旁及神祠寺觀或增飾或創建內外煥然觀瞻一新費貲辦於官而民不知擾又以其餘力累石爲山植花木築臺榭簿書之暇領客周旋其間以觴詠自適曾不見其作邑之難也剡在會稽素號劇邑異時雖以武健吏居之猶日救過不暇公當頹弊敗弛之後雍容辦治不聞厲民駭衆之煩而百廢具舉夫小試一邑雖未足以盡公之才而施設煒燁皆可稱述他日紀綱百度陶融萬化亦自是而推之耳記成以示父老父老曰子紀公之治無溢

美無愧辭可以示將來乃命書而刻諸石以俟觀風者採擇云公諱安之字子由四明人也

按史安之仕至朝奉大夫浙東按撫司參議父名彌正浩之子也浩嘉定中進封越王改謚忠定孺人劉名元徽字幼和開禧初進封鄘王劉光世其曾大父也子雲卿見越中金石記劉孺人墓銘

修學宮記　宋周汝士

簿括蒼江公尉臨海謝公視事之初謁夫子廟歷視傾欹上漏下濕諸生無所歸因愀然曰政孰先於此同心之言其應如響於是定規模審材用聚餱糧命徒庸敝者葺之壞者新之課有限試有法誘掖不倦發於至誠諸生激昂日進於學炳之文治熠然一變蓋數十年未有也古之仕者以其所學後之仕者以其所不學古

之學者一毫未信而使之仕雖聖人有所不能後之學者幸而入政往往視所學爲空言漫不知省曰從事於斯吾知爲政而已矣不知所學爲何事也昔魯脩泮宮從公於邁無小無大蜀起學宮邦人向化鴻儒奇士間生特起異時掞藻天庭淵源四海如游夏輩可不知所自耶

還建學宮記　　宋　高似孫

嘉定七年史安之行尹事三歎舊宮荒隳士失肄業相剡山庚兌之隅樂其崇峻閑敞山水明美如杜子美所謂剡溪蘊秀異李太白所謂剡水石清妙者迺匠新宇巘巘巍巍志於鏗風教琢翹楚也嗚呼作學非難也繼難也繼非難也知爲難也然豈無知者乎晉湛方生修學教曰嶺舉雲霞之標澤流清曠之氣山秀水清荆璞在茲剡山水有之魏曹植孔子廟頌曰修復舊廟豐其甍宇莘

莘學徒爰居爰處士教既備永作憲矩剡學者圖之

新學記　　宋袁燮

嵊古剡也杜少陵詩云剡溪蘊秀異欲罷不能忘夫秀異之氣周流磅礴鍾爲人物必有資稟英粹爲時翹楚者其可輕哉燮元職成均日延四方士相與欵語觀其爲人品彙雜然未易枚舉人才之生何地蔑有今猶古也維古盛時待士甚厚長養磨淬不厭不倦良心德性日益著明於是皆爲善士隨才器使有功有業即今之士類而以古人長養磨淬之道與之周旋遲以歲月亦當有不可勝用之才不惟膠庠如是抑郡若縣之學皆能用是以淑士類躍然奮發者亦必多有任是責者不可不勉四明史侯之爲嵊宰也悼學宮之壞棟撓柱攲岌岌將壓俊秀朋來肄業無所即以身任之節浮冗窒滲漏與主簿徐君議罔不合事由是集舊學在城

隈地非爽塏氣鬱不舒周覽以求勝處乃得今地臨流負山面勢宏傑經始於去秋而告成於今春自大成殿至兩廡重門自明倫堂至東西齋序自倉庫至庖湢凡屋百間堅壯軒豁遂成偉觀士業其中雍雍愉愉有雲飛川泳之適侯及主簿君皆有書來屬燮識之燮不敢辭侯名安之字子由太師之孫今丞相之從子生長金玉淵海之間益自砥礪不溺豪習而留意於學宮如此可謂知本務矣諸生何以報稱亦惟有志於道靜觀此心與天地同本與聖賢同類我欲爲善誰能禦之充火然泉達之端謹梏亡茅塞之戒更相磨厲儒風大振則侯之至望也尙勉之哉

新學記

宋周焱

嘉定甲戌春四明史侯作新學宮面勢雄豁甍宇崇壯閱三十餘載水邱侯領縣事謁拜竟歷顧而歎曰美哉史侯之所爲不圖敝

圯之至於斯也昔史侯相地鉏山撰築堂廟鱗鱗櫛櫛百楹相扶士業其中日進於學擢儒科游辟雍者率由斯出文風彬彬一時焕映作成淬礪之效也積久不葺風簷雨障破漏傾欹梁柱棟攴苔蕪蘚濕朔望奠謁往往相顧惟懼殫財動衆不敢屬意焉水邱侯來憫史侯創建之難朝籌夕度勇然是圖凡集同僚必加咨審暇日訪吾兄弟曰學校風化所繫吾當身爲之子其翼我以嗣斯舉抑成子之先志傾倒己俸鳩工集材於是腐者折者頹者壞者窒而弗宣闕而弗具者迺拓迺易迺立迺理工將就緒而侯去矣既去書尺旁午諄諄乎猶不能忘情吾兄佐少仙畢其役前人規模至此脩復溪山振采秀氣蔚擎吁游於斯者盍思侯之所以然一趨嚮厚涵養廣聞知精進乎高明光大之域以副侯之所期則史侯不得專美於前矣侯名袞字子長錢塘人自登進士第涖官

著政聲愷悌詳明溫恭律己不苛不擾惠洽令孚再考成資引嫌
而去一意學校人皆稱之是役也決其議相其成不以侯去留而
解者尉鳥磯施復孫也協贊裁審董隸其事者吾兄燮也摭其實
以筆於石者城西學者周焱也

校官記　　宋　解南翔

理宗皇帝之三十六年改元景定越三年縣立之師曰主學壬戌
之秋南翔叨由部選調縣學掾嵊古邑也今豐沛邑也山川人物
之秀異爲天下最南翔不敢不職其職以對揚休命三年滿將代
進諸生語之曰春秋法始事必書可無以告來者諸生曰何居曰
在學言學吾明告之古者大道爲公自王宮國都以至比閭莫不
有學春秋以前縣大郡小當時一縣不知幾閭也姑以一閭言之
二十五家之中坐左右塾有兩師焉則是一縣又不知有幾師也

戰國而後郡大縣小塾教法廢而兼幷起漢唐舉法密教法疎郡國之貢不存閭塾之教不復思古君子未嘗不痛恨也國朝跨漢軼唐追三代而從之郡國之學自慶歷始縣置主學自景定始嗚呼盛哉我仁祖四十二年之治先皇帝四十一年之治與三代同風其以是夫南翔忝創員之首深懼曠瘝上以負天子下以負所學汲汲然不敢忘講說惟精考課惟公非周孔顏孟之說不敢言以薰以陶駸駸鄒魯規模立矣廨宇創矣講會說矣先賢之祠宇建矣繼廩繼庖亦足以養廉矣由此而菁莪以育之采芑以新之棫樸以官之人才其不三代乎今天子聰明仁聖師道立而善人多三代之盛諸生身親見之咸淳二年丙寅七月記

四明山石窗記

元許 薦

余頃過天台石室訪青蓮君於子微子與游金庭玉宇擘麟脯飲

流霞洒朗吟明月下視人間風雨厭厭也一贈我以五色石曰余藏此久未嘗示人此可以補天文章畜之室耿耿有光能驚眼目走神鬼也一惠余以龍根草形狀宛轉曰饑可食而食比塵世矜五鯖託翠釜紫駝峯曜素鱗於水晶盤者若蛆甖浮羽蟻孔腐股屑屑米粒蟲睫不足食也四明山第九洞天涼瀑飛夏雪芳草開冬花危磴梯空深雲絕壑怪石靈樹瓌異萬狀巖巖峩峩人迹所不到之地風露高寒玲瓏四壁非玉而玉非瓊而瓊石窗四開通明透白子宜主之遼夜一鶴清唳碧霄足醒醉夢闞巖坑洄一湫深不知其幾千萬丈下納一龍蟠伏霧水澤澤其畊蘇蘇而炎可起之以召霹靂而逐虐魃大作霖雨以沃焦株活槁根也唯唯笑領一別又若干年矣余之居是窗也而少有識者不知青蓮君子微子更何時會耶偶逢陽明山人與之言謂余記其事繫之詩詩

曰玲瓏九洞天壁石四明山曉檻煙霞暖夜窗風露寒龍吟眠正熟鶴唳飲方闌塵世無人識關門煮白丹

西爾莊記

元　高明

史君子受居剡溪邑中有別業在剡之西築室數間作樓讀書因名之曰西爾莊余來越中子受以書來徵余記之且敘其風土之美曰是莊在剡之相邨面太白峯控引沃洲天姥四明諸山聯嵐湧翠角奇獻秀來集戶牖間其旁則原泉觱沸下爲蒙谷灌木蓊藹貯蓄風露水下趨爲松徑縈帶左右其前則平田廣衍龍鱗差次衆綠萬頃傾蕩天影每積雨新霽烟霏廓斂行吟曳杖徙倚山徑間則見夫稼者圃者饁者漁者牧者薨者負販者逐禽者扶攜以遊者負劍以歌者或行或趨或立或踞或歌於途或倚於樹或息於石或濯於水熙熙焉忘其行役之勞也逮夫日之旣夕羣動

咸息掩關嚮晦燎燭誦詩忽皎月自溪上出光浸水檻凉颸飀飀
回翔林薄振擊松桂露瀼瀼自石壁下飛灑飄拂樓居之人神澄
骨清嗒然若與世相違也是邨居人僅百餘家其人皆敦龐樸厚
力穡務本以爲俗租吏賦算輸無後時不煩里宰樹有桑栗畜有
雞彘釀黍以爲酒斲山以樹蔬梁溪以得魚歲時社蜡膢臘磔牲
釃醪作樂享神相與飲食飫樂休休焉又忘其終歲之勤動也吾
因愛類夫豳詩七月之所云者遂以西豳名焉願與我發其義余
覽書而歎曰旨哉西豳之名也夫豳之爲俗用天道因地利務耕
稼事蠶織敦人倫尊君上公劉所以基王業也孟子之論西伯之
善養老與王道之始終亦不過此而已周禮廢王迹熄籥章土鼓
之樂豳頌豳雅不復用於迎寒迎暑矣兄能存其舊俗之美乎後
之爲政者苟能使其民皆爲豳民之俗天下其庶幾乎今子受築

室命名不以草木不以雲物不以山川而取西周之豳土其意蓋深喜古人之遺俗猶幸有存者惜乎今之民不能皆如豳民之俗也余知其意有在焉故爲著之吾黨之士苟有志於古人之治道者其必有取於西豳者也

重修學記　　元王璛

國家承平百年崇尚文治廟學徧郊邑以至遐陬僻壤可謂盛矣皇上御極聿新庶政詔中外舉守令設六事以考績學校興舉居其一焉膠東冷侯首膺選受儒林郎來尹嵊邑奉揚德意以化民成俗爲先務下車三日謁先聖廟顧瞻衆宇破陋傾攲惕焉是懼力任修治謀所以裕財贍用之方進諸儒而諭之曰室宇之敝若曰某任某事則將滅裂而苟完與其聚物而僦工奚若衆議之有協廼度多士之產畝出一錢復其雜徭士樂輸得錢若干選邑士

及吏民之能事者使率作掄材首修禮殿自門表而上曰秀異亭自靈星而上曰戟門禮殿之兩廡爲從祀論堂之兩廡爲齋舍繚以修垣廢者起隳者固瓴甓圬墁峻整嚴密藻飾黝堊文質相稱生徒有舍庖廩有次南面之像侑食之容衣裳冠履儼然繪之中始工於至正五年春閱十月告成剡人士謂侯斯役不迫以官府之威而士樂於趨事復新創之美不可無以垂訓將來按嵊學之建始於宋之慶歷八年重創於建炎元年嘉定甲戌徙今所歷歲既久其弊已極元貞二年始加繕修後至元二年復施營葺未幾輒壞今侯因舊爲新名修而實建也後之繼者能心侯之心欽體上意以盡興舉之職雖永久弗壞可也士之鼓篋而來者藏修於斯游息於斯可不知所自勵乎瞻夫子之德容依夫子之廣居講明乎詩書六藝之文求盡乎修己治人之術駸駸乎鄒魯之風

著人材之用昌文運之盛以副興學之意是侯之澤被於後人者殆未艾也宜書侯名瓚字彥中由庚午進士三仕而宰斯邑律己恤民見諸輿頌非學校所係茲不復贅云

文昌祀置田記

元周宗元

文昌者蜀梓潼縣七曲山之神君也繇唐訖宋學士大夫皆敬祀之以□爲司祿□文治科第之神故爾國朝文運肇興廷祐間加封神君徽號褒顯甚渥由是文昌之祠盛於天下剡□□祠故時在北門之桃源觀迨元貞丙申而遂毀至正甲申縣幕長天台陳濬率邑□□□□□庠之西序像設几帷規制稍具適令尹膠東冷侯瓚爲邑作新學宇復增飾而加美焉維無以供牲餼爲慮明年士人楊志弘請以其里社禳禬田爲民佔者歸祠以□用狀上侯輿縣長也速□兒侯議許之俾教諭揚至覈其田得若干畝

盡歸於祠於□祭祀有備文昌之神有所依矣猶懼後人或失之也定其畝步計其歲租之入既籍于官復上諸府又以爲永久之計也立石以表其畔於戲政成之暇而能興廢補弊□文昌之□益□□後剡之文運益大於前皆賢侯之力也其又可忘乎遂爲記時至正□年龍集丙戌十月上澣日立石

按文昌神晉常璩華陽國志云梓潼縣治五婦山有善版祠一曰惡子民歲上雷杼十枚歲盡不復見云雷取去此民間私祀之始其後後秦姚萇立張相公廟祀之猶未以爲主文治也至唐封順濟王宋改封英顯王元加封輔元開化文昌司祿弘仁帝君遂爲專司科名祿籍之神清嘉慶六年秩於命祀追崇三代致祭禮文與關帝同道家者流或傅會爲文昌之星又或創爲化書之説支離怪誕不可究詰要指爲梓潼縣七曲山之神

君者近是杜春生越中金石記又按文獻通考云梓潼君姓張名亞子仕晉戰歿人爲立廟

譙樓記

元　楊敬德

嵊會稽山水縣也治據星子峯之陽清溪千仞白雲萬層浮暉空翠流景常新足以濬清明而神志氣宰斯邑者豈弟廉慎之士莫不喜其地偏境勝俗美民淳而盡心焉至正甲申膠東冷侯瓚來涖兹邑侯由儒科興廉勤宅心人民化服訟庭晝寂鳴琴裕如也度可使民矣乃與僚佐議葺新廳大修學校顧譙樓之址鞠爲茂草鼓角寓他所垂四十年比邑父老而討之咸願以浮屠氏助役之資給其用侯從之市材深谷爲天旱溪涸慮致力爲難俄而大雨水溢浮木而來如赴期約售工傭徒厚於私家之直民懽趨敏給不久就緒經始於至正四年十有二月落成於明年八月爲樓

橫八楹縱十二楹旁舍翼然崇以層臺繚以欄楯橫壯加昔其木石磚甓之材與夫工匠之需官無費而民不擾徙鼓角其上以時興息深得古人申教防微之意云嘻上古聖神治歷明時以熙庶績秩東作西成之務爲先而挈壺有職雞人譸[illegible]上焉致辨色示朝之戒下焉謹出作入息之度政教之巨細不同所以儆怠荒一也夫中人之情不禁必放逸不儆必玩愒尙何望歲功之成耶唐太宗用馬周言以鼓代傳呼之制譙樓始遍郡縣亦古法之通變者矣孟氏談王道首言耕桑使林林之衆興息有節惰游知懼耕桑茂矣寇攘屏跡風俗淳矣晨昏號令豈非治情田厚民生之一事耶如侯可謂盡心焉耳矣然而左右鼓舞仁漸義摩以作新斯民尙有其道侯異日膺岳牧之任盡攄其所學以白儒者之效於當世士林之望也

重修學記

元楊翮

嵊縣儒學教諭項君昱謁告來杭請於予曰嵊屬紹興爲縣其治在四山之間廬井富盛素號樂土比歲外難接壤不時突來至正二十一年悉罹蕩燬學居西南阪羣峯之麓亦復延燎獨存論堂自是以來釋奠無所講肄靡託昱初至官不遑寧處會浙東元帥周侯紹祖以江浙行省平章政事光祿李公之命來縣撫綏謂縣尹邢君雄曰今庠序徧天下國家以之崇聖教育人才廼茲嵊縣久廢不治厚倫美化之原殆且榛塞其曷可已也我其圖之顧惟學廩鮮微不足以周用則身爲之倡出俸稍以裨之於是上類輸費翕然勸趍侯爲選於籍儒取其能者俾董其役搆堂宇爲五間左右翼以兩序設主堂上以行朔望春秋之禮左序以教諸生右序以爲學官之所寓又別築室三間還文昌像而祠之始事於二

十三年十二月甲子至明年八月庚申休工縣尹實相其成侯所經畫一不擾民而學制以立侯之言曰吾篤志於斯甚至殫其力而爲之以時之不易也故其所成就僅若此後乎今兹必將有恢拓而宏大之者此爲之權輿也昱以侯之在嵊適當兵燹之餘而能作新儒學斯文賴幸請爲文以紀其績刻之堅珉予惟古有學而無廟故皆祀先聖先師于學後世先聖先師之祀爲廟而立像焉非古也今嵊縣之學雖誠草創然深有合於祀先聖先師於學之義學者尊尚聖人之道顧豈在於崇侈哉周侯之見殆可謂卓然者已嵊自周侯之至也流亡日歸荒萊日墾廬舍日完商賈日集而士君子獨以嵊之有學爲侯治績之最原侯之得展布其材者不由于光祿公用人之審歟初侯嘗作劉寵廟于錢清在嵊未幾起廢二戴書院新王貞婦祠其於名教蓋惓惓焉也嵊之學者

覩侯之當斯時不以庠序爲緩其亦思所以興起於學乎聖人所謂造次顛沛必於是者予願爲嵊之學者勉之周紹祖字繼先陳臺人是歲龍集甲辰九月丁卯記

越中金石記按光祿李公吳張氏將李伯昇也紹祖移建劉太守祠陳世昌撰記碑已著錄修二戴書院嵊人許汝霖撰記修王貞婦祠天台徐一夔撰記二碑俱未之見楊翮字文舉江寧人官至太常博士項昱溫洲人訓導崔惟遜乾隆府志道光縣志俱未載

留耕堂記

明　鎦績

剡源錢君士安君子人也嘗取賀水部但存方寸地留與子孫耕之詩語以留耕名其所居之堂屬予爲之記予惟方寸地者心也心統性情者也人生而靜其性本無不善一爲物欲所蔽則心馳

於外而遂喪其本然之天方寸之地於是乎蕪矣飲食男女以爲之螟螣榮名利祿以爲之稂莠潛滋暗長肆其蟊蝕而善根之存者無幾惟君子爲知所以存之能存其心則能養其性能養其性則能事事合理而不違乎天矣存之之方何也有詩書以爲之耒耜有禮樂以爲之畚鍤滋之以仁義之淵培之以道德之腴用其力而無間吾將見其靈苗嘉穀日榮歲稔不惟可以飯其身而且可以飯其子孫是雖方寸之小而四方之廣不足爲其畔岸八紘之大不足爲其畛域地孰有過於此者哉昧者不知務此耒耜不修畚鍤不治而且炎欲火以涸其淵肆情刃以戕其腴奪人之利以利己肆己之毒以毒人彼方熙然以爲得計而不知造物者已陰禦默概於冥冥之中矣是其身且不能免况望庇及其子孫邪善哉錢君以是名堂誠可謂知言者矣然知言非難而踐其言爲

難人之以是名堂者夥矣徐考其行於操存之道果能無歉於方寸間乎故曾子謂君子必愼其獨錢君篤厚而諒直雅以積善稱於鄉是蓋爲能愼其獨者然君能以是地貽之子孫而不能代其耕子孫苟能修其耒耜治其畬錙服力弗懈毋俾涸其淵而戕其腴則錢氏之大有年於斯雖百世之遠可卜也詩曰貽厥孫謀以燕翼子錢君有焉詩曰無念爾祖聿修厥德錢氏之子孫其尙愼懋之哉君名時寧士安其字也宋嘉興軍節度使僉判弼之七世孫三子沛洙泗皆讀書尙義孝友克家能世守其業云

張思齋菊趣軒記　明　方孝孺

人嗜於物必有樂乎物樂焉而勿厭非深有得乎物之趣者不能也好權者之於位慕利者之於財竭思慮殫歲年孜孜求之而不止彼其爲趣亦有所樂矣而曠達之士以爲非孟嘉之於酒阮孚

之於屐支遁之於馬舉世之所尙者不足以易其好其所得之趣亦可謂深矣而高潔之士未免以其所樂者爲累蓋人之心不可繫於一物苟有所繫而不能釋雖逸少之於書元凱之於左傳李賀賈島之於詩當其趣之自得以爲雖萬物莫能易及其流於玩物而喪其天趣則與好世俗之微物者無以異惟君子之知道者則不然在我之天趣可以會乎物之趣已有以自樂而不資物以爲樂召公之卷阿曾點之舞雩是曷嘗有聲色臭味之可以適乎情而快乎體哉縱目之頃悠然有會乎心忘己以觀物忘物以觀道凡有形乎兩間者皆吾樂也皆有趣也而吾心未嘗留滯於一物也夫是之謂得乎天趣後之士知聖賢君子之樂者蓋有矣吾嘗於陶淵明有取焉淵明好琴而琴無絃曰但得琴中趣雖無音可也嗟乎琴之樂於衆人者以其音耳淵明封其絃而忘之此豈

玩於物而待於外者哉蓋必如是而後可以爲善用物會稽張公思齊氣清而志美好學有長才少喜淵明之爲人營別業於珏芝山中種菊釀秫名其居爲菊趣軒及遇聖天子擢爲陜西布政司左參政去林壑而處公署之崇嚴都園林之靚麗無復隱居之適矣猶揭菊趣之名不變或者疑之予以爲琴而無絃猶不害淵明琴中之趣公苟得菊之趣豈問身之隱顯與菊之有無哉菊之爲物揚英發秀於風霜淒凜之際有類乎盛德之士不爲時俗所變服之可以引年於澤物濟世之功又有類焉公之趣誠有得乎此處富貴而勿盈臨事變而不懾御繁劇而不亂推其所得者於政使數千里之民樂生循理躋乎仁壽之域則公之樂果有出於菊之外者矣夫樂止夫物之內者其樂淺樂超乎物之表者其樂深淵明之屬意於菊其意不在菊也寓菊以舒其情耳樂於物而不

玩物故其樂全得乎物之趣而不損已之天趣故其用周嘗試登公之軒誦淵明之遺言而縱談古人之所樂則夫淵明之趣果屬之公乎屬之我乎尙幸有以語我哉

張遯直內齋記　　明　方孝孺

人之受於天者均也聖人與天同德而衆人至於與物爲徒可不知其故哉於此有泉焉其發源同其潔瑩甘美同其一注之金玉之器而庋之羃之塵埃無自而侵則其明可以察毫髮其味可以薦鬼神與其發源之初無以異其一入乎淤泥積潦之溝牛馬之所踐鳧鶩之所浴汙穢之所集而莫或藩捍澄治之則雖欲不異乎其初弗可致矣聖人之質金玉之器也而又以禮爲庋以敬爲羃持之以兢兢之畏守之以翼翼之恭是以其中心渾全無所虧蝕其德卽天德也其道卽天道也其語默進退出處久速舉措設

張後乎天者不違乎天而先乎天者天不能違也故聖人之質既美而又有自新之具其所合乎天者豈偶然哉夫常人其質固已不美矣天理之所在嗜好汩之於內利害怵之於外聲色臭味爵祿名勢所以穢污之者非一端而又重之以怠肆放之以邪僻彼安能復同於天而不變其始哉其與物相去不能分寸者不知自新之學故也夫聖人之與庸人其質之不侔固有由然矣使衆人亦以聖人自新者治其心而加謹焉雖未至於聖其有不至於君子者乎此余於會稽張君遁之名齋而喜其有志也張君之質過衆人甚遠而好學慕古道取孔子釋坤六二之言以直內爲齋居之名夫敬爲復善去惡之機天理之所由存人欲之所由消也故人能一主乎敬突奧之間儼乎若上帝之臨造次之頃凜乎若圭璧之奉忘思邪慮罔或萌蘖其中而皆發於義也以之事父則盡

平孝而非欲人稱已之孝而爲之也以之事君則致其忠而非願人富貴華寵而爲之也操之而不失則内直内直則外方者在是而聖人之天德可庶幾而至矣故曰直方大不習无不利則不疑其所行也學而至於不疑其所行非幾於聖而能之乎嗟夫夫人皆可以與天同德而不知主敬以明善斯有志者之所以爲難能與若張君者獨能取古人之學以自勉非有志而能然歟予也固志乎道而未至者焉得不與君言之而且以自警也歟

王鈍愛日堂記　明　呂原

予惟天下之道莫大於孝孝莫大於愛親愛親而至於愛日愛之深者也故揚雄氏云事父母自知不足者惟舜乎不可得而久者事親之謂也孝子愛日夫日一晝夜而行天一週而常以三十日會於月又三百六十日而會於天亘古今未始一時息也然則孝

子曷爲愛夫日誠以天之日無窮人之日有限况人生上壽不過百歲其爲日不過三萬六千耳親之壽日多一日則子之事親日少一日懼來日之無多惜此日之易過雖欲不愛烏得而不愛耶希敏之母壽已八袠其於上壽蓋不難至苟慕斗祿而曠定省之勤離膝下而勞倚閭之望人子之心其能恝乎此所以深有感於雄之言也茲歸日用之間事父母之際得一日必竭力盡情以務職分之所當爲恐恐焉恆若有今日無明日不敢自暇自逸則於所謂愛日者誠無負矣宋王介甫詩云古人一日養不以三公換斯言也請朝夕共警焉

修學宫記　明 夏雷

天下之治係人材人材之出係學校學校興廢係有司之賢否故朝廷責以守令六事此爲之首銓考守令殿最此爲之先也則居

是職者孰不欲舉是職哉顧往往頹垣敗壁於榛棘中使諸生肄業無定處政坐賢才之弗逮爾弘治戊午秋嘉定徐侯尹嵊三年度民可使矣於是以學舍朔望之所視所當修繕而增創者校於懷中暇日偕邑博相度首詢聖廟環視兩廡前顧泮池曰詠歸亭壅聖道非古之制且悉其餘曰祭器不足齋舍不立衙宇不宏射圃不葺皆今日之所當亟者也侯翌日發帑市材鳩工斲削展日甃砌運甓墁覆剷大木數章支廟梁遷亭豎樓凡十楹增置祭器罏瓶凡三事爵凡二十卓凡十二乃涓日告成而落之

警齋記　明　羅玘

警齋記予記也予爲徐信夫記之也信夫何警乎予知之警生於有心土石草木之無心莫之能有警其非動物故也雖動物之有心有有警者有無有警者有有警亦若無有警者鳥有之不能爲

巢居他之巢至其自爲則墮卵殰雛焉是之謂鳩拙畜有之見虎而逐叢角而觝以遺虎殪是之謂羊狠獸有之見木而登且登且下而卒亦莫之能上下是謂之猶豫鳥又有之俯而啄仰而四顧鷸過之過也彈過之過也是謂之鳥警其於人也在鳩拙爲蒙爲木強在羊狠爲自愊於辜所謂有無有警者也在猶豫爲太早爲多心所謂有有警亦若無有警者也在鳥警爲常惺惺所謂有有警者也今夫鳩拙之與羊狠同於無警者也而世之人有以鳩拙自退者乎寧爲羊狠敗焉後之懲者則又警之太甚持之太固於是有猶豫焉者悔釁之囮也猶豫之警非警也非固爲警也有待焉時然後警焉其惟鳥警乎是之謂善警嗚呼信夫之警其亦有取於是也乎然予又感夫鳥微物也俛而啄取而養其生仰而警焉以避其害於鳥可也而君子之居人上也其亦有俯而取乎則

十目視焉十手指焉而害斯至矣雖有百警其可乎哉今夫龍非不昭然靈矣然以其有所嗜取也人得而擾之亦得而醢之若鳥獸然以龍之靈而豈無警手警不足恃也或曰龍以聾取辱非警與嗜取之罪也則予不能知矣然信夫方持是警爲宰以臨嵊民予記警齋者不可以不告

應氏捨地儒學記　明　魏驥

義有所當爲不爲是未觸其機也爲之而不抵於有成是不能充其浩然氣也世固有知義之所在而勇於自進者由其篤好而能行其志也一有匿情於他以濟私或淫於佛老以希福是皆不知其義者也夫既能自勉而又有鼓舞作興而出之者宜其進之之勇而不俟於勉強也嵊邑學宮戟門外泮池窄狹櫺星門達通衢無道正統間郡守漢中白玉偕知事淮陰丁傑莅邑釋奠先師顧

瞻咨嗟乃命邑宰孟文縣丞方顯觀署學事訓導詹項治書遺庠生陳昶耆老劉克振裘彦功等禮請地隣戟門之人應君溫遠至學宮以重直貿之溫遠辭不受曰地果利於學願悉獻於庠爲一邑士人之幸金帛非所願也退集昆弟叔永季方叔禮公義等莫不慨然無吝容廼籍其地以畝計者四長以丈計二十有七廣不及者三之一高者夷之低者塡之移欞星門於外甃泮池於內遵定制也於是面勢正地位廣使臣以悅士心以慰且學校教育成就人材之地爲有司者不可一日而不議今應君溫遠胸次開敏識見超越不以利爲議而以義爲重其爲人不亦遠且大乎昔范文正公居地於南園術者曰此地當世出公卿文正曰一家之榮又孰若一郡之榮哉遂告於郡守以其地蓋學宮於是姑蘇之聰明才彦文章政事之士莫不後先彪炳彬彬輩出而敦大裕重見

用於時名聞於後應君有洞見絕識見義必爲與文正公媲休矣孟子所謂有爲者亦若是今應君猶子尹孫旭皆肆業於茲則聖人在天之靈必有協相而期其融顯者向冀同遊之士銳志經術研覃理趣以誠敬爲本而明其體以踐履爲事而適其用君臣父子之大禮樂忠信之敎皆天之所以畀我而學者所當黽勉以求復之若其掇科取士演絲綸贊宥密又在推行之餘殆見一邑之士聲光充益如鸞鳳之翔簫韶之鳴以黼黻文明之治於應氏廣學之基得無有助乎豎石戟門特記其績以垂諸永遠也於是乎書

學田記

明　趙錦

古者自公卿以至庶人無不授田之家士生其時不惟其出於公卿大夫之後而其發於畎畝之中者亦無不得其養內之無饑寒

以亂其心而外之有庠序之教師儒之聯風俗之美以磨礲浸灌之故其成德之盛濟濟藹藹賓興之典書不乏其人人不愧其書嗚呼士生其時抑何幸也井田廢而兼并行於是民始失其養矣民失其養而士有不免於饑寒者矣庠序之教師儒之聯非古也祿利以爲榮而詞章以爲尚外無所以厚其成而內有所以奪其志士生其時而卓然自立不受變於俗者蓋千里而一遇之矣孟子曰無恆產而有恆心者惟士爲能以之立教而勵士則可非爲人上者所以養士之道也古之學校莫可詳已未聞別有田也學之有田其昉於後世書院之興乎宋仁宗時嘗賜兗州學其後有司者間亦置田於其學以濟旣廩所不及嗟乎古無養士之田而士無不養後世嘗有田以養士而士猶有不遂其養者然則學田殆衰世之意也非古之所以養士也雖然居今之世而欲望隆古

之盛使天下匹夫匹婦無一不遂其養者而士興於其中不可得矣有士焉而不知所以養之又使不免於終窶之歎其可乎故有能體念乎學校而優爲之制者賢有司也知其所重者也嵊學舊未有田萬曆初始有田十餘畝今令尹丹徒姜侯克昌來視邑事慨然以興起斯文爲己任踰年政修而人和始新文廟已又爲置田五十畝有奇以聞於學使劉公東星郡守傅公寵咸嘉允之而學博章君木傳君遜王君汝源弟子員胡生夢龍尹生汝陽輩以告於余請記其事余故維古之所以養士以明姜侯之賢俾後之涖兹士者有所考鏡且以告嵊人士其必知所自養而後足以膺公田之養云

學田記

明　周汝登

昔三代盛時田皆井授上無養士之特名而士無不養士迹熄井

制湮士農分業而世始有無田之士吏士異勢而士遂有終窶之
嗟其所由來非一日矣國朝稽古建學聯師儒定旣廩育才造士
不爲不裕第膳有定額而時課弗充也額有定員而貧乏弗給也
故學另設田非古然所以善通古法之窮以佐旣廩之不及者惟
學田爲最良焉我邑侯王公來視嵊其諸農桑戶田賦役訟獄之
政靡不悉心經制碑之衆口者眞藉藉不容喙而作興學校注意
本源之地尤根夙心曩公纔下車卽進諸士約期以脩行滌回毋
荒故業優其廚廩櫛其課試時省其精疎而躬加飭勵焉意良厚
矣侯又以所舉有時所及有限而所行待人非經久之規也於是
又度鹿苑廢弛寺田百餘畝籍之學宮歲入其稅以供筆札充庖
餼羸其羨以賑士之貧乏不堪者婚娶不舉者侯之爲士養計也
抑何周徧而久遠之若是哉時丁酉余以南銓叨憲嶺表銜命還

梓里與議山川風氣實關士運侯遂慨建兩亭東西屹峙一時美舉與斯田並垂不朽學博杜君金君趙君暨多士喻生思儆王生嘉士尹生汝陽汝期袁生日新日靖趙生起丁生則瑞輩謂不可無記命余一言余惟夫士方衡居蓬蓽覩當事者迂疏士類輒欷歔不能已及既握符綰綬仍邈不相關其視公之屢屢懇懇無負夙志者能不汗顏内愧乎雖然養士若侯者可矣而士之自養宜何居敦忠信爲道腴飽仁義爲膏粱處則含英咀華出則澤枯潤槁斯士之所爲自養以無負公養者也若夫詞章競繡筆札徒工内無禮義廉恥以養心而外日營營於進取則茲繼粟繼田之典祇爲富貴媒耳又豈我侯立田養士之心哉遂書之以勖多士且以告來吏茲土者毋忘侯心侯諱學夔字永足舉閩中進士而閩縣其家世也

剡溪遊記

明 周汝登

丙戌冬十二月望後十日周子與弟夢科姪元齡步出郊門臨流而視曰此剡溪也我輩實生長是可一日負耶時有虛舟泊岸下微風自南來遂買舟攜酒乘風而北倏至艇湖登子猷橋是其回艇處此去戴安道宅纔半里猷不見而返豈云興盡正留不盡之興耳故興至今存因相笑引觴坐舟頭而下至竹山山小而峭仰視卓絕一宇巋然名竹峯菴起登菴倚檻臨江而樂之適坐江中未盡此江之觀而今覩其全固知超物外而後可觀物也舉頭天外其幾乎明日過仙巖陸行五里謁仙君廟土人稱仙君者爲謝康樂靈運鄉名遊謝亦以康樂故由仙巖而下兩岸山壁立相向愈迫江流曲折窮而復開溪禽谷鳥聲同應和舟容與竟夕不能舍又明日至印月寺山勢逆上如吞江復吐再下數里爲清風嶺

宋王貞婦投崖死節於此因歌元李孝光詩此心若愧王貞婦莫向清風嶺上行樵人孺子環而聽之俱爲動色清風而下抵嶀浦兩岸勢稍開臨江一山如拳二面跨水山下石塊磊如砌山上有廟廟碑爲宋名士樓鑰記文嶀山在北隆崛雲間積雪迷道不可上問謝車騎桐亭無知者走嶀山東北數里入龍宫寺有唐李公垂碑記是千年物里稱嵊亭齊張稷爲剡令過亭下生子因名嵊嵊忠節炳史策宜立石表其生處而有司者闕焉是夜舟泊嶀橋星明水沙一色三人起坐沙石間且飲且吟不覺徹旦開舟抵三界古始寧地也東山在望雲月如待周子顧語二子曰余自少至長於茲江山百里之間往來當以百計然向也山吾履而不知其高水吾泛而不知其深林林磈磈者觸吾目而如不見淙淙嚶嚶者接乎耳而如不聞乃今知有茲山若水也夫知何得耶不知何

失耶將昔不逮今醒耶抑今不逮往忘耶二子默然言未已風轉北來舟艱於下舟人曰返棹則順遂張帆而返故所歷處逆而視之若更爲一景奇麗不可復識周子顧謂其弟子善圖圖其逆而上者余爲記記其順而下者俱系以詩各就舟中爲之甫就而舟抵城下漏下三鼓入城街衢燈火熏灼人奔走如狂蓋是夕爲除夕云茲遊五日夜往返百數十里飲酒五斗而元齡斷飲不與得詩二十首記一圖一從行僕一舟子一

剡溪後遊記　明周汝登

丁亥元日周子將出遊以陰翳不果夜大雨如注翌日復霽可游而不可陸也周子復與其友五六人者泛於剡之上流時溪水清淺中流如鏡挂席數餘里反而容與石橋之下座有善笛者二弄酒數行周子起而觀流則兩岸若拓而開橋可俯視之矣而直望

一碧萬頃蕩蕩洋洋不可以際向登舟時所覩沙洲土渚盡失其處以問舟子舟子曰疇昔之夜四山雨水乍集故暴漲乃爾顧消亦可竢周子曰嗟乎是何消長倏忽若此者余因以思昔之出遊去此兩日乃歲新舊異合矣余與諸君齒加長異數矣則何以異是水之倏忽漲消哉夫漲消可以識桑海新舊可以觀古今齒長可以度生死倏忽可以覩千百年愚者見於著智者燭於微則何可以不樂或者曰歲之新舊汝自名也齒之少長汝自憶也水之漲消汝自見也不名不憶不見者無新舊無少長無漲消若此則無桑海無古今無生死無倏忽千年烏乎樂烏乎不樂周子大笑復與諸君飲酒數十行泛舟澎湃之湍諸君曰水石噌吰聲何壯耶周子曰寂然有雲拂樹而過周子曰聞耶諸君笑周子亦笑曰子烏知聲之非寂而寂之非聲也已復放舟石壁之下周子曰水

者止乎石者流乎諸君笑周子亦笑曰子烏知流之非止而止之非流也於是諸君有目周子醉者謂言非情也周子曰子又烏知醉之非醒而醒之非醉非之非是而是之非非耶子休矣於是周子起而歌歌曰水清淺兮安流魚潑潑兮磯頭我歌初起兮羣鷗滿州水乍漲兮連天芳草發兮年年我歌既放兮餘音滿舷歌闋而歸

文星亭記

明　徐　渭

山川之勝否關文運之通塞而臺榭之助亦不可廢今夫冠以飾男髻以飾女髻與冠本非肌髮之屬於人身也而使男與女者徒美其肌髮而不冠且髻焉以處則鮮禮而入於亂易姸以爲媸矣嵊有山曰星峯者枕邑之北處羣山中古搆亭於上正若男女之有冠髻峩然可望當其時科甲之選不乏至明永樂間猶一比而

五捷其後亭既圮至於今不復且剡流之遶邑者改向而南馳於是邑中士入棘闈者歷十舉不一捷隆慶五年八月朱侯來令宣慈布文政教兼舉及館校諸生曰文藝不讓於昔而科目則大減曷故哉會周君震喻君思化以前所云山溪亭榭告侯曰未可必也予其試哉於是改流襲舊搆亭則新秋士入彀者二邑士聞之既駸駸興起而全浙且注目於侯以爲文翁治蜀至買刀布遺京師博士令文學授受而歸轉相傳習蜀文大振揚馬之流輩出蜀士遂甲天下侯蓋文翁其人耶亭非刀布也然即刀布矣哉而邑之父兄子弟來相述德令記其事予曰予未識堪輿也特大概例以陰陽義故以男女喻山川而覆於巔者爲冠髻然語其形勢則然耳若比諸實用則諸君所云文翁之刀布是也侯寧國人名一柏

遊剡溪記　明王思任

浮曹娥江上鐵面橫波終不快意將至三界址江色狎人漁火郵燈與白月相上下沙明山靜犬吠聲若豹不自知身在板桐也昧爽過清風嶺是溪江交代處不及一唁貞魂山高岸束斐綠疊丹搖舟聽鳴鳥杳小清絕每奏一音則千巒唒答秋冬之際想更難爲懷不識吾家子猷何故興盡雪谿無妨子猷然大不堪戴文人薄行往往借他人爽厲心脾豈其可過畫圖山是一蘭若盆景自此萬壑相招赴海如羣諸侯敲玉鳴裾迫折久之始得豁眼一放地步山城崖立晚市人稀水口有壯臺作砥柱力脫幘往登涼風大飽城南百丈橋翼然虹飲溪逗其下電流雷語移舟橋尾向月磧枕嗽取酣而舟子以爲何不傍彼岸方喃喃怪事我也

重修明倫堂記　明施震

歷代帝王肇興曁我皇上御極莫不以學校爲先務蓋以教化所基民風所自以之育材圖治養老尊賢大道所由出也故自京師以及於一郡一邑皆有學宫之制必前爲之廟以奉先聖先師後爲之堂以敍師生不爲之廟則無以俾諸生知大道之所受是故世代有更革而學宫之制不能有所損益顧兹天理民彝不容泯滅實吾孔子之功德與天地相爲終始故嵊縣儒學蕩於兵火前廟廼至正中周侯紹祖所建後堂雖存年久朽腐老屋敗簷不勝支吾洪武二十四年弋陽湯輔師尹以進士授本學教諭而震適來爲訓導先是四明之胡愚仲如在焉朝夕升堂視兹棟宇凜乎不能自安者有年矣聞之有司會公事繁劇不能爲意教諭廼與二三僚友孰議而詳計之得一廢宫遂還其材而構焉凡爲楹三十爲間五其爲梓匠之工九百還運之工八百爲衆匠之飲食僦

亘者師生之廪稍也爲運遷之勞者諸生爲佃之力也其犒勞之禮者有司及師生與學諸執事也其勞度調護以總其事者教諭湯公也其課章程以贊是役者訓導胡公也經始於洪武二十七年九月丙午卒事於十有一月當時與諸生與邑中之儒友合燕而議之遂有請於震曰斯堂也其材大其用廣是何其速且固也凡廟門之石砌殿庭之戶牖香火之几宫牆之門簠簋罍爵倉庫庖湢皆舊所無而今悉有之上不煩於有司下不傷於民財先生之功與斯堂之建固爲永久矣先生盍記之垂諸後乎乃進諸生而語之曰顧我職分所當爲實不得不爲之於以爲其所可爲而不強爲其所當爲此湯先生之能爲亦爲其所無事而已爾經曰百工居肆以成其事君子學以致其道故道不可不講講道不可無地今既有其地矣而可不講學以進於道乎譬猶今既肯堂矣

爾其不肯構乎二三子其無忘講肄以明彝倫之攸敍以之事君以之事父以之而使衆無不盡道理則斯堂之成完且美矣豈曰辭章云乎哉諸生咸曰敬受教請鑱諸石以無忘先生之德洪武甲申記

開拓學廟記

明　薛剛

浮梁戴侯廷節以名御史出守紹興郡下車之始以興學育才爲首務化民成俗爲己任有一善則揚之惟恐或失今年春侯命所屬嵊縣學訓導王洪馳書告予曰嵊庠之制予所知者初成化改元予季父戴士雍先生來爲教諭顧瞻廟學卑隘弗稱乃與邑令滇南李春議曰嵊以大邑學校如斯曷足奉揚文治以淑邦人乎遂相與詢訪旁近居民欲買地以廣其制邑大姓今議官樓秉直聞之卽謀諸弟今邑庠生克剛捐地若干與其直辭弗受予季父

高其議欲立石以記之適去任不果今予幸而假守茲郡曠典不舉予責也予嘗以督學爲職且居鄰壤於書其事爲宜宜勿辭按紹興圖經地志嵊縣學在剡山之麓後據高峻前左右三面逼於民居戟門之外路屈曲非正道旁有樓君秉直之地栽竹成林藝蔬盈圃雖購以重金不可得也一旦嚮善慕義能以膏腴已業割而歸諸學宮使遊息有歸講習有所撤町畦於外而蕩然義路之可由大規模於中而壯哉禮門之可闢吏民適於邁之樂士子無茅塞之歎秉直此舉其有功於斯文也大矣揆厥所自亦由士雍先生與李令用意開拓有足以感發人秉彝好義之良心者其功豈小哉法宜牽聯得書嗚呼凡人爲善不求知於人而人自知之不求福於神而神自福之予觀秉直捐地之時士雍先生欲記其事不果而去若將泯焉詎意十年之後其姪戴侯實來卒其志以

彰秉直之善於永久聖人在天之靈若有陰使之者爲善之勸有如是哉用書以爲好義勸

縣獄記 成化二十一年乙巳

明王　缺

川之廣安李侯實蚤以博士弟子員游太學援例授山陽丞侯涖職清愼綽有猷爲故山陽之民掉鞅稱快聲稱籍甚後以丁艱去轉徙姚邑其治政一如山陽時會嵊邑員缺郡守檄侯署邑事夫丞以佐令於政之可否惟令是決侯旣眎篆廼一意主之得展猷爲至則首恤民隱老人老幼人幼孤人孤百廢具舉又以姚之所以理民者理之也時值亢暘躬齋沐露禱仍出己俸爲香幣資故雨澤輒應既有以得之於人又有以得之於天自是政日就緒先是催科者職不究致民常稅逋負乃多方曲諭弗率者繩之以法不旋日而宿稅追償民亦無怨憝囹圄舊在縣治側因水患傾圮

弗支暫係囚於儀門東偏屢致竄亡爲守者累侯曰治民者庸可惜小費而累公府耶乃相故址出公帑之羨兼濟俸貲度材鳩工囹圄不日完好不惟新政令於一時而且遺餘澤於後世上下咸德之茲新令將代邑民史叔正等介餘友徐肅夫靳余言以記其績竊謂親民之職會員鈌權受檄署銜者以爲職無常守不肆爲漁獵則愒日玩月而已矧望其澤於今而利於後耶凡治之利民者以其久而後滋也侯視篆未閱半朞而政績彰彰致民之思乃爾何哉昔子產爲政三月而邑人頌之孔子常稱爲惠人以其澤之足以及民深也侯之仁其與子產同乎非耶審此則侯之爲政推其清愼之素心固無常暫也使其治之久職之專孔子所謂三年有成者其在侯矣蓋不負於爲丞者也庸勒其績於石以爲牧民者勸

重修學宮記弘治四年

明　鄭紀

聖人之道高厚如天地光明如日月變化如風雷之不測流行如四時之無窮聖道之大如此豈淺陋胸襟所能容耶胸襟之大固由學問之功然仰瞻想像之力亦不可誣也嵊紹屬也學宮舊在剡山之麓尋徙於縣治東南宋慶歷間沈令振又徙於西南嘉定間令史安之又徙於鹿胎山卽今基也夫一學而屢徙意者以風氣之不完與基地之不廣與生徒升散道里之不均與弘治改元予巡學至嵊謁廟登堂遙望山岡雄峻地勢軒昂兩浙所未有也因細叩而靜觀之蓋座元武而案白雲輔四明而弼西白林巒吐吞江流繞護氣之完也自外門而入步高一步至廟堂殆百步有奇闊亦半之地之廣也去縣治未半里舟楫來往於前民居輻輳於下道里之均也惜廟貌門廡隘陋傾側有弗稱焉廼問策於今

縣令夏侯完復曰往者分巡僉憲鄒公霶曾與是念已發白金五十兩以市材矣因改他巡而寢近者郡推周進隆亦曾區畫矣竟奪於賢勞向完到任亦曾禮諭義官袁熙等之有力者樂助有差又無上司以爲綱領今大人先生舉此殊無難也於是因其山之勢別畫廟圖而與造之責悉以付之既而慮材料之不足廼拆圓超等廢寺以裨益之又慮邑政之劇又令典史趙鉞與訓導方輿以董助之原廟基逼近明倫堂今則前其三丈原戟門逼近廟墀今前其七丈又半廟五間高四丈七尺闊倍之深七丈五尺堂廉之上五之四廉之下一廉高七寸聖像配哲俱在堂上其下則容祭執者之周旋也墀闊九丈凖正廟也深半之容兩廡也戟門臺基高一丈四尺新闢築也門屋高廣因舊規也門之階下爲泮池中結以亭題曰詠歸梁於池上以通亭也聖賢塑像增以高大晃

旒章服飾以華彩臺基几案幃幕之類皆甃繪堅鮮稱殿宇也明倫堂兩齋櫺星門鄉賢祠號舍倉廒饌堂射圃庖湢之處皆易腐爲新門稱廡也始事於弘治元年十二月畢功於四年六月侯函書束幣請記於予夫聖賢之道固不因所居之地而有所增損學者之胸襟則未必不隨所見而爲廣狹也今之學宮如是則諸生摳趨而至進拜於庭者仰瞻四十九表之容似儼而溫似溫而厲安坐如申申天天端拱則襜如翼如左顧則深粹之顏中和之思右顧則誠篤之曾巖巖之孟一堂之上有誾誾焉有侃侃焉有行行堂堂焉皆足以豁其胸襟醉其心目苟質之近似材之可及者想之像之挹德容於吾身模規矱以自固則聖賢之域可指日而至也其爲功豈小補哉雖然先儒所示入德之門謂涵養須用敬進學在致知而瞻仰不與也諸生退而明牕之下暗室之中其於

瞻仰之所得者研精而操存之則聖賢又不在廟貌間矣廟成夏雷韓華二子鄉闈應期而起邑人皆歸功焉然未知其有得於此乎否也諸生其勿畫於二子所已能而益勉於二子所未至必使陋巷環堵無非學也然後可是爲記

抗塵樓記

明　周俅

抗塵樓者予公暇退食之讀書遊息所也樓有十數楹上覆以瓦下甃以磚結石積土爲基繚以周垣植以花卉雖廣僅踰丈脩不及廣而清明不煩爲居甚適愛之故於樓之中左置琴書右列圖史牖向南出榻居北隅時而吟詠時而遊息時而寅賓酌酒無一不在於斯焉然斯樓也特出山頂迥隔市塵憑而觀之山之峙者蒼然蔚然環抱於前矚而視之水之流者汹焉湧焉晝夜不舍或挺而降或靡而馳如屏如障如蛟如蛇如烟雲映帶遠近出沒變

態萬狀舉不能逃吾所見此斯樓之大觀也時當天氣清朗景物媚明與一二僚友偕二三子或與同時英貴憑欄騁目莫不心曠神怡而有吟風弄月之雅把酒論文而造欲盡理還之域不必誦明月之詩而明月時至不必歌窈窕之章而清風徐來樂極不厭體倦忘歸蓋有不知斯樓爲樂抑人心之樂乎斯樓耶若夫時而春焉洪鈞氣轉品彙初亨目覩之而生意勃如時而夏焉草木暢茂禽鳥翔集目擊之而心氣怡如雲飛木脫時而爲秋心因之而百慮消霜凝雪凍時而爲冬心感之而萬感寂樵者歌牧者唱舟楫往來波光上下吾心得之於朝暮而爲旦晝之清可以祛郤俗慮澄滌煩襟而爲斯樓之無盡藏又有不可得極言而盡狀者然樓落而景物美人樂而衆美兼作樓者誰吾嵊邑徐侯警齋先生名樓者誰吾布政叔祖翠渠病叟侯之作樓崇重斯文作興學校

出其本心吾叔祖名之而吾記之適以表侯盛心欲侯之名同垂斯樓於不朽也樓之作經始於戊午季冬僦事於己未孟春畢工於庚申仲秋地基新築未實寬一年而後架造故成功遲侯實居而無倦嗣居君子當知所自毋徒居然而不思吾侯今日作之之功

修學宮記　　明　吴時來

嵊之昉有學在山之麓既以有水患徙之山之嶠惟山故受雨於木易蠹惟高受風於瓦易毀自嘉靖初一脩之迨今六十年以故棟撓三宋連隊萬歷八年丹徒姜侯克昌來爲嵊令於是即諸博士所列學之圮壞宜亟修理狀聞之三臺三臺咸報可而督學使山西劉公東星守紹興郡四川傅公寵督課尤勤委新昌劉侯庭蕙計其工若干侯乃悉索諸賦歲編所積若干不足益以學租廢寺田價又不足益以金矢之贖而訓導傳遜愼而有心計爲綜理

之侯與教諭章木訓導王汝源以時視其勤惰先正廟後簷六柱以石爲之避雨也次廊廡次戟門次泮池神座故用木易以磚經始於萬曆九年三月戊寅落成於十年五月丙寅諸博士以廟貌之曠有年賴侯以炳煥於邑中得有瞻依惟上曁民靡不樂觀厥成於己與有榮施相與礱石命諸生尹紹元王嘉士徵予爲記夫爲政孰不用民惟用其所不得不用民亦罔有不信者嵊之學勸相而亟於成若此所謂悅以先民者耶文學子游之爲武城不聞他政以所聞夫子者聲之絃歌欲使君子愛人以成其爲君子小人易使以成其爲小人其取人行不由徑非公事不入室歸重於子羽學校賢才政之首務也侯之是舉得之矣諸博士與弟子日游宮牆戴侯之功思以服侯之教將所學何道夫避席危坐稱天語聖世每訾以爲虛談無補治理若所謂升堂入室舍天與聖又

奚稱豈聖人爲道外語歟茲越諸生所聞於鄉先夫子者熟也其宜自致之以終侯絃歌之意侯爲嵊救偏補敝節冗費以惠窮乏事多可記即修學其弛張先後可槩也

長春圃記 李志圃作書院

明 周光臨

剡中饒山水清妙秀異先民之品題久矣獨爲圃一事不數數見焉余每於尋問時低迴興慨意欲南郊卜築爲終老之區而尚有待也乃吾敬川之有長春圃實先獲我心倚星子面四明九經縱橫八牕虛敞無金谷之侈而襲其精有離垢之幽而拓其隘逼室廬而餘日涉之趣連阡陌而便植杖之芸詩酒之客每每過從舒嘯賦詠安往弗春春已無量矣又何論羣花之旖旎萬木之離披也哉海門先生爲聖路闢榛蕪而獨於茲圃流連忘倦固知伯氏之圃繫山水之靈所藉手而標榜吾剡中之最勝者也誰謂先生

之題非醉翁之意乎哉余因取鶴鳴之詩歌之而仍請鉅公髦士碩好之章作長春譜云

遊臥龍山記

清　徐一鳴

嵊溪巒陡絶止戴家塊土被黄鸝倩住次畫圖峯削小可置几案間從未有及臥龍者一日毅之持檄來曰某近日於綠蘿中覓得數尺天地須兄來簡識而傳説處多灑灑動人遂於月九日訂歷師其囦偕往至山口爲清石邨邨東數武忽一巨龜負赤文曳尾稻芒中與白鷺爭明沒而靈巖岡里許兩石嵯峩戟峙山前作揖客勢從西徑入有方塘畝餘澄碧靡底遵崖北上曲踞澗心者爲躡仙橋再里許有蒼虬數十攫雲而升竟欲夾簷楹飛去予驚爲龍悟耶已而知爲五大夫欺我松足即眞君祠尋不見武侯像固知作梁父吟人薄此不爲循徑而北爲臥龍菴鐘聲嵐色雜出娛

賓促蹬上西山麓見一泉名漱瑤紺徹鑒鬚眉如畫從漱瑤左爲絡馬巖紫革紅韉大類曹韋筆法而四蹏蹭踏如欲騰空爲辟蘿纏定猿引數武爲赤芾巖絲理奇巧俱天孫所織其在食武鄉邑後耶從赤芾巖上即兜鍪峯此山人祗用羽扇綸巾何物而不化如此意當脫此以覓鹿皮冠耳披蔓倒下見老比邱鬈髮垂眉偕數大德喃喃方竟午參有十八公碧角蒼髯各持幢蓋相侍衛乃得生公臺蜿蜒而下見雲根大沸覓得滴乳泉水繇石罅中出清冷徹骨泉右爲漆書壁歷落斑駁俱古篆文泉左爲眠雲崖靄靆下垂五色相間稍上一小凹即月窩浩影金波方方具見至了眞洞幽不可言云中有十六室若能取火造其間定有唐人題識崖前數十丈爲浮磬巖自此四旁石岸咢峭絕嵌空裂摧或立或仆俱是半空飛墮而每石率有一荔枝裳縈迴盤詰曲折盡意然至

此足力已竭而毅之猶嘖嘖稱勝不休子上月窟而不探天根終不能飛太清再勉登綴星巖星光歷歷可數吾知此經緯所成五百里必有奏賢人聚巖前峭削兩石夾插天心爲通天徑徑中僅線許正容一足登然步步引入勝地足盡處忽己身在碧空旁看四虛眞溟濛無際至此西山之景已完方思笑倚最高峯縱觀積氣而泠然雲璈忽已響薄林裾此爲飛白泉蓋兩山爲左右弼此居兩山之中以一片水簾垂拱其內直足指揮萬峯泉下有一石橫拜稱枕流倨矣左爲東岡轟雷傑搆如闢重門乃天然厂幃幔几帳雅非人世稍東上一老人曲肱方枕偃息而臥此爲睡仙巖名臥龍以此東外嶙峋崛起忽伏者爲蹲獅石丹黃互烜崇麗豐肥仰視飛瀨巖跕跕欲墮再上倚嘯臺恍見當年抱膝胸次吞盡大江南北仲謀孟德兒臺上爲象鼻峯百尺老柯俱作金絡絲穿

郤臺下爲爛柯坪杯酒局碁早已爲老人勘破而稍東最高一岡隆平塏敞爲東眺臺惜安石君已死不及載酒相過從東眺下望平田中有物如伏犀俯踞作壁壘形恰守前隅自此東山之景亦完大抵兩岡相對迭和更酬嘗思督五色霓駕一彩橋俾相婚嫁下以激湍縈洄交贄巖阪雜以羽觴每至一峯則盡一巨觥觥盡便醉消算三萬六千場亦足稱陸行仙子無洪流殊不快意毅之輒疾走大呼曰汝不窮河源安得以升斗量人乃連袂而西忽見巨波汪洋千頃即雁子湖剛瀦飛白之巔飛白水即受此龍湫百尺自有貫頂醍醐但山下人不知俾雲行雨施豈止一瀉千里哉湖東盡爲賓雁洲瀟湘一夜楚國皆秋至此山前後之景亦盡足奄奄隨葛龍去而曜靈亦已捋山角欲西仍取道自松風嶺抵瑤泉搜逸再上西山見九座須彌臺迴出塵外諸山眉列遥指四明

峯如帳裏芙蓉恰得問月岡作翠屏一嶂數十里形勝以一目收之到此欲醉不得非醉亦不得急喚持觥來送以吳歌未數巡月盈盈在樹杪間入樽中俱松柏影酌盡五斗竟不能寐薄曉雲鐘點點倌人促裝予實戀戀愧不能爲十日遊是日同遊者歷然師淨相何其函淵玉毅之儆弦屠印白偉與予共五人明崇禎十一年四月之九日也

剡西上陽書塾記　清　潘諮

士業得失四民之首事也庠序收其俊乂而外爲書院義塾以待學者此古君子用心最遠深知百物安樂之始而爲之者非必以爲奇節也然其跡恆近於俠施利物之間故踵事慕效或慨慷務合義望至漸失其意底其終美類不過以聲華利達期鄉里子弟鄉里之人每視其無實而疑士固無益於天下此士大夫用心其

中所宜深慮焉剡西上陽之山有義塾曰陽山書院成於乙未之冬其中廬舍飲食資給久遠之具類智者之所爲余聞其初則其鄉巾幗者爲之也鄉有邢上舍曰啓強病之日語其家人慨太平長樂二鄉窶人子弟無所學既歿妻錢氏憶之家僅中貲出其半屬弟上舍物華慨然成之曰吾子四歲壯不聞其父言他日身以此勵之知父平日事也於是鄉士大夫郭君廷翰呂君燮煌錢君登化邢君均等以奇節出自閨閫思著其美而務求備其事來京師以語余余以爲倡始之美止於成塾而所以使廬舍飲食資給之具皆有關於四民百物之本則諸君子之責矣奇與俠皆非婦人事夫歿子幼而志有所受必成終命於哀戚之中此卽設學首倫序之意而邢君於存歿之頃以窶人子弟不學爲念此其意皆可以率士類而示之本學凡四方賢士君子爲書院義塾而未易

遇之者遇之而其義猶止於是爲可惜也剡自晉人崇飾虚妄名流所至恆擔金於仙釋杳渺之地其慷慨所及曾不如鄉里孺婦尺帛斗粟施之道殣爲得其實聞宋紹興閒有周氏者爲淵源堂設孔子諸賢像於中梅溪王公爲集每郡秀士而教之學其智似不爲王謝支竺所汩然朱子嘗遊貴門而未嘗一至其地豈當日學其中者猶無可聞耶夫知善必奮人無智愚皆有此隱而名實得失則在其智之所及書院義塾名雖異於梵廬丹室然美質子弟徒習其身利以爲四民之首業則士之所萃於物何補諸君子皆有聞於鄉者智必有以及之矣

楊溪義渡訪雪菴記

清　任　湘

渡於竹山渡爲上流中渡爲下流而介其中道光年閒林君昭木陳君士良倡其議力勸林陳丁姓各助地與田若干畝爲義渡經

費楊溪之復有渡自此始渡之東有路廊數楹名萬年亭創自徽人周某而派孫踵成之司事者僉曰渡不可無駐足所以備不虞議建一菴延僧持住爲永遠計而又慮費之無自出也咸豐八年予與林君東山丁君吉軒等詣捐各殷戶或田或錢共襄厥舉遂名其菴曰訪雪而楊溪一渡輒賴以成至咸豐十一年冬西逆踞城懼其地爲團防駐足馳焚之殆盡噫是菴成毀歲僅四稔予仍勸諸君子踵其事毋稍緩今會邑侯以修誌之役告爰舉是菴之起訖歷敘以載邑乘

修學宮記

清朱爾銓

泮水頌魯之能修學也其詞曰穆穆魯侯敬明其德又曰濟濟多士克廣德心蓋古者大學教以明心德而已故魯人因泮宮之作即以是爲君臣頌則建學與修學意可知矣嵊學在鹿嶠之翠微

天姥桐柏拱其前四明太白峙其左右百川滙而經其後雲霞煙雨千態萬狀覽者神怡焉鼎革以來鞠爲茂草所留者獨大成殿與明倫堂亦上漏下濕薜綠莓紅不可行禮今張侯初涖釋菜於先師見而歎曰養賢之所何使至此然以瘡痍甫定不敢議興作其爲治也課農桑崇節儉尙禮樂敦教化革耗省徭寬刑息訟唯務以德明民至晴可祈雨可禱火可滅虎可驅又奇政也民信之矣然後建倉庫成橋梁修道路而學宮尤三致意焉自己酉秋至庚戌夏殿堂門廡皆榱之桷之瓦之垣之丹之堊之泮橋之石欄櫺星之石門皆煥然一新泮池皆甃以石使可儲水池中畜藴藻池傍栽竹木藴藻之下游泳有金鱗竹木之間翺翔來翡羽朔望講習環橋而聽者得鳶魚之趣無不大悅余司鐸嵊山隔百里許聞之躍躍欲往將親領張侯之盛時方代庖勢與願左及見輩以

事乞記遂志其陋不知其筆之走也余因之有進焉是學之修乃侯之敬明德以爲民則也余鄉之多士可不廣德心以承侯志乎亦願澡其蕪穢矢其潔清日新又新使君臣義父子親長幼序夫婦別朋友信人人各明其德致升聞而被天下無負侯意也可余亦竊比魯人云爾侯諱逢歡號玉臺西蜀閬中人

來碧亭記

清　俞光道

剡治山水糾繆環顧青葱而鹿胎山居城北之内縣治在焉遠含翠黛俯挹清流睇盼之下無不羅而有之昔人所謂溪山入畫也己亥春邑侯宋公始來治剡構亭於治之東偏顏曰來碧以爲憩息讌遊之所有深意焉公退之暇憑欄遐矚東望天姥沃洲出沒隱見若近若遠庶幾有隱君子乎而其南則方山劉阮之所從遁也西望毓秀諸山如列屏障晉王右軍嘗遊歷肆志焉其遺蹟猶

有存焉者北俯艇湖蒼茫煙水風微人遠問猶有雪夜之棹平上下古今穆然神往且悠然遐思矣見柳之依依而思啓居之不遑也見桃之夭夭而思怨曠之無聞也見竹之猗猗而思有斐之弗諠也見葭之蒼蒼松之鬱鬱而思伊人之可慕貞士之可懷也則斯亭之建所以發抒精神因物興感以寓招來懷遠之意者亦曷其有極豈止邇延野綠遙混天碧挹四時之蒼翠而已哉予不足以知公之雅懷然就公之顏亭者以思而知公之意有甚深者矣用敢忘其固陋揣公之意而爲之記

登曜文亭記　　清　俞忠孫

幼侍先君子讀書耐園有客自剡溪來曰叔度裘先生者爲言剡中名勝遞及亭山曜文亭覺意氣都揚鬚眉欲動謂崇仁鎮人文之盛甲於一邑者以此維時聽之便爾神往越四十餘年得交先

生宗人徵錫翁泛舟過訪詢此亭無恙否徵錫翁曰自明先御史子憲公創建以來凡三善修顧昔止三層今增而五丹雘甫竣盍往觀乎予欣然就道時煙靄初霽羣峰縹緲騰空若將上謁天帝者睇視三峰秀異迥出尋常卽亭山者是中峯玉立參天則所謂曜文亭也相與歷級而上周遭四望獨秀東湖太白福泉石姥諸山屏障圜抱如旌搖旗列者一泓泠泠東來彷彿撫弦動操時則逵水也令人想見安道高風外此而晉王右軍之鵝池墨沼齊褚伯玉之疏山軒嘯猿亭元處士張爚之藏書樓可隱約計不必更上一層而碧瓦參差樓臺掩映錯出千巖萬壑中已應接不暇矣追憶叔度先生言如甫脫口昔以神往今且身歷而作之合者仍裘氏也亦奇矣哉從來衣冠文物多萃於城而嵊獨萃於鄉若崇仁且幾及邑之半謂非斯山有以鍾之而斯亭有以曜之乎宜其

世世子孫保護勿替也爰書大概以誌巨觀

重修嵊縣學宮講堂記

清錢維城

教之盛也國與家不殊學其衰也人自爲學古者家塾黨庠州序國學以次升樂正司馬以次選教學於此取才於此上有董戒而家無異說是以道德一而風俗同也周衰學校廢孔子與其徒講明而切究之聖道不明於上而盛於下此學之一變也漢興諸儒修七十子之緒各以師承教授鄉里生徒或千數百人太學博士宗其說不敢背於是有博士有經師上與下無異學而有異教唐宋元明講學尤盛然其既也黨同伐異爭立門戶國家之患亦往往因之夫講學盛事也經術事功之所由生節行之所由立人心風俗之所由正然而非得已也堯舜禹湯文武周公之所不立也持之者其惟學校乎我國家聖聖相承崇重學校凡所以表彰六

經訓飭多士者靡不至天下之學內則總於祭酒外則總於學政向之褎衣博帶虛談性命者靡然而息豈非學有統宗千載一時之極軌哉或謂學校取士專尚制義士不窮經而取給詞章雷同勦說之弊與敦行力學益不逮於古嗟乎此學者之過非教者之本意也夫朝廷以文詞取士豈不欲其原本經術言可施行哉士自不以經術爲文章非文章不可以見經術也不揣其本而訾其末雖解而更張之庸有效乎此亦有司鐸者之責也壬午之冬予奉命視學於浙特嚴月課之法令諸生以時旁通諸經上其籍按季而覈之浙東八郡人文推紹興嵊縣在紹東南隅較山會爲弱先是竇君忻令茲邑下車未久以興起學校爲已任時學宮歲久將圮謀於邑之好義者咸樂輸工未竟謝去黃君紹繼之益力任不怠卒底於成崇閎輪奐視舊有加焉宮之左偏爲講堂亦廢

不治教諭汪君起曰是墉之責也夫與黃君分任其事偕訓導孫君昇捐俸以倡且謀於衆衆曰是烏可不治爭先焉是一役也經始於乾隆二十九年三月畢工共糜白金五千兩有奇官爲勸貢生崔南山監生喻學易等率士民各勷其事吏胥無旁落故爲時有遲速而工無不堅黃君汪君告成於余余曰學宮講堂示民有學也三君子並亟爲此與邑諸紳士不惜勞費歷歲月而圖成者豈徒以其名哉當思不負此宮與堂者是宜合而誌之以告將來

重修嵊邑明倫堂記

清　朱煦

學以明倫故必有堂以爲視聽之所而一方之秀於是乎聚焉嵊據郡之上游山川鍾毓磅礴發皇雖在偏隅而人文蔚起非學校之明效歟顧學宮歲久漸圮邑令黃君紹捐俸修葺衆紳殫力助工將次告竣而明倫堂猶絀於資未幾廣文汪君墉涖任見其風

雨飄搖之將仆也慨然曰建學明倫義本一貫學宮之鉅麗既事舉矣而玆堂之新繼之亦易遂復與黄君共謀葺理而衿士無不樂輸爰是敧者正之朽者易之乃塈乃塗乃丹乃堊鳩工於乾隆二十八年癸未之秋成於甲申二月郁郁乎學宮講堂互相輝映於以講習經文俾爾多士其沐浴教澤而儲爲國家之楨幹者非玆堂有以振之哉余甚嘉兩君之修廢舉墜能善終始而衆紳之相與有成也是爲記

愛閑堂記

清　朱休度

余與斐廬同爲廣文於剡六年秩滿去又六年來則斐廬方落成其所謂愛閑堂者是日也羣弟子咸在或問李先生閑之訓廣矣闌也防也禦也法也遮也暇也敢請指何居先生曰諸君試忖之或曰馬之閑以木閑以節義先生秉德絕邪閑外屏弗納閑內守

不踰其諸西河氏之意歟先生曰否否是說也拘閡而非吾愛也
則又曰易言閑有家貴有則也詩言臨衝閑閑貴有度也先生其
以示教法也先生曰否否是未離乎前之說也復有起而對者曰
然則先生蓋取習乎爾習者學事也不學博依不能安詩不學雜
服不能安禮閑習之說也其以名學舍也宜如曰舍旃請先生自
述之先生荅未及余曰嘻似矣未也夫世人多忙而少閑彼忙者
未有不自憎其忙也則閑者未有不自愛其閑也官閑斯身閑地
閑斯心閑不聞潘騎省之賦閑乎發慨於巧宦遂情於拙政先生
其猶此志也閑故自得自得故居之安樂之深今試俯仰斯堂剡
之山悠然雲在意俱遲也閑也剡之溪渺然水流心不競也閑也
謂先生愛乎不愛也諸君茍通斯義其於學也優游而不迫涵泳
而有餘其自得閑於之益者遠矣卽以爲先生之教也可羣弟子

聞余言皆逌爾睒而無辭先生曰諒哉請筆以爲記先生名增鄞人余氏朱名休度秀水人記以乾隆四十又六年夏五閏月小暑後三日也

余今春來剡接永康周君咨詢任登斯堂并讀是記知堂成於周君之前任李君而記則我鄉梓廬年伯之所作也乾隆辛丑至今三十餘年堂尙完固畧加葺理頓復舊觀記則字蹟間有剝落亟設屏摹鐫之俾垂久遠且以備志乘之所采焉時嘉慶十有九年歲次甲戌小春上浣葛星垣跋

游金庭觀小記　　清　陳純士

余抵嵊二年乙巳歲十月朔有事赴東鄉歷六十里至華堂暮吏胥以假宿金庭觀請余聞之喜炬而前五里至其處僧出迎始知爲寺詢觀所在以寺後秉燭詣之循寺廊內轉在寺後左側合二

楹安橱奉像觀門向寺之香積外翼繚垣觀右卽寺廊通觀步屧
區也接構小軒有金庭麗景賦碑夜不敢展禮詰晨肅拜像下像
道裝少鬚髯令人想見絕俗曠逸致爲低徊者久之墓在觀後紫
藤山南向後左有放鶴山東一峰名香鑪西一峰名獅子分峙左
右聳拔挺秀正前五老峯旁勢屏展巔矗五小峯因名墓前有碑
鐫晉右將軍王公墓七字無豎碑年月又前建石柱碑亭一座碑
鐫晉王右軍墓五字碑陰鐫立碑年月并人時偕行者庠生王森
侯王夢賚皆右軍後裔族居華堂詢以邑志所載金庭舊蹟咸稱
宅在墓趾餘久湮無所攷云

清風嶺記　　清　陳純士

山水傳人耶人傳山水耶抑人與山水相值而傳其所不傳耶予
於清風嶺有感焉嶺隸嵊宋末王烈婦嚙指題詩墮崖事軼見誌

書元李孝光碑以烈婦矢死被奪挽羅守不得間至嶺守者懈死之嗚呼死須臾事耳當婦悲痛自殺時縱不得即死豈旬日間竟無死刻哉爲服期月之請何爲哉噫嘻烈婦之心不啻劍光激爍矣傳云千夫長見婦色麗乃盡殺其舅姑與夫而欲私之嗟嗟斯仇詎一死足報哉緩以期月非祇乘間正欲得間而甘心耳不然自臨海至嵊凡幾山川必俟至此始仰天竊歎曰吾得死所耶蓋熟籌之已即期月亦無間之可得誠可死而死死得其所烈婦之云不其然乎悲夫是何異魚腸在匣雖濡縷未試鋒鋩已先射寒碧茲嶺適相值而傳其所不傳奚徒山水傳人人傳山水者可概論哉後人易青楓嶺爲清風表忠也婦之心有烈丈夫所不能爲者因擬書以烈

重修文廟記

清　朱　珪

嵊居會稽之上游山脈自天台天姥而來蜿蜒屈曲至是將開宕而剡溪清駛爲山川幽曠之區故其人文亦樸而含華地勢然也唐君仁埴來司此土下車謁學宮慨然歎仞牆堂廡之剝陋曰是之不講何以式士民乃倡修之輿情輻湊不戒而孚不勞而集土木丕煥豆登音佾之數次第備舉君嘗以迎鑾奏賦知名與余爲文字交今年夏余自台度關嶺下新昌過其境問之嘉其異乎俗吏之爲也君請余爲文記之余惟許子瑜及紫陽之門周繼元淑姚江之學嵊之賢喆代有傳人顧學校偏天下而君子儒不聞出者行與知違而義不勝利也學道之效君子小人同之而今或以爲迂闊而不切於事情然則聖賢之所以教庠序之所以設豈僞爲哉循名而求實升階而儼思感應之速徵於枹鼓孰謂教學之與吏治果扞格而不相入也余將去浙乃以平日之教諸生者舉

而申之若夫修建月日及助工紳士則詳於有司之册不具書

自三界至嵊縣記　清　俞公穀

己巳三月十三日晨出三界釣魚潭上大風逆舟舟蕩浪北傾舟中人操竿助進進寸退尺憑舷危對怪石寒泉悅可人意至嵊浦水奔澌來赴石臥壑者皆起峯慘慘滴翠下臨絕澗孤閉一道時見危棧空懸風自頂直逼客舟者爲清風嶺清風嶺者宋青楓嶺也臨海王貞婦至此囓指血題詩壁上投崖死其血漬入石間太守作亭表之遂名清風舟人云亭前履蹟雙雙宛然入石又不僅血迹流芳也逆流而上二十里畫圖山峯巒峻潔旁有石鷹羽毿細偶影雙棲雕刻不能工日西匿南望遠山野燒四起飛焰爓天勢蔓延幾及霄漢大風自南轉而北向溪樹亂響舟遂入嵊

耕菴記　清　李茂先

剡東四明稱丹山赤水之天二百八十二峯間佛窟僧廬嵌雲倚石者幾百餘所大石厂居其一髻於厂巔則有耕菴數椽茅屋半里梅花係洞宗普上人駐錫處也上人爲金陵巨族髫齔時即不耐塵鞅脱白薙髮於荆溪萬和尚室嗣後參請海宇名宿十有餘輩及至剡秀峯雙屏始降心而遞寧和尚箕裘仍欲揀片地作結茅計經幾跋涉而入我四明見大石厂輾然而喜曰是可以鋤雲種石者故以耕名乃上人身寄煙蘿名馨遠近若明覺若四果若眞如若柱巖紛紛纏請去作瑤海獅鳴演如許普利人天事歲時往來逕由漁溪谷口經竹嘯菴金雞嘴鼠延巖一綫鳥道千折螺紋方達其處山險水深荆榛叢莽登陟者望而畏之老苾蒭月輝瞻禮上人久苦行眞修種種有利濟可驗一日暨宏願欲爲四明別開生面不使耕菴道場如熊耳寒巖阻人履屐爰捐己貲募衆

力身操畚插錐斧以率於先視有礙厥行者石搜其蔕樹抉其根峭則使坦窪則用填凡四十餘里梗澁不堪措足之塗一旦如砥如矢幾可聯鑣並轡矣無論居民資衣食於山上者不歌行路之難衲子待鹽米於山下者得遂歸來之願卽耕菴蒼蒼石徒數畝纍纍佛骨一堆使向往者掉臂而直造焉其爲功詎復可量卓哉此舉亦宇宙內一番小開闢也予聞而壯之因濡墨而爲之記

星峯菴記

清　李增

出北關三里許有亭巋然竦於山頂者是爲星峯亭余癸巳歲與邑之士大夫復其舊觀者也自亭南下迤邐二百步有室三楹西翼以廊者是爲星峯菴跛僧守中所居以守亭者也余考高氏剡錄載僧仲皎閑閑菴在星峯亭下今其地不可復識而此菴之址則得之馬姓之所捨王徐二子偕諸同人募於其戚友以經始之

蓋不可謂非有數存乎其間矣跛僧誅茆種菜日惟食粥一盂以余命守亭故弗去然余每見其羸苦未嘗不爲惻然跛僧死菴扃且數月矣菴之頹廢不可知而又奚以守亭爲余與王子每顧而咨嗟者也會上虞東山寺洩洲上人與王子有夙契來遊剡坑登亭周覽見是菴有卓錫之志寄語王子曰如完東翼當爲公等續成勝因於是王子復募諸戚友將增建東翼以踐洩洲之約而洩洲今春適至出一函貽王子啓之則田畝號段也蓋洩洲已預爲茲菴久遠計且示王子以弗疑余乃益信興廢之數視人爲量洩洲其即仲皎之後身而爲千百年保護斯亭者將在於是惜乎徐子之久逝而不及見也徐名祖培王名秀春王子請記其事余遂喜而敘其緣起如此他日洩洲當以是語之并以諗後之住是菴者

游四明石屋禪院記

清　吴金聲

乾隆戊申華亭王先生鼎新昌楊先生世植歙縣韓君元灝皆寄居剡地以詩酒相契六月初旬招予同游四明欣然往焉至山麓有小澗流出澗中亂石架疊水從石隙中流清可鑑毛髮游魚出沒不畏人旁有大石曰十丈巖巖下架石爲屋居神其中以禳虎患再行數百步曰府基其地略平曠見頹垣荒棘上下縱横相傳明馬士英避地於此故稱閣老府云延澗而上有石壁上林張岐山老人大書東土靈山四字刻於石有晉唐人風骨再上有小石屋僅茅舍數閒居僧甚勤苦又有亭曰洗心面山而立居澗之中亦岐山老人之所築也亭前有小潭瑩澈可愛其水自亭左流出噴瀑於亭後石壁下視石壁如練下爲白龍潭自亭而上路極峻盤曲而登日午至石屋禪院門外有石塔高丈許院中有瞽僧曇

石爲之衆皆奇焉門内卽爲雲廚其中爲正殿佛菩薩居之旁夾兩廡前爲大悲樓樓上憑眺下視羣山如蟻垤殿後爲準提閣殿北有石屋内可坐十餘人乾隆初恆傳長老未成院時鳴魚之所也石屋前有茶樹一株大如斗數百年物也又有菜圃十餘級山麓畧平者輒開掘之砌以石寺僧資食焉閣後壁立萬仞左壁最高處珠書一佛字至今字蹟如新右山一徑可通人其上爲金鐘寺蓋僧得金鐘而成此寺也前有石曰將軍巖巖上時有馬人偶見之或云此天馬也院東西皆有澗合流於前僧架竹引之入室冬夏不涸清洌異常水而西澗尤勝夜宿僧寮但聞風聲水聲最後聞鐘鼓聲余亦隨衆僧起出招提一步四顧微茫蓋山在雲氣中也俄而日出海上山徑可辨與山僧別偕諸君取徑歸今予年五十五追憶前遊已二十一年倏忽之間竟成往事同遊諸先生

又物故而予猶得食粥衣布以力田教子此亦予之所私幸也故追記之并刻諸石亦以見日月之邁如石火電光而遊是山者亦得以附之而不沒焉

遊白龍潭記

清 史載筆

剡南二十里地曰白龍潭絕幽勝余欲遊其地者再三四不果一日梓廬師折簡招伴遊時季秋初旬衣單袷衣遂與俱往其地三面環山缺南一面南去七八里如翠屏嶂焉爲南巖任公子釣魚處中多怪石或立或仆或豎或横如筍初抽如人拱揖如虎豹欲搏人殆不一狀泉一泓從石罅中流出清冷徹骨鑑鬚眉如畫即所云龍潭者潭北數武爲風洞風冷冷從洞中來洞口茶蘼生焉花鮮潔可悅由洞左南十餘步一石阜突起平地高可二丈許方正如削狀似石屏攀援而上顧睞險絕心悸欲墜旁一窟一石横

空出長八九尺爲龍尾石如龍入窟未盡而猶見其尾者面石屏峻者爲蘭若鐘聲佛號雜沓飄空四壁有騷人墨客題識砌下植芙蓉數本芬芳襲人衣袂屋外有古松大數十圍夭矯百尺如蒼虬攫起霄漢間蘿蔦延緣牽纏恐隨風雨飛去修竹千百莖幾多个字從午陰飛下寫人肩背禽鳥往來如織鳴聲上下與山谷響相答應山花數點當徑襯人步履由蘭若右轉里許爲虎嘯巖巖下時時聞虎嘯聲談笑間樵夫牧豎皆來看客於是足力已竭或憇雲根或藉草臥浩吟工部安得仙人九節杖拄到玉女洗頭盆句聲徹玄虛山僧前邀飯畢與復不已欲遵虎嘯巖登龍亭山尋南巖寺遍搜幽奇領略十分秋色僕人催歸徒戀戀耳恨不能作十日遊猶迂道至超化寺看菊花訪僧洪舟毛家嶴談禪理及至家新月一鉤在樹杪間是日同遊者朱梓廬師葉芝谷丁道南釋

一乘與余共五人乾隆辛卯九月之三日也

萬金堤記

清 樓上層

萬金堤者當剡溪上流每春漲砯崖擊石志謂有瞿塘灩澦之危焉按天台山志剡溪發源於東陽之玉山經天台山北入剡是爲南源酈元水經註言白石山有瀑布飛流三十丈會曹娥江江即剡之下流爲北源周徐彩紹興舊志言剡四源然無言上流三源者惟明史地理志言剡之上流亦三源有長樂寨在白峯嶺寨去堤二十五里嶺之水合北源之出諸暨與南源之出東陽者溪三畢注堤悍甚史故取其關民利病者言之堤之築獨爲容緩哉堤自明略具迄乾隆十有九年甲戌雨發洪所向坍裂堤遂壞議復興築董其事者曰應佩絅郭君實創爲石堤工鉅萬越月而畢時有過客歎曰是堤爲田廬障且與水利歲當得萬金遂名爲之萬

金堤至四十五年庚子浙東蛟平地水且丈堤復壞於是佩絅之子乾從子紹濂及邢協熙與君賓之子萬年百川等議曰築土誠不如築石然石而不撿猶之土也於是方圓鉅細悉躬自點閱合受所應得且厚集其勢以爲水預拒堤高凡丈有六尺闊二丈長三百餘丈脚悉用陂陀塘法越二十步置一鼻與水吞吐令水不得直走堤以爲堤捍郛仍於其可渠處渠之置爲水門謹蓄洩以興水利石卽取自溪洩而防之舉手見績邑侯袁公見之曰此守土職也食其地者能若是大善爲集工賞之辛亥秋大水堤決兩翼鼻脚壞復應時修理蓋方其壞也縱橫十五里與水之出自東陽玉山者南合廬舍塋域捲而去其所新注水而不田者萬畝其所故注田而不水者復萬畝限隩溢滀礓礫堆砌水經注曰縣南百步溪注焉有東渡西渡西渡通東陽堤爲孔道堤壞則涉而死

者以日月計迨竣事而向之所爲水而不田者仍得履畝而册焉課之登諸國者勸口之餘諸家者沃所爲田而不水者雖二耜之巜一墢之起悉得取盈焉以備旱潦蓄洩而莫復病涉焉此乃志地理者之所渴冀而三溪之利病果孰與他五源之緩急也夫志地理者郡國之大其志也二萬畝之利病果何與天下損益然使如嵊之一邑而有二萬畝利病以是推之凡爲邑者各利病若是方不知其興築之不時而所失幾何若及時而所得又幾何也壬子四月邑侯周公諱鎬以公閲是堤最焉曰是不可無記故次而詳之

環水亭記

清 盧梁

歲辛酉余客授剡西敬義堂堂之北翼然有臨於雲表者環水亭也屢欲登覽而余以羈旅祇增仲宣故土之思不果往方春始和

雜樹叢綠時鳥喚人老叟過謂余曰蘭亭之會譚者美焉先生盍往環水亭遊乎諾之遂與俱行泥徑數曲緣小溪不百步過石橋而亭至矣亭凡三層制蓋樸甚其下壁鐫俗所傳陰騭文覺世經緣是以寄尸祝二公之意亦使汗漫遊者得目擊内省也拾級登最上層孤峙其南若不屑與衆山伍者叟告余曰此雄鵝峯也以象名迤邐而東有峯縹緲深秀之氣不可言傳則曰此獨秀山也王右軍嘗讀書其地相與徘徊者久之時但聞水聲淙淙如戛玉如理琴杳不知其何來憑欄俯視則有雙溪滙流帶縈亭側波紋縐綺荇藻拖藍因詢曰此環水所由名乎叟曰然望氣家謂余鄉宜於此地建亭以善其後而余與鄉人實嗜此水之勝也余聞而難曰叟其志在流水乎夫上善莫如水今叟含華隱曜天君泰然其有鑒於水平叟之鄉士農樂業比戶親睦其有得於水之不爭

平日聞之遊睢渙者學藻繢之綵而叟固文靖裔也遙遙華胄文獻世其家佳子弟往來亭畔將必有斐然之志奮文辭以表見於世余雖不習堪輿抑理有可信非誣也至如捉鱗末攄頻年內熱亦得朝夕娛情水旁滌瑕蕩垢而鏡至清則斯亭之作非第爲騷人逸士流連觴詠助一時之歡也

王節愍公祠記

清　魏敦廉

公諱禹佐字益之明天啓間以選拔判保定駐居庸抵任即倡修學校朔望集諸生講學決獄多平反人驚爲神居庸地僻屯使喜功概以墾田責之有司往事浮報新開派民一田兩稅公抗義除之得免又請罷南口巡攔以紓商旅築二路城垣以固保障延慶均徭豪強欺匿小民苦之公竭誠編審豁逃亡者千餘居庸土木榆林三驛權使絡繹供應日乏公拒常例即以市馬多設行料嚴

革乾折雖使客側目絕不少挫也時宣大告饑公奉命挽援餉十五萬民不擾而軍不譁大吏交章薦之調署昌平方五日大兵從天壽山攻州治公率兵民奮勇登陴抗拒七日忠憤愈激督撫連檄調回公慨然曰關有重兵而州無守備我爲其易誰爲其難羽書再至不受內變起城遂破囑中軍顧震曰城亡與亡者若爲我持二印投署井矢志不屈及死呼老卒覆其衣目乃瞑子仲宣中軍顧震同殉焉事聞祭葬如例謚忠襄公忠義天成常書一聯於座右以自厲曰願持白節酬君父莫玷污名累子孫又長於文著莅關集二卷國朝賜謚節愍入祀忠義祠今族人命珆逢士逢源待璣燮元等卽公誕生之所建專祠逢士助基待璣復爲建華表於北門外云

重建忠孝義祠記　　清　郭文誌

扶輿清淑之氣必有所鍾而畸人出焉忠臣孝子義士在地爲河嶽在天爲日星正氣之留千古不可磨滅其載在祀典者所以扶植倫常風起後世也刻忠孝節義祠建明倫堂之側地近山麓歲久漸圮己酉歲重修文廟塈塗丹雘煥然一新而祠之隳剝如故有孝子喻祿孫之裔喻君大中者去歲曾獨建戟門而復以建祠爲己任以狀請余余美其孝思不匱義舉堪嘉急如其請以期迅速蕆事於是度地鳩工庀材礱石移建訓導廨右經始於辛亥之春迄孟冬告竣不費公帑不煩衆力爽塏堅固而祠以落成按邑志雍正五年始有專祠固表章懿行之鉅典舉而不廢由來尚矣茲乃懋昭嘉德克展鴻規堂翼如而室煥如溪山之秀椒桂之香清風亮節實式憑之豈戔戔數言能紀其梗概乎今聖天子以孝治天下教民作忠敦本尚義爰隆肇祀之典用昭風化之淳喻君

獨力鼎新留意名教其功自不可沒由是以安羣祀以妥先靈扶輿清淑之所鍾必更有較前爲烈者蘇子有言修其本而末自應端在斯與是爲記

尊經閣記

清　高三畏

國家崇經術厲羣材入大學者凡格致誠正修齊治平之畧莫不備于經經者常也億萬世宜共尊之者也紹郡嵊縣自晉以來代有聞人淳樸茂美之風猶有存者儻所謂涵濡經學之力與其明倫堂後舊爲尊經閣以其傍山麓也奔泉烈風所注易滋朽蠹邑紳喻大中於嘉慶元年呈請易木以石余從其請乃更新之且繚以崇垣鑿深溝以洩水庋羣籍于閣而諸生得以時誦習其子萃與涵固諸生也亦與其中邑令周君鎬鄧君天麟相繼治此土皆願昌明經學于其成以記請余思經明則行修道尊則人思嚮學

今喻紳大中謀所以藏經者意甚深焉蓋有合於周官聯師儒聯朋友之義與夫世之廣爲堂構爲子孫計卽有樂輸者或加意於琳宮紺宇而已乃喻紳前已修文廟戟門建忠孝節義諸祠今復有此舉豈唯此閣之不朽蓋將使人心風俗之因以不敝也其樂善不倦如此士之尊聞行知以仰答作人之雅化可不勉哉因記之以爲都人士勸

養老堂記

清　俞樾

天民之窮者有四而老居其一是以三代盛時國老有養庶老有養誠重之也管子治齊行五惠之政其一曰老老凡國鄉皆有掌老年七十以上三月有饋肉八十以上月有饋肉九十以上日有酒食死則供其棺槨其養老之制周詳如此齊之所以與也我國家子惠元元湛恩濊濊發政施仁無或闕遺士大夫敬體朝廷德

意建設善堂所在林立然入境而問焉有曰清節堂者則所以矜寡也有曰育嬰堂者則所以保孤也獨於養老之堂往往闕而不備夫人當桑榆暮景百體俱敝五官不靈而或爲飢寒所驅疾病所困出入莫爲扶掖疴癢無與抑搔天民之窮孰甚於此吾所以取嵊縣金氏養老堂之設爲善舉之尤也養老堂者金君祿甫奉其先德孔炤君之遺命而創建者也孔炤君之將歿也語君曰吾邑有清節堂保嬰局爲孤寡計固盡善矣惟無計及於老者余有志焉而未逮也爾異日其成吾志君泣而識之不敢忘君長於榷祘既以絲茶二業大興其家於是建宗祠置祭田設立義莊皆稟承厥考之遺意而爲之而養老之堂亦於是乎有成矣其堂在嵊縣城內西街其地一畝有奇其屋二十餘楹堂中養老者一百人每人每月給錢八百其初入則給以棉衣袴病則藥之死亡則棺

槫之瘞薶之招人以補其額一歲所費約一千緡中雜用及完納錢糧又三百緡皆出之於田凡買田五百餘畝歲入其租得一千三百六十餘緡又買葬山六畝有奇又存錢五千緡歲收其息以供堂中之用共用洋錢三萬七千有奇而養老堂規制於是乎大備呈報有司申詳大府奏咨立案以垂永久孟子不云乎老吾老以及人之老君之建此堂乃其仁也君承先命以建此堂又其孝也仁且孝此舉洵美矣因書其事著於篇使讀吾之文者美君之所爲一邑創之各邑效之久且推之於海內而凡眉梨耇鮐之老皆得左餰右鬻以盡其天年則既有合乎孔子老者安之之義而亦可以仰副朝廷存問高年頒賜粟帛之盛意昔王充言太平之世多長壽或即以此基之乎吾所以取金氏養老堂之設爲善舉之尤也

清節堂記

清　蔡元培

國朝保息之政十有二七曰安節孝而今上俞何侍御之奏合天下吏勸其士士率其民創爲恤嫠局清節堂於是士大夫力於義者益孜孜務聖天子德意以惠其鄉嵊清節堂者會稽徐氏所造也吾越絜誠之俗自秦時已著金石更數千年濯磨益粹清風勁節塡溢珉素而會稽徐氏旌節孝者五褒樂善好施者四爲一時冠蓋稽陰傅郭清節堂尙矣而他縣或闕不具仲凡太守樹蘭嘗以事往來嵊竟咨其故乃請於母馬太夫人叔母節孝章太夫人而偕其弟叔佩農部友蘭從事焉舊有別業在縣治後乃析其東院爲保嬰局基址而以西院爲清節堂爲屋兩楹以處辦事者買田二百八十六畝有奇儲錢五千八百餘緡以其租息爲永久之賴爲章程以詒嵊之搢紳以告於吏以聞於朝著册而不邀獎焉

昔巴蜀寡婦清釐釐以財自衛而秦始皇帝爲築女懷清臺若乃馬太夫人之傒福章太夫人之節孝而席豐厚以自資宜若於寒門苦節無措意焉而推挹美意規畫周詳無覬於華袞之榮而務充其義豈非善無近名度越古人者與而太守農部勸以成賢母之志嵊賢士大夫相與有成保衛而理董之詩曰孝子不匱永錫爾類傳曰美成在久皆古義也一舉而數善備焉故樂爲之記以風來者

嵊縣志卷二十六終

嵊縣志卷二十七

紀事

紀烈婦王氏事　　元徐瑞

王氏婦赤城人也家世未聞至元丙子天戈南指士馬充斥有自赤城得王氏挾至剡青楓嶺王氏爲詩嚙指血書於石崖自湛死見者莫不衋然爲之傷感或作詩嗟悼之余來佐剡道越見宣武將軍紹興路鎮守脫帖木耳爲余道其事且曰昔鎮剡時欲紀之石未果也君其圖焉余至邑詢父老間往往能道其詳且得所爲詩後過其處復見其遺蹟至今四十餘年苔荒雨蝕字幾不可辨而血痕漬石間隱隱也夫一念之烈貫徹金石久而不泯亦異矣噫殺身存仁聖人惟許之志士仁人今以一婦人而能奮不顧身視死如歸豈不難哉余懼事愈久而跡愈泯與同寮謀而語之邑

人即其旁築小室刻其事於樂石以傳諸遠以俟採錄焉蓋亦厚風俗之一端也併系其詩於左至治二年歲在壬戌夏五月從仕郎紹興路嵊縣丞東平徐瑞述

按輟耕錄及明呂原所撰祠記俱作徐瑞至治石刻作徐端府縣職官志並同錄之以存疑云爾

剡山栽木紀事　明周汝登

縣學負剡山其山在城內者凡若干畝苦無林木夫山巑岏無木若人之立而褫其衣其足爲衣服之士乎哉嘉靖間吳侯三畏令民家各栽松不栽有罰乃以遷去不果後十餘年侯家居凡數致書惓惓以栽木爲囑侯之用心勤矣迨隆慶間薛侯周丈量土田以城內之山並不起科納稅攤在概山亦令栽松又以調去勿果夫二公惓惓而不得覩厥成功豈一林木亦有數耶余以爲即不栽松栽竹亦可夫栽竹隨月皆宜且易成林今府中臥龍山皆可

覩矣誰爲此者甘棠之詠其寧有窮

香山嶴散倭記事

明　喻安性

萬歷癸丑春余以羅定備兵移巡海使海中有濠境嶴爲西洋諸夷薦食者凡六十年所矣三面環海惟塘基環一線可通若荷盤之梗形勢極奇巧西南夷貿易其中不下三四十國而主嶴事者惟佛郎機人若劍事（劍事當係領事之訛）若和尚頭皆共襄嶴事先時番舶至廣易換唐貨一出一入皆徵税毋敢匿後緣閩中巨猾跳入撥置或逃税或掠賣子女出海或私販硝黃及一切違禁之物至又駕言防衞紅毛夾帶倭奴潛住本嶴勢岌岌有窺逼會城狀諸弁喜事者復張皇其說鄉士大夫憂形於色朝議興十萬師搗其巢穴制府張公集羣僚議行止余抗言曰夷不足患患在蓄倭倭去夷不必兵也難者曰夷方廣製火器高築城垣復蓄倭千百爲謀

叵測即倭去夷不足患倭果易去平哉余直應曰受事後當爲地方去之四月抵廣城報益急余密進香山但令圖所以去倭行閒諜諸事隨單騎躡後行有翠微鄉父老遮道訴曰墺蓄倭自雄數被闌入方築關以絕何入爲余曰墺故中國地也若築關以絕是以墺棄夷也余巡墺去倭握諸夷於掌中何以關爲遂踰關入墺門諸酋長逆於海濱疑懼未定盛陳利器番樂故合黑鬼叫跳道旁我馬驚卻胥吏色變余霽顏遣諸酋長前導至墺中諸酋長入謁羅拜予南向宣布朝廷恩威指陳禍福而喫緊一語惟在倭散則墺夷存倭留則墺夷戮諸酋長稽首言曰夷輩挾重貲冒險遠與中國通有無匪徒夷利亦以利中國倭故無艮動十萬師蕭蕙焚之何忍爲予曰朝議果有之今親攬形勢惟截住三面海艇不使粒米渡墺止用數百人掘斷塘環一線絕汝內潰不逾半月汝

萬千老幼盡爲餓鬼奚用十萬師爲酋長相顧錯愕稽首後言曰墺中萬千生命仰給天朝若有叛志是自絶也百凡惟明諭是聽余即下令曰亟籍倭以報倭去我乃歸諸酋長連夜索倭夜半凡三四驚詰旦倭懼誅強不敢入余但令每十人一牌導以通事尾以夷主一牌入一牌出倭釋疑始魚貫入階下每牌犒以斗酒豚蹏立遣登海舶余再宿俟帆渺而歸明年余復巡墺諸夷投誠益篤併以從幼婚嫁之倭爲前所不忍遽去者悉遣之歸於是倭盡散墺夷悉受漢法惟謹余亦再宿而還諸酋長各携稚子送之海濱曰此皆中國所產赤子也望天朝毋夷視我欷噓感泣久之余入翠微邨諸夷尚目送不忍還余憑軾歎曰忠信可以孚蠻貊信哉及倭抵國取有日本印結回繳制府張公鳴岡以始末奏聞逾三年繼張公督撫者是爲漢川周公嘉謨復以散倭事宣揚於朝

余懼後來者因循不復巡塽則十餘年後倭必潛滋仍爲粤患故紀其畧如此若夫經略塽務俾處置得宜另有條議五款勒石塽門茲未暇殫述云

紀剡中孝婦殉火救姑事　清　錢鎔

孝婦錢愛經者剡西長樂鄉人於余爲遠族王姑年未笄適下龐山邢遵淼侍姑病歷數年如一日姑得無恙姑每賢之於人而人之賢之者亦如其姑歲癸巳秋一夕家中火孝婦驚寤起已遍燒房闥火中覓姑不得趨而出見救火者集急問姑答曰未之見驚曰必尚在火遂冒火入衆挽止之絕裾去時秋高風烈火轉盛遂不復出皆失色驚號終莫可如何多泣下者明日火息得孝婦屍灰燼中背負其姑越姑臥房已遠不尋丈間便可出火而竟不得出姑婦焦頭爛額相持固結不解形迹宛然其手更挾一姪爲孝

婦仲弟子因其父毋相繼亡憐而養之於家是夕也竟斃於火余昔聞之即心欽其人族諸生名帆者孝婦兄也來請紀曰事獲旌於憲矣然家乘不可無文以永其傳敢請閱來狀與昔日所聞者無異辭知其信而有徵爲删去瑣事而錄其卓卓大者嗟乎身爲人婦坐視其姑之垂斃於火而不思一引手援天下無是人也所難者始不斃於火而出及其復入也又不遽斃幾幾引姑以脫火而卒之殉於火脫姑於火孝婦之心乃安不脫於火而以身殉姑是孝婦之重不幸也身之不殉而何有於身後之名今其事越十有八年矣其兄猶爲之重欷累歎且欲假余文以永其傳而余執筆之頃不覺流涕慨慕而不能自已也夫以余譾陋之文何足以永孝婦而或藉婦之孝以永余文則後之讀余文者亦將爲之流涕慨慕於無窮而孝婦未始爲不幸矣余詮其事如左

嵊縣志　卷二十一　紀事　四

書

與道一書　　晉帛道猷

始得優游山林之下縱觀孔釋之書適與爲詩淩峯採藥服食揖痾有餘樂也

與支遁書　　晉謝安

思君日積計辰傾遲知欲還剡自治甚以悵然人生如寄耳頃風流得意之事殆爲都盡終日慼慼觸事惆悵惟遲君來以晤言消之一日當千載耳此多山水山縣閒靜差可養疾事不異剡而醫藥不同必思此緣副其積想也

奉許東岡先生書　　明呂不用

某向者凡兩覩縉紳光輝皆以匆匆不得詳領法言以爲終身模楷自易之東徒切嚮仰惟函丈爲國家持文衡以造就甬東俊乂

者豈曰小補而已去冬狄希孟來云先生曾詢及阿韓就得審長者起居萬福康張善飯爲慰今春會張宜中又云先生嘗歷舉鄉里晚生問訊老儒之不忘後輩者何欣如之某小少讀書史眞有意於養浩然氣學爲江河之文以求識海內諸老不意適丁多難流離竄伏稊稗於前茅塞於後遂不復理憂遘爲病以迄於今文章之事孤負壯心自痛且惜將復何及也今來剡求醫適宜中之鄞敬奉尺牋爲尊候問不自知其覶縷

上邑令請復橋書

明　夏雷

嵊城南溪水環如束帶鄉市人民來去四方商賈貿遷與夫吳越台溫司府縣衛公文走遞晝夜必由所謂國中之水當涉者衆近設船濟渡亦乘輿之惠濟寡不能濟衆濟晝不能濟夜濟緩不能濟急往往積之多候之久以至爭先觸浪渡船因而規利無罪陷

於淪溺良可痛憫爲今計莫如與建浮梁通計浮梁釘鐵船板石灰麻油工價不過千兩以出入鄉隅之人計之不下萬家以一家助銀一錢亦自足用況更有富民大商義助不甚費公帑伏望明公提綱於上選任公敏良民委任責成數月之間事當就緒既成更立看守補葺之法又何慮工不垂久哉竹橋渡蟻且魁天下況活生靈獨無報耶伏惟裁處

書後

書張處士墓銘後

明　方孝儒

外爵祿而貴富者君子也待爵祿而貴富者恆人也備萬物於一身天下之富孰加焉友聖賢於千載天下之貴孰加焉不有得於此而顧有慕乎彼則其所慕者庸知非君子之所恥也耶孔子賤千乘之齊侯而取首陽之餓士曾西薄志得位尊之管仲而畏仲由世俗之所謂富貴貧賤豈足論有道之君子哉嵊之珏芝里有處士曰張公珵字克讓生於世者七十六年而不階一命不資斗祿以布衣終田里然和易純正之德見推於鄉閭雋拔清遠之文尚友於古人寓至富於窮約之中存至貴於貧賤之表有子五人既沒而叔子思齊爲陜西左參政少子遜亦以通儒術薦爲紀善諸孫勝衣冠者多至二十二人世皆曰處士富貴人也身不待乎

富貴是以澤及乎後昆張氏之富貴其亦異於恆人遠矣蓋道德有餘而天之報有不至者後世必蒙其福然則張氏之孫曾欲保先澤於悠久者可不以處士言行爲法乎參政公名可家以字行由觀察使拜今官學行政事君子以爲不媿其先人云

贊

閒游贊并序

晉　戴逵

神人在上輔其天理知溟海之禽不以樊籠服養櫟散之質不以斧斤致用故能樹之於廣漠棲之於江湖載之以大猷覆之以元氣使夫醇樸之心靜一之性咸得就山澤樂閒曠負嶺之下始有閒游之人焉降及黃綺逮於臺尙莫不有以保其太和肆其天眞者也且夫巖嶺高則雲霞之氣鮮林藪深則蕭瑟之音清其可以藻元瑩素全其浩然者舍是焉取故雖援世之彥翼教之傑效舞雩以發詠聞乘桴而懍厲况乎道乖方内體絕風塵理揖長謝歌鳳逡巡盪八疵於元流澄雲崖而頤神者哉然如山林之客非徒逃人患避爭鬬諒所以翼順資和滌除機心容養醇淑而自適者爾凡物莫不以適爲得以足爲至彼閒游者奚往而不適奚待而

不足故蔭映巖流之際偃息琴書之側寄心松竹取樂魚鳥則淡泊之願於是畢矣然奇趣難均元契罕遇終古皆孤棲於一巖獨翫於一流若有情而未忘有感而無對則輟斤寢絃之歎固以幽結於林中騷感於遐心爲日久矣我故遂求方外之美略舉養和之具爲雜贊八首暢其所託始欣閒游之遐逸終感嘉契之難會以廣一往之詠以抒幽人之心云爾贊曰

茫茫草昧緜邈元世三極未鼓天人無際萬器既判靈樸乃斲實有神宰忘懷司契冥外旁通潛感莫滯總順巢禹兼應夷惠緬矣遐心超哉絕步顧揖百王仰怡泰素矜其天眞外其囂務詳觀羣品馳神萬慮誰能高快悠然一悟

三復贊　　晉　戴逵

嗜好深則天機淺名利集則純白離如此故識鑑逾昏驕淫彌汰

心與慎乖則理與險會然後役智以御險履險以逃害故陰陽寇其內人力攻其外陰陽結則金石爲之消人事至則雄智不足賴若然者雖翠幄華堂焉得而康之列鼎重味焉得而嘗之

尙長贊

尙叟冲順庸行昏世和龍婉約元識同滯瞻彼崇高俄爲塵翳亦有同好潛莊宿契超超增翥渺渺皆逝蹟絕青崖影滅雲際

酒贊

醇醪之興與理不乖古人旣陶至樂乃開有客乘之隗若山頹

山贊

蔚矣名山亭亭洪秀並基二儀莪蕉雲搆嵯峩積岨寥籠虛岫輕霞仰拂神泉旁漱曰仁冞樂希靜比壽

松竹贊

猗歟松竹獨蔚山皋肅肅修竿森森長條

公孫夫人贊并序

晉鈕滔母孫氏

資三靈之醇懿誕華宗之澄粹奇朗兆於奇齡四教成於弱笄慈恩溫恭行有秋霜之潔祇心制節性同青春之和敦悅憲章動遵規禮居室則道齊師氏育行則德配女儀禮服有盈籩豆無缺贊曰

猗與夫人天資特挺行高冰潔操與霜整性揚蘭芳德表玉軫猗彼瓊林奇翰有集展彼淑媛令德來緝動與禮游靜以義立

張門雙節贊

明錢宰

剡山峭拔剡水清冽二節婦貞白之操鍾焉人謂范之操若崩崖斷決皓月獨懸初不知繼志之錢也錢之操若貞松勁竹孤鸞高騫殆與范比肩矣春閨並線寒燈共織撫諸孤俾各有成乃今白

髮高堂同享壽康天固有報施之也雖然閭巷閒婦女執義守信如二婦者代有之矣名湮沒不彰悲夫

周海門先生贊　明　張岱

講學剡溪出言明曉引掖後進陳言一掃訪戴多人雪舟騷擾疏食菜羹不敢不飽議論新奇不襲不勦即入聖門言語之科如君亦少

引

募修文星臺引

清 李以炎

蓋聞山川韶秀人物由此鍾奇臺閣巍峩風景於焉增麗應女牛之宿雖曰天成聯奎壁之光實因人贊惟重新乎勝蹟斯煥發其鴻猷嵊邑夙號名區素稱仙域青螺四繞面面畫圖碧玉千迴層層襟帶禹鑿定安居之宅秦遊洩望氣之占子猷安道自多乘興遺蹤康樂梅溪雅有拈毫佳處右軍故宅雲霞護縹緲之峯阮肇仙居煙雨鎖翠微之色鵜飛道院金庭與石鼓爭雄鹿苑憑欄怒瀑共晴雷比勢尋陸方之薖軸各擅汀灣溯李杜之謳吟難忘水石凡茲勝概未易悉陳要皆孕毓人文發天章於碧漢疏宣氣化散霞綺於晴川非僅博夫登臨洵有關乎政治更有文星臺者乃合邑之要領也位列青陽地臨碧水東溪流之鎖鑰轉地脈之樞

機棟接騰蛟啓光華於雲錦檻連起鳳擷瑞靄於天香當年之人事可稽此後之地靈不爽惟是興替靡常幾失前人之制傾頹已久徒勞創始之功因之甲第多遜於曩時井里未臻乎全盛夫堂名井四亭號無雙止雕梁藻井之工快遊目騁懷之致猶且滄桑莫定慮陳迹之就湮嘉樹毋忘冀後人之嗣葺況乃合形輔勢爲都邑之咽喉孕秀鍾靈實文明之管鑰覩斯廢墜宜急興修炎以菲才謬膺茲土疊書卓筆冀步武於兩巖濬道通渠願追隨於一柏顧文章經術深慚未遑而補缺彌偏敢辭非分每於退食之暇憑眺遺基聊資清俸之餘思爲舉廢而千尋飛閣用待鳩工百尺高樓難從蜃化庀材董役豈一力所能支合志同心庶萬間之可庇先陳數語用告諸賢希隨願而樂輸幸多人而集事布金有術頓使翬飛覆簣多功應看燕賀此日高甍繡闥不徒資煙景之觀

他年育德興賢卽以樹棟梁之望矣

金潭雙溪橋茶亭小引

清　徐大酉

原夫路異旗亭難言貰酒館非逆旅略可停車當五達之驂騑有四民之羣至行行且止少留入剡之踪去去重來聊説調符之飲匪遘善士孰恤勞人錢公青垣建津涉於石橋昭武肅之鐵券劍霜寒而象罔懾陌花繡而士女謳既迓神庥幷揚祖烈而乃財輕於籜惠重於山樾蔭新添甌香廣潤蒙莊仁義之用寄若蘧廬初慧功德之施沃以甘露兼之兩美慨然三歎彼夫策鳩杖以行吟對鶯花而選勝一瓢雨後雙屐雲中時執榼而提壺或品泉而嚼茗春山紫邏仙竈丹成彼其行踪各有攸主至若畚輿雜沓綿襖颾颾擔落葉以行酤摘新荷而包飯盼斜陽於峻嶺行李匆匆悵煩暑而沾襟望梅隱隱涓以一杯之水奚啻兩腋之風已僕少遊

省會壯謁京畿偶拜井而祈泉儼當途之榷酒聞茲古誼重以歡心人言行者相與歌於途喜斯陶也吾願錢公有以善其繼美而暢之

跋

跋丁寶臣修學宮碑陰

宋蘇　復

世之爲吏者往往以簿書期會爲政事之本以剝下奉上爲進身之梯又其下者飾厨傳以悦過客濫公帑以市私恩至學校則視爲不急之務而漫不加省夫豈知風化之源實有在於兹也三衢毛公來宰是邑下車之初即以黌宇無完爲不可後於是夙夜究心營葺有序又得丞佐諸公一時之賢皆好文善士樂贊而成之曾未期凡昔無者今備一日公登堂慨然曰先聖之宫學者肄業之所可無俎豆容弦誦聲乎邑里士子欣從其化爭先掃治齋凡布袍韋帶翕然而至濟濟詵詵有魯鄒之風矣時邑之先達鎮江通守黄公堯舉因出示慶歷中丁公初興學記以贊公之盛美命鑱諸石以示源流所自後之來者茍皆能以公之心爲心如公之

不忘前人信斯學之不廢矣

題跋

題戰國策

宋　姚宏

右戰國策隋經籍志三十四卷劉向錄高誘注止二十一卷漢京兆尹延篤論一卷唐藝文志劉向所錄已闕二卷高誘注乃增十一卷延叔堅之論尚存今世所傳三十三卷崇文總目高誘注八篇今十篇第一第五闕前八卷後三十二三十三通有十篇武安君事在中山卷末不知所謂叔堅之論今他書時見一二舊本有未經曾南豐校定者舛誤尤不可讀南豐所校乃今所行都下建陽刻本皆祖南豐互有失得余頃於會稽得孫元忠所校於其族子慤殊爲疎略後再叩之復出一本有元忠跋并標出錢劉諸公手校字比前本雖加詳然不能無疑焉如用埊𢘑字皆武后字恐唐人傳寫相承如此諸公校書改用此字殊所不解竇苹作唐史

釋音釋武后字內埊字云古字見戰國策不知何所據云然埊乃古地字又埊字見亢倉子鶡冠子或有自來至於思字亦豈出於古歟幽州僧行均作切韻訓詁以此二字皆古文豈别有所見耶孫舊云五百五十籤數字雖過之然閒有謬誤似非元書也括倉所刋因舊無甚增損余萃諸本校定離次之總四百八十餘條太史公所採九十餘條其事異者止五六條太史公用字每篇閒有異者或見於他書可以是證悉註於旁辯欒水之爲漬水案字之爲語助與夫不題校人并題繪注者皆余所益也正文遺逸如司馬貞引馬犯謂周君徐廣引韓兵入西周李善引呂不韋言周三十七王歐陽詢引蘇秦謂元戎以鐵爲矢史記正義碣石九門本有宮室以居春秋後語武靈王游大陵夢處女鼓瑟之類略可見者如此今本所無也至如張儀說惠王乃韓非初見秦厲憐王引

詩乃韓嬰外傳後人不可得而質矣秦古書見於世者無幾而予居窮鄉無書可檢閱訪春秋後語數年方得之然不爲無補向覬博採老得定本無劉公之遺恨紹興丙寅中秋剡川姚宏伯聲父題

題呂又邨貴門山志

清　潘諮

遊山如讀書遐覽博涉而眼前悅心之境往往失之故得一境而求無餘歉者爲善讀書也予少事遠遊海內名山溪約十歷七八每涉一奇境巖壑之趣雖足快目而困於攀躋往往數百十里得一坐嘯之地亦頗思山陰道上動履見山琴硯一舟可安臥而徧歷幽勝惜西岷東岱俱未有此不知其越人之安於越與抑江東人物果足愜人幽賞也剡中又邨呂孝廉爲予言剡溪風物如九嶷三峽而無濤瀨巖險之阻可杖策而至因以所誌貴門山泉一

冊見示予以臥遊之意覽之悠然有褰裳倒屣之想貴門者鹿門山也山在剡西接東陽諸峯阜魏晉五代泉石方外如趙廣信褚伯玉輩有居之者而名則仿自紫陽朱子其先名流遊詠恆在縣東南北三面蓋剡水北接郡境而沃洲桐柏南通天台雁宕遊蹟所經其美易見而婺水至此尚未可舟遐覽者則又如讀書循習見聞而淵奧之義須尋繹得者少會心也呂氏自許公之孫隨宋南渡世居其地故悉其山泉幽勝凡晉人所謂奇深重複皆聚於西者孝廉志而表著之後之覽者必仿於是吾耽於屐笠而鏡湖去此百里未嘗一涉之者誠如書置架中目覩而塵封之也因題集句卷後他日結茅將以爲買隣券矣又邨其許之否

青山殘月有歸夢深入西南瀑布峯雪夜前溪聽鳴櫓吾將此地學雲松 右題貴門山志偶集劉滄賈休東坡太白句未暇莊詠因適在疾中無善思 少白

哀辭

祭周海門先生文

明　劉宗周

嗚呼士有曠世相感不啻一堂而或覿面而失之其爲人之賢不肖何能以寸乎有目而不覩辰星之麗謂之瞽有耳而不聞鐘鼓之陳謂之聾士之於道也反身卽是而不知求幸遇其人矣示我以明白坦易之說而猶不知求則亦聾瞽之夫而已嗚呼斯道之不傳於世蓋千有餘年而吾越陽明子以良知之說啓天下及門之士於吾越最著者爲龍溪先生又百年龍溪之門於吾越最著者爲先生先生於陽明之學篤信而謹守之由禰而祖一嫡相承讀其書宗旨有述宗傳有編一時學士大夫又相與維持左右底於無斁懿哉先生其於道也可謂辰星之麗天鐘鼓之在序凡有耳目者皆得而聞且見而况其閔閔焉望道而趨者乎始先生盛

講良知之學往來吾越予髮未燥也及稍有知頗欲澡雪身心爲受教地進而及先生之門而先生歇歷仕途雲泥相失晚年懸車會遭學禁交游盡謝一日際聖明表章斯文首起先生爲士紳著蔡冀天假之緣宗周不進而奉先生於朝亦將退而奉於野而先生忽已逝矣嗚呼世有覿面而失先生如宗周者哉先生之於道固如是其明白坦易也從之者徧天下而終不能得之於宗周此予所爲聾瞽者也世之不爲聾瞽者蓋亦寡矣猶賴先生之學呼寐者而覺之自學禁以來諸名宿略盡正當斯道絶續之候而又不少留先生爲後死者地則其所關於世道之不幸爲何如者予能無泫然於先生乎哉先生捐館之時正宗周趨朝之日不遑走哭姑臨風灑涕一誌平生仰止之私冀先生有知終不置我門牆外也嗚呼業已聾瞽自廢矣而猶知先生之道之可尊非良知有

不昧者耶其先生之啓予耶其卽先生之啓天下後世耶

商烈婦哀詞幷序　明宋濂

嵊民商淵妻張氏貞賢而有志操事姑姑愛之事夫夫宜之處約而不懟好禮而能教命女者指以爲表論婦者取以爲則年始四十五元末兵亂自溺初貞未死時聞亂每以不屈自期至是果死人於是美其能死也婦者託於夫以生當平治之世享平上壽而合終乎閨室以爲美則宜夫既不幸而值於變亂至於徬徨四顧處身無所抑哀奮志而沉於溝瀆豈其所願而美之哉是可悲也然人之所慕者壽所樂者適意使皆獲其願止乎百年之內耳過此則無稱矣所願者貴富所甘者侈泰使位配乎封君貲殖乎千金苟無善焉將孰知而稱之貞也死而以節名事昭乎閭里而行白乎文章過

其死之所炳然如見其生讀其傳而考其蹟儼乎若未嘗亡雖謂幸且美亦宜也於悲何有哉雖然舍生而取義惟烈丈夫能之猶窮一世不可累見況婦人乎婦人爲質且弱矣而貞激義就死不顧纖介如此使其爲丈夫食君祿有勢力其自處宜何如哉彼不遇而於此見之斯其可悲也余是以辭而哀之其辭曰

蘼之初秀兮天雨雪霜驅車出門兮遵彼羊腸治時孔多兮喪亂始生人逢其美兮子值其殃命之俾然兮義曷可爽終有一死兮死貴不亡舍義希生兮諒非所臧殞身深淵兮所存者長令夫悲悽兮弱子傍徨姻親胥弔兮行道周章懿猷徽質兮人莫與方溘其永逝兮天道茫茫恆人所願兮富壽平康藉其既獲兮如歡一觴適意須臾兮未久即亡彼此重輕兮不待較量修名足恃兮與

日爭光子之所安兮人寧汝傷我傷昔時兮大義不彰面目甚都兮冠佩衣裳受君之命兮有土有疆臨危畏亂兮鼠拱以降非婦而婦兮以柔化剛子質孔弱兮厲志何強使爲丈夫兮人孰敢當欷歔感奮兮越火蹈湯使君如夫兮屹爲巨防彼之不聞兮此多烈芳吾將誰先兮哀子斯章

錢貞女輓詞　　明　張燦

昔應源之儀表秀發穎悟不凡正統間從予遊顧其所爲詩歌出人意表予甚異之而不意其早世方其病亟之日以後事囑同母弟深歿十二年深得子甫晬以嗣源命名則民則民年十六亦從予遊以母之節行來告爲之詞曰

吁嗟兮貞婦金石其堅兮冰蘗其苦鶩藁砧兮云殂掩空閨兮泣嗚嗚歌柏舟兮情激烈毋不諒兮矢心以絕髧兩髦兮我心可忘

彼王睢之有別兮豈吾匹之無常婦失所天兮婦倚有姑婦姑同室兮抱姪爲雛姑臥疴兮如己疾食不下咽兮眠不貼席皇天愍遺兮姑復康聯形附影兮組衣緝裳資紡績兮飲食雛日大兮成羽翼祀有託兮勿替烝嘗身隨隕兮夫穴可藏抗修名乎共姜

雜文

弔剡溪古藤文

唐　舒元輿

剡溪上綿四五百里多古藤株枿雖春入土脈他植發活獨古藤絕盡生意問溪上人有道者云溪中多紙工萬斧斬伐無時擘剝皮肌以給其業噫藤雖植物溫而榮寒而枯養而生殘而死亦將似有命於天地間今爲紙工斬伐不得發生若此異日過數十百郡治東雒西雍歷見書文者皆以剡紙相誇予悟剡藤之死職正由此此過固不在紙工今且握管動盈數千百人筆下動盈數千萬言不知其爲謬誤殘藤命易甚綺文妄言輩誰非書剡紙者耶工嗜利曉夜斬藤以鬻之雖舉天下爲剡溪猶不足以給況一剡溪耶以此恐後之日不復有藤生於剡矣藤生有涯而錯爲文者無涯無涯之損物不直於剡藤而已余所以取剡藤以寄其悲

越問越紙 宋孫因

繄剡溪之爲紙兮品居上者有三蓋篠簜之變化兮非藤楮之可參在晉而名側理兮儲郡庫以九萬曰姚黃兮最顯兮蒙詩翁之賞談加越石以萬杵兮光色透於金版近不數夫杭由兮遠孰稱夫池繭半山愛其短樣兮東坡嗜夫竹展薛君封以千戶兮元章用司筆硯數其德有五兮以縝滑而爲首發墨養筆鋒兮性不蠹而耐久惜昌黎之未見兮姓先生而爲楮使元輿之及知兮又何悲剡藤之有客曰微哉越紙兮有大造於斯文然世方好楮而玉兮又烏知乎此君

嵊縣志卷二十七終

嵊縣志卷二十八

藝文志

詩一

石門新營所住四面高山迴溪石瀨茂林修竹

宋　謝靈運

躋險築幽居披雲臥石門苔滑誰能步葛弱豈可捫嫋嫋秋風過
萋萋春草繁美人遊不返佳期何由敦芳塵凝瑤席清醑滿金樽
洞庭空波瀾桂枝徒攀翻結念屬霄漢孤景莫與諼俯濯石下潭
仰看條上猿早聞夕飇急晚見朝日暾崖傾光難留林深響易奔
感往慮有復理來情無存庶特一作持乘日用得以慰營魂匪爲衆
人說冀與知者論

登石門最高頂

晨策尋絕壁夕息在山棲疏峯抗高館對嶺臨回溪長林羅戶穴
積石擁階基連巖覺路塞密竹使徑迷來人忘新術去子惑故蹊
活活夕流駛噭噭夜猿啼沉冥豈別理守道自不攜心契九秋幹
目玩三春荑居常以待終處順故安排惜無同懷客共登青雲梯

於南山往北山經湖中瞻眺

朝旦發陽崖景落憩陰峯舍舟眺迴渚停策倚茂松側徑既窈窕
環洲亦玲瓏俯視喬木杪仰聆大壑灇石橫水分流林密蹊絕蹤
解作竟何感升長皆丰容初篁苞綠籜新蒲含紫茸海鷗戲春岸
天雞弄和風撫化心無厭覽物眷彌重不惜去人遠但恨莫與同
孤遊非情歎賞廢理誰通

過始寧墅

束髮懷耿介逐物遂推遷違志似如昨二紀及茲年緇磷謝清曠

疲薾慚貞堅拙疾相倚薄還得靜者便剖竹守滄海枉帆過舊山
山行窮登頓水涉盡洄沿巖峭嶺稠疊洲縈渚連綿白雲抱幽石
綠篠媚清漣葺宇臨迴江築觀基層巔揮手告鄉曲三載期歸旋
且爲樹枌檟無令孤願言

還舊園作見顏范二中書

辭滿豈多秩謝病不待年偶與張邴合久欲還東山聖靈昔迴眷
微尚不及宣何意衝飈激列火縱炎煙焚玉發崑峯餘燎遂見遷
投沙理既迫如邛願亦愆長與懽愛別永絕平生緣浮舟千仞壑
總轡萬尋巔流沫不足險石林豈爲艱閩中安可處日夜念歸旋
事躓兩如直心愜三避賢託身青雲上棲巖挹飛泉盛明盪氛昏
貞休康迍邅殊方感成貸微物豫采甄感深操不固質弱易攀纏
曾是反昔園語往實款然曩基卽先築故池不更穿果木有舊行

壞石無遠延雖非休憩地聊取永日閑衞生自有經息蔭謝所牽
夫子照情素探懷授往篇

夜宿石門詩拾遺作石門巖上宿

朝搴苑中蘭畏彼霜下歇暝還雲際宿弄此石上月鳥鳴識夜棲
木落知風發異音同至聽殊響俱清越妙物莫爲賞芳醑誰與伐
美人竟不來陽阿徒晞髮

從斤竹澗越嶺溪行

猿鳴誠知曙谷幽光未顯巖下雲方合花上露猶泫逶迤傍隈隩
迢遞陟陘峴過澗玩厲急登棧亦陵緬川渚屢經復乘流玩迴轉
蘋萍泛沉深菰蒲冒清淺企石挹飛泉攀林摘葉卷想見山阿人
薜蘿若在眼握蘭勤徒結折麻心莫展情用常爲美事昧竟誰辨
觀此遺物慮一悟得所遣

白巖下徑行田

小邑居易貧災年民無生知淺懼不周愛深憂在情舊業横海外
蕪穢積頹齡饑饉不可久甘心務經營千頃帶遠隄萬派瀉長汀
洲流涓澮合連統塍埒并雖非楚宫化荒闕亦黎萌雖非鄭白渠
每歲望坻京天鑒倘不孤來茲驗微誠

登臨海嶠初發強中與從弟惠連見羊何共和之

杪秋尋遠山山遠行不近與子别山河含酸赴脩畛中流袂就判
欲去情不忍顧望脰未悁汀曲舟已隱隱汀絶望舟鶩棹逐驚流
欲抑一生歡幷奔千里遊日落當棲薄繫纜臨江樓豈惟夕情歛
憶爾共淹留淹留昔時歡復增今日歎茲情已分慮况乃協悲端
秋泉鳴北澗哀猿響南巒戚戚新别心悽悽久念攢攢念攻别心
旦發清溪陰暝投剡中宿明登天姥岑高高入雲霓還鄉那可尋

倘遇浮邱公長絕子徽音

道路憶山中文選註臨川憶始寧山中也

采菱調易急江南歌不緩楚人心昔絕越客腸今斷斷絕雖殊念俱爲歸慮歎存鄉爾思積憶山我憤懣追尋棲息時偃臥仕縱誕得性非外求自已爲誰纂不怨秋夕長恆苦夏日短濯流激浮湍息陰倚密竿懷故叵新歡含悲忘春暖悽悽明月吹惻惻廣陵散殷勤訴危柱慷慨命促管

大白山　齊　孔稚圭

石險天貌分林交日容缺陰澗落春榮寒巖留夏雪

短簫　梁　張嵊

促柱絃始繁短簫吹初噭舞袖拂長席鐘音由簾亮已落檐瓦間復繞梁塵上時屬清夏陰恩輝亦非望

尋沈剡至嵊亭一作沈約　梁虞騫

命楫尋嘉會信次歷山原捫蘿上雪紇與石下雷奔澄潭寫度鳥空嶺應鳴猿榜歌唱將夕商子處方昏

遊沈道士金庭觀　梁沈約

秦皇御宇宙漢帝恢武功歡娛人事盡情性猶未充銳意三山上託慕九霄中既表祈年觀復立望仙宮寧爲心好道直有意無窮曰余知止足是願不須豐山嶂遠重疊竹樹近蒙蘢開襟濯寒水解帶臨清風所累非外物爲念在元空朋來握石髓賓至駕輕鴻都令人徑絕惟使雲路通一舉凌倒景無事適華嵩寄言賞心客歲暮爾來同

宿沃洲寺唐時沃洲屬剡　唐魏徵

崆峒山叟到江東倚杖來尋支遁蹤馬跡幾經青草沒仙壇依舊

白雲封一聲清磬海邊月十里香風澗底松何代沃洲今夜與倚欄來聽赤城鐘

舟行入剡　唐崔顥

鳴櫂下東陽迴舟入剡鄉青山行不盡綠水去何長地氣秋仍溼江風晚漸涼山梅猶作雨溪橘未知霜謝客文逾盛林公未可望多慙越中好流恨閱時芳

宿道一上方院　唐王維

一公棲太白高頂出雲烟梵流諸洞徧花雨一峯偏迹爲無心隱名因立教傳鳥來還語法客去便安禪晝陟松路盡暮宿蘭若邊洞房隱深竹靜夜聞遙泉向是雲霞裏今成枕席前豈惟暫留宿服事將窮年

送閻校書之越　唐邱爲

南入剡中路草雲應轉徼湖邊好花照山口細泉飛此地饒古迹世人多忘歸經年松雪在永日世情稀芸閣應相望芳時不可違

剡溪聞笛　唐丁仙芝

夜久聞羌笛寥寥應客堂山空響不散溪靜曲宜長草木生邊氣城池逗夕涼虛然異風出髣髴宿平陽

夢遊天姥吟留別　唐李白

海客談瀛州煙濤微茫信難求越人語天姥雲霓明滅或可覩天姥連天向天橫勢拔五岳掩赤城天台四萬八千丈對此欲倒東南傾我欲因之夢吳越一夜飛渡鏡湖月湖月照我影送我至剡溪謝公宿處今尚在淥水蕩漾清猿啼脚著謝公屐身登青雲梯半壁見海日空中聞天雞千巖萬壑路不定迷花倚石忽已暝熊咆龍吟殷巖泉慄深林兮驚層巔雲青青兮欲雨水淡淡兮生煙

列缺霹靂邱巒崩摧洞天石扉訇然中開青冥浩蕩不見底日月照耀金銀臺霓爲衣兮風爲馬雲之君兮紛紛而來下虎鼓瑟兮鸞迴車仙之人兮列如麻忽魂悸以魄動怳驚起而長嗟惟覺時之枕席失向來之煙霞世間行樂亦如此古來萬事東流水別君去兮何時還且放白鹿青崖間須行卽騎訪名山安能摧眉折腰事權貴使我不得開心顔

按天姥山在天台縣太平寰宇記天姥山在越州剡縣南八十里名山志云山有楓千餘丈蕭蕭然郡國志天姥山與括蒼山相連石壁上有刻字科斗形高不可識春月樵者聞簫鼓笳吹之聲後吳錄云剡縣有天姥山傳云登者聞天姥歌謠之響謝靈運詩云暝抵剡中宿明登天姥岑高高入雲霓還期那可尋卽此也一統志天姥峯在台州天台縣西北與

天台山相對其峯孤峭下臨嵊縣仰望如在天表此詩似不應入嵊志而同治志中採入文翰蓋題本夢遊不必定爲實境且詩中亦有剡溪及謝公宿處故仍錄之

將避地剡中贈崔宣城

雙鵝飛洛陽五馬渡江徼何意上東門胡雛更長嘯中原走豹虎烈火焚宗廟太白晝經天頹陽掩餘照王城皆蕩覆世路成奔峭四海望長城嚬眉寡西笑蒼生疑落葉白骨空相弔連邱似雪山破敵誰能料我垂北溟翼且學南山豹崔子賢主人歡娛每相召胡床紫玉笛卻坐青雲叫楊花滿州城置酒同臨眺忽思剡溪去水石遠清妙雪晝天地明風開湖山貌悶爲洛生詠醉發吳越調赤霞動金光日足森海嶠獨散萬古意閒垂一溪釣猿近天上啼人移月邊棹無以墨綬苦來求丹砂要華髮長折腰將貽陶公誚

別儲邕之剡中

借問剡中道東南指越鄉舟從廣陵去水入會稽長竹色溪下綠荷花鏡裏香辭君向天姥拂石臥秋霜

秋下荆門

霜落荆門江樹空布帆無恙掛秋風此行不爲鱸魚膾自愛名山入剡中

壯遊　唐杜甫

越女天下白鑑湖五月涼剡溪蘊秀異欲罷不能忘歸帆拂天姥中歲貢舊鄉氣劘屈賈壘目短曹劉牆

送荀八過山陰寄剡中諸官　唐劉長卿

訪舊山陰縣扁舟到海涯故林嗟滿歲春草憶佳期晚景千峯亂晴江一鳥遲桂香留客處風暗泊舟時舊石曹娥篆空山夏禹祠

剡中多隱吏君去道相思

送王緒還剡中　唐　皇甫冉

不見關山去何時到剡中已聞成竹木更道長兒童籬落雲常聚
邨墟水自通朝朝憶元度非是對清風

送王翁信還剡中舊居

海岸耕殘雪溪沙釣夕陽家中何所有青草漸看長

送清徹遊太白山　唐　戎昱

卷經歸太白躡薜到蘿龕若履浮雲上須看積翠南倚身松入漢
明月月離潭此景堪長往塵中事可諳

雲陽館寄懷袁稠　唐　李端

花洞晚陰陰仙壇隔杏林漱泉春谷冷搗藥夜窗深石上開仙酌
松間對玉琴戴家溪北往雪後去相尋

剡溪看花　唐楊凌

花落千迴舞鶯聲百囀歌還同異方樂不奈客愁多

訪秦系　唐韋應物

俗吏閒居少同人會面難偶隨香署客來訪竹林歡暮館花微落春城雨暫寒甕閒聊共酌莫使宦情闌

剡紙歌　唐顧况

雲門路上山陰雪中有玉人持玉節宛委山裏禹餘糧石中黄子黄金屑剡溪剡紙生剡藤噴水搗爲蕉葉稜欲寫金人金口偈寄與山陰山裏僧手把山中紫蘿筆思量點畫龍蛇出正是垂頭蹋翼時不免向君求此物

從剡溪至赤城

靈溪宿處接靈山窈映高樓向月閒夜半鶴聲殘夢裏猶疑琴曲

洞房間

山中

野人愛向山中宿况在葛洪丹井西庭前有箇長松樹夜半子規枝上啼

剡中贈張卿侍御　唐　嚴　維

辟疆年正少公子貴初還早列名卿位新參柱史班千夫馳驛道駟馬入家山深巷烏衣盛高門畫戟閒逶迤天樂下照耀剡溪間自賤遊章句空爲衰草顏

山中寄張評事　唐　秦　系

終年常避喧師事五千言流水閒過院春風與閉門山容邀上客桂實落華軒莫強教余起微官不足論

晚秋拾遺朱放山居

不逐時人後中年獨閉關家中貧自樂石上臥常閑墜果添新味殊花對老顏侍臣當獻納那得到空山

酬秦使君春日見集　唐　戴叔倫

終日愧無政與君聊散襟城恨山半腹亭影水中心朗詠竹窗靜野情花徑深那能有餘興不作剡溪尋

早行寄朱放山人

山曉旅人去天高秋風悲明河天上沒芳草露中衰此別又千里少年能幾時心知剡溪路聊且寄前期

剡溪舟行

風軟扁舟穩行依綠水堤孤樽清露滴短棹曉烟迷夜靜月初上江空天欲低飄飄信流去誤過子猷溪

王右軍宅　唐　裴　通

寂寂金庭洞清香發桂枝魚吞左慈釣鵝踏右軍池此地常無事
冲天自有期向來逢道士多欲篤文螭

西陵懷靈一上人兼寄朱放

淮海風濤起江關憂思長同悲鵲繞樹獨坐雁隨陽山晚雲藏雪
汀寒月照霜由來濯纓處漁父愛滄浪

剡溪逢茅山道士　唐張籍

茅山近别剡溪逢玉節青旄十二重自説年年天上去羅浮最近
海邊峯

送越客

見説孤帆去東南到會稽春雲剡溪口殘月鏡湖西水鶴沙邊立
山鼯竹裏啼謝家曾住處烟洞入應迷

送蕭鍊師入四明山

閑於獨鶴心大於青松年迴出萬物表高棲四明巔千尋直裂峯百尺倒瀉泉絳雪爲我飯白雲爲我田靜言不話俗靈蹤時步天

送談公　唐孟郊

坐愛青草上意合滄海濱渺渺獨見水悠悠不問人鏡浪洗手綠剡花入心春雖然防外觸無奈饒衣新行當譯文字慰此吟殷勤

赴剡溪暮發曹江　唐陸羽

月色寒潮入剡溪清猿叫斷綠林西昔人已逐東流去空見年年江草齊

剡溪行郤寄新別者　唐朱放

潺湲寒溪上自此成離別回首望歸人移舟逢暮雪頻行識草樹漸老傷年髮惟有白雲心爲向東山月

剡溪舟行

月在沃洲山上人歸剡縣江邊漠漠黃花覆水時時白鷺驚船

送剡縣陳永秩滿歸越　　唐　方　干

俸祿三年後程途一月間舟中非客路鏡裏是家山密雪露行袂離杯變別顏古人惟賀滿今挈解由還

路入剡中作

截灣衝瀨片帆通高枕微吟到剡中掠草並飛憐燕子停橈獨飲學漁翁波濤漫撼長潭月楊柳斜牽一岸風便擬乘槎應去得仙源直恐接星東

和剡縣陳明府登縣

郭裏人家如掌上簷前樹木映窗櫺煙霞若接天台地分野應侵婺女星驛路古今通北闕仙溪日夜入東溟綵衣才子多吟嘯公退時時見畫屏

龍藏寺　唐李紳

此寺摧毀積歲元貞十八年余爲布衣東遊天台故人江西觀察使崔公以殿中謫官移治剡溪崔公座中有僧曰修眞自言居龍宮寺起謂余言異日必當鎮此爲修此寺時以爲狂易之言不之應僧相視久之而退至元和三年余以前進士爲故薛苹常侍招至越中此僧已臥疾使門人相告曩日所言必當鎮此修寺之說幸不見忘僧偶言寺有靈祇相告爾予問疾而已不能答及後符其言而詢其存歿則僧及門人悉殂謝寺更頽毁惟荒墟數拱而已因招寺僧會眞以俸錢爲葺之累月而畢以成其往願也

銀地溪邊遇衲師笑將花雨指前知定觀元度生前事不道靈山別後期眞相有無因色界化城興滅在蓮基好令滄海龍宮子長

護金人舊浴池

晚春送王秀才遊剡　　唐施肩吾

越山花老剡藤新才子風光不厭春第一莫尋溪上路可憐仙女愛迷人

以剡牋贈陳待詔　　唐陳端

雲母光籠玉杵溫得來原自剡溪濆清涵天姥岑頭雪潤帶金庭谷口雲九萬未充王內史百番聊贈杜參軍從知醉裏縱橫墨不到羊欣白練裙

送王十一郎遊剡　　唐元稹

越州都在淛河灣塵土消沉景象間百里油盤鏡湖水千峯細朵會稽山軍城樓閣隨高下禹廟烟霞自往還想得王郎乘畫舸幾回明月墜人間

題招隱寺　　唐張祜

千載戴顒宅佛廟此重修古寺人名在清泉鹿跡幽竹光寒閉院山影夜藏樓未得高僧旨烟霞空暫遊

贈太白山隱者　　唐項斯

高居在幽嶺人得見時稀寫籙扃虚白尋僧到翠微掃壇星下宿收藥雨中歸從服小還後自疑身解飛

寄剡中友

歇馬亭西酒一巵半年閒事亦可悲船横鏡水人眠後蔘暗松江雁下時山晚迴尋蕭寺宿雪寒誰與戴家期夜來忽覺秋風急應有鱸魚觸釣絲

寄剡中友人　　唐馬戴

故人今在剡秋草意如何嶺暮雲霞雜潮迴島嶼多沃洲僧幾訪

天姥客誰過歲晚偏相憶風生隔楚波

早發剡中法堂寺當時法臺寺　唐　趙　嘏一作薛逢

暫息勞生樹色間平明塵事又相關吟辭宿處烟霞古心負秋來水石間竹戶半開鐘未絕松枝靜霽鶴初還明朝一倍堪惆悵回首塵中見此山

早發剡山

正懷何謝俯長流更覽餘封識嵊州樹色老依官舍晚溪聲涼傍客衣秋南巖氣爽橫郛郭天姥雲晴拂寺樓日暮不堪還上馬蓼花風起路悠悠

宿秦公緒山居　唐　溫庭筠

幽居路不同結室在東峯歲晚得支遁夜寒逢戴顒龕燈落葉寺山雪隔林鐘行李無由發曹溪欲施春

遊東峯宗密精廬

百尺青厓三尺墳微言已絕杳難聞戴公今日稱居士支遁他年識領軍暫對松杉如結社偶因麋鹿自成羣故山子弟空回首蔥嶺還應見宋雲

寄剡縣主簿　五代羅隱

金庭養眞地末篆會稽官境勝堪長往時危喜暫安洞連滄海闊山擁赤城寒他日抛塵土因君擬鍊丹

送裴饒歸會稽

金庭路指剡川隈珍重良朋自此來兩鬢不堪悲歲月一巵猶得話塵埃家通曩分心空在世逼横流眼未開笑殺山陰雪中棹等閒乘興又須回

往年進士趙能卿嘗話金庭勝事

會稽詩客趙能卿往歲相逢話石城正恨故人無上壽喜聞良宰有高情山朝絕巘層層聳水接飛流步步清兩火一刀罹亂後會須乘輿雪中行

西溪早行　宋　姚寬

清晨出故溪隣曲未聞雞草露平平濕溪雲漠漠低轉山人忽見分路馬多迷作客風埃裏難堪聽鼓鼙

春暮送碧雲闍黎歸靈巖

歸意太匆匆逢春去住中淡香花徑雨薄影絮行風覓向愁何許談元興不窮因緣知有處衹莫恨飄蓬

仁和合威春晚即事　宋　許志

臥看遊絲媚遠天起尋幽徑卻茫然句成落絮飛花裏心在殘霞夕照邊無復雙魚傳尺素空餘寶瑟思華年年年來情味人應笑白

髮傷春祗醉眠

法華寺　　宋姚鏞

入門松徑幽樹杪見鐘樓客至犬迎吠香消僧出游水光迎晚照
風葉引涼秋欲作居山計吾盟在白鷗

寶積寺　　宋過守約

層楹作勢壓禪扃俗眼塵昏到易醒千幰樹排車蓋翠萬螺山矗
佛頭青夜將溪月澄心鏡春把巖花作畫屏我欲期師不須出世
途今險甚東溟

雜詩　　宋吴大有

山中多雨水秋晚正妨農病葉和根煮新粳帶溼舂擁沙埋廢井
墮石折枯松寂寂猨啼晝白雲藏數峯

剡溪雨霽　　宋錢昭度

剡溪風雨霽航葦重行行到處楊柳色幾家荷葉聲噪蟬金鼎沸
游水玉壺清最喜漁梁畔歸帆的的輕

贈丁中允宰剡　宋陸經

壓士官曹幾處閒君今作邑好開顔落帆直上剡溪口入境先登
天姥山魚鳥半和風俗處雲霞多雜簿書閒雪晴須去尋安道莫
作經宵興盡還

寄剡宰丁元珍　宋歐陽修

經年還謫厭荆蠻惟有江山興未闌醉裏人歸青草渡夢中船下
武陵灘野花零落風前亂飛雨蕭條江上寒荻筍鰣魚方有味恨
無佳客共杯盤

寄丁中允　宋王安石

人生九州間泛泛水中木漂浮隨風波邂逅得相觸始我與夫子

得官同一州相逢皆偶然情義乃綢繆我於人事疏而子久矣修磨礲以成我德大不可酬乖離今六年念子未嘗休豈不道相逢但得頃刻留欣喜不滿顔長年抱離憂古人有所思千里駕車牛如何咫尺間而不與予遊顧惜五斗米無故自拘囚念彼磊落者心顔兩慚羞剡山碧榛榛剡水日夜流山行若無巇水淺亦可舟使君子所善來檄自可求何時得後來待予南山頭

寄剡溪主簿臧子文　　宋梅堯臣

剡溪無淺深歷歷能見底潛鱗莫苦窺壓紋聊堪洗古木潭上陰遺事巖下啓應識道旁碑因風莫醪醴

剡中野思　　宋林　概

密樹芳穠碧草齊春華微度綠陰低溪連剡水與何盡路接仙源人自迷落絮有情風上下好花無語日東西故園桃李經年别一

望歸心繞翠微

遊金庭　　宋劉昱

衡岳眞人稱福地南齊高士寄山阿赤城仙去騎丹鳳墨沼人傳詠白鵝一世風流眞寂寞千年氣象故嵯峨登臨不盡懷人恨惟有蒼苔石可摩

悼賢詩　　宋劉彝

前剡令過昱字彥專皇祐三年以秘書郎來知剡事連值歲祲出常平錢糴米以活流民復割俸麥七十斛爲種假超化院田十餘頃役飢民耕種之明年得麥五百餘斛民賴以活熙寧中昱已亡彝過故院與僧追誦欷歔見民有道及公者無不流涕因此詩題之院壁

良疇十頃接晴煙曾假過侯救旱年俸麥一車開德濟流民千里

荷生全人嗟逝水今亡矣俗感遺恩尙泫然獨對老僧談舊事斜陽春色漫盈川

剡中溪齋唐郎中所居　宋趙　湘

古柳垂溪水當門繫雪舟開池延白鳥掃樹帶清秋閣上看華頂窗中見沃洲尋常投刺少來即是詩流

晚泊嵊浦寄縣劉貺員外　宋潘　閬

曉泛剡溪水晚見剡溪山徘徊駐行棹待月思再還漁唱深潭上鳥棲高樹間應當金石友念我無暫閒

題挾溪亭　宋盧天驥

孤亭瞰平野雙溪分兩腋野間春草香溪清照人碧我來亭上天欲春溪聲野色爭趁人胸中邱壑相映發倏然便欲乘飈輪惜無妙手王摩詰半破鵝溪重畫出溪上應喜得賞音盡遣烟霞供落

筆我嗟吟鬢犯車塵一凭危闌眼界新寄謝溪聲與山色他時來作箇中人

接山堂序并

余嘗愛晉人吏隱多在會稽而子猷冒雪訪戴尤爲一時勝事余以捕寇過剡時方大雪初霽山流瀑漲橋斷不可行遂登鹿苑寺憑闌四矚便覺溪山來相映發豈眞中合嘗曰應接不暇處耶遂名此堂曰接山且賦詩以紀其事時政和戊戌也

故臘老欲盡新春慳未來無合隴梅覺且遣山禽催雲間古招提鐵鳳翹斗魁單車夜剡㕧境淨無纖埃修篁舞瘦蛟怒瀑生晴雷坐久談頗風吹我心路開乃知白蓮社未下黃金臺緬思王騎曹逸韻挽不回且同謝康樂屐齒破蒼苔重遊定不惡林壑富詩材

登鹿苑寺玉虹亭

饑鼯愁玃號窮冬層巒秀壁撑晴空閒拖小藤借餘力來看霜巖飛怒虹小奚催呼老欵段瀹鼎篝火烹團龍餘甘入口齒頰爽兩腋便欲生清風悠然千里墜眼界金篦刮膜開雙瞳乃知足力不到處別有天地生壺中國恩欲報已華髮征車未去先晨鐘玉川乘雲紫皇家滴仙騎鯨河伯宮聊追二子歸禹穴碧空轉首山重重

皇覺寺

倦枕曾遙夢清溪一繫船山寒疑有雨寺古只藏烟未了尋詩債難忘宿世緣回頭雲盡處空有雁書天

登鹿苑寺隱天閣二首

欲結愛山人共了尋山債未有買山錢愁聞有山買

小雨濕春風倦雲遮落日不若叫風來吹雲放山出
一眼吞萬山寸心貯千里何日上歸舟叫人問春水

剡山瑞香

入夢生香酒力微不須金鴨裊孤緋爲嫌淡白非眞色故著仙家
紫道衣

下鹿苑寺

著地嵐陰撥不開傍閒同到妙高臺老僧只恐泉聲少坐遣飛雲
喚雨來

貴門卜築　宋李易

亂後亦擇居筮山山輒許居民百餘家喜甚手欲舞〻云久聞公名
此幸殆天與感茲鄭重意時節共雞黍剡川非沃野地僻民更窶
趁時務擷茗餘力工搗楮寡婦念遺秉洿池憐數罟我欲教耦耕

盡力循南畝桃杏種連山深居可長處東隣有節士酒酣乃發語
公昔起布衣高誼掩前古親擢類平津決見逢眞主兩宮佇六飛
萬乘思一舉交侵正倔強蠭起益旁午浩然公獨歸偶出寧有補
默塞復何言長歎汗如雨

剡山書所見

剡山無數野薔薇黄雲爛漫相因依玉杯淺琢承墮露金鐘倒掛
搖晨暉斑竹筍行三畝地紅藥花開一尺圍豆角嘗新小麥秀來
禽向長櫻桃肥歌舌隨風柳外囀翠羽帶水烟中飛魚跳破浪分
赤鬣鶴唳投松翻縞衣鄉關萬里久無夢巖壑四年今息機丁寧
杜宇往江北爲喚故人合早歸

居剡一篇寄鄭天和

金庭洞在桐柏山山高一萬八千丈中有神仙不死區郁郁黄雲

覆其上透巖流壑繞四旁面勢參差皆意向雞登天姥有時聞鶴
在沃洲何待放綵衣大勝宮錦袍白髮奉親仍縱賞異才爭出輔
清朝爽氣自欣遊碧嶂古來無位有重名吾家謫仙陸魯望平生
願到猶不諧矧復區區走俗狀桃源康樂舊鄉存路接風烟聽還
往渡江正爲九華丹石筍飛泉歸指掌鸞翔鵠浴傳異時列岫方
池閒想像剡溪隨處可卜居乘興扁舟一相訪

貴門山仙人洞

雲巘分佳茗風潭矗怪松書疑黃石授稅可紫芝供抵玉那驚鵲
探珠欲近龍晚來聽盡雨乞水濯塵容

龍潭（一作羅漢石）

鐵騎侵淮海龍潭路始通雲生迷寶刹月出現珠宮瀉澗泉噴薄
依巖樹鬱蔥神交難獨擅吾黨契元同

登軍營塢

搴裳涉流水倚杖送歸雲海角春潛到山腰路忽分伏龍應厭睡飛瀑駭論文鸛雀知機早翻然不待羣

題仲皎倚吟閣　宋王銍

賀家湖東剡溪曲白塔出林山斷續雪中興盡酒船空境高地勝何由俗誰結禪居在上方山房曲折隨山麓箇中非動亦非靜自是白雲簷下宿

訪戴圖　宋廉宣仲

剡溪萬壑千巖景人境誰能識心境石畫山陰雪下船始悟前人發清興眼中百里舊山川荒林雪月縈寒烟應緣興盡故無盡賓主不見寧非禪當年戲留一轉語不意丹青能盡覩更畫人琴已兩忘妙畫子猷真賞處

剡溪久寓

山水戴逵宅尚餘清興中千巖落花雨一逕卷松風酒茗延幽子圖書伴老翁長生吾不羡久悟去來同

戴溪亭

碧玉仙壺表裏清我來閒伴白鷗行四山迤邐青圍野一水蜿蜒碧繞城試問春來觀秀色何如雨後聽寒聲昔人飛馭煙霞外落日空含萬古情

圓超寺

松閒清月佛前燈庵在危峯更上層犬吠一山秋意靜敲門知有夜歸僧

題普惠寺方丈

鏡裏形容水底天定將何物喻眞禪心安便是毗盧界盡日添香

伴兀然

挾溪亭次盧天驥韻　　宋王十朋

路入剡山腰風生玉川腋孤亭物外高雙溪眼中碧山僧作亭去幾春賞音端的逢詩人自從妙語發邱壑遂使絕境多䝱輪我來首訪維摩詰問訊雙溪自何出發源應與婺溪同賦物慚無沈郎筆憑闌一洗名利塵入眼翻驚客恨新出門重重水如帶何能挽住思鄉人

餘糧山

禹蹟始壺口禹功終了溪餘糧散幽谷歸去錫元圭

阮肇故宅

再入山中去煙霞鎖翠微故鄉遺澤在何日更來歸

艇湖

千古剡溪水，無窮名利舟。乘閒雪中興，惟有一王猷。

戴顒墓

曠野塚纍纍，子孫猶不知。千載戴顒墓，三字道旁碑。

和題秦隱君系故居

山中高韻欲逃名，不謂名隨隱處成。鑿石一泓詩數首，也曾攻破吾言城。

題吳孜祠

右軍宅化空王寺，秘監家爲羽士宮。惟有先生舊池館，春風長在杏壇中。

題招隱寺　宋王琪

蒼崖何蟠回，嘗爲隱君宅。戴仲若隱居山中 孰謂人琴亡，松風正蕭瑟。花閑雪英舞，鹿去巖泉冽。經聲草堂迴，天香中夜發。月落山氣深，清

猿嘯亦絕如何人外迹輕爲世網別

贈剡縣過秘丞　宋陳襄

賢哉過縣尹德政是吾師萬事無鋒穎一心惟孝慈家貧因客冗
髮白爲民飢誰刻商山石令人去後思

剡桂并序　宋程顥

李德裕嘗言洛龍門敬善寺有紅桂樹獨秀伊川嘗於江南諸山訪之莫致陳侍御知予所好因訪剡溪樵客偶得數株移植郊園衆芳色阻乃知敬善所有是蜀道芮草徒得其名因賦是詩兼贈陳侍御

吾聞紅桂枝獨秀龍門側越叟遺數株周人未嘗識平生愛桂樹
攀玩無由得君子知我心因之爲羽翼豈煩佳客譽且就清陰息
來自天姥岑長凝翠嵐色芬芳世所絕偃蹇枝漸直瓊葉潤不雕

珠英粲如織猶疑翡翠宿想待鵷鸞食寧止暫淹留終當更封殖

贈桃源觀王道士　宋沈遘

我昔剡溪遊道人一相遇重來十歲餘顏色宛如故顧我衰病早鬢毛已蒼然乃知世上榮曷若山中閒道人家東都問胡不歸北北方多風塵素衣化爲黑斯言吾所信吾志亦江湖瀟灑會稽守生平欣莫如君恩容苟安顧奉三年計幸爾數到城閒談北方事

自諸暨抵剡　宋吳處厚

莫歎塵泥汩且圖山水遊幾峯天姥翠一舸剡溪秋不見戴安道有懷王子猷西風無限意盡屬釣魚舟

夷猶雙槳去暮不辨東西夕照偏依樹秋光半落溪風高一雁小雲薄四天依莽蕩孤帆卸水村楊柳堤

秋渚涵空碧秋山刷眼青排頭煙樹老撲面水風腥上瀨復下瀨

長亭仍短亭花船明月好客夢滿流螢
出得雲門路風淒日夕曛船撐鏡湖月路指沃洲雲山色周遭見
溪流屈曲分一觴還一詠誰是右將軍

題王晉卿雪溪乘興圖　宋蘇軾

溪山風月兩佳哉賓主談鋒夜轉雷猶言不見戴安道爲問適從
何處來

次訪戴圖韻　宋蘇轍

急往遄歸眞曠哉聾人不識有驚雷雖云不必見安道已誤扁舟
犯雪來

葛仙峯　宋呂南公

南峯枕崇坂徑路荆榛稠遺壇在其巔名爲仙翁留石角已剝泐
林芳自春秋誰云塵土姿來繼丹霄遊

題太白峯

千峯下視盡兒孫仙事家家不可聞長作人間三月雨請看膚寸嶺頭雲

瀑布嶺　　宋華鎮

春日雲崖晴杳杳東風山溜曉泠泠烟霞密邇神仙府草木微滋亦有靈

戴溪

月華雪彩照前川一葉扁舟破紫烟十二瑤臺登賞夜清光常是昔時天

桃源

嘉樹風生玉宇香鶯飛燕舞弄春陽歸來井邑皆如舊始覺仙家日月長

龍藏寺碑

鹽梅器業尙風塵書劍曾遊寂寞濱秀句玲瓏滿天下應搜佳麗入機神

金庭洞天

嵩高秀入落川清鶴去雲歸冷玉笙霜白金庭今夜月風流依約有遺聲

遊定林寺　宋賀鑄

破冰泉脈漱籬根壞衲遥疑挂樹猨蠟屐杖痕尋不見東風先爲我開門

艇湖山一作題訪戴圖　宋曾幾

小艇相從本不期剡中雪月待明時不應興盡回船去那得山陰一段奇

過剡溪　　宋王庭珪

青山疊疊水潺潺路轉風迴更一灣想見雪天無限好不妨獨棹酒船還

登戴溪亭更名興盡并作　　宋芮輝持

溪山之盡無時盡興盡名亭意可知出岫孤雲含細雨投林宿鳥愛深枝風流已是千年事公案今成七字詩短棹悠然隨所適人生出處要如斯

戴溪亭　　宋林東

溪亭故事幾年華來值秋林晚眺賒雲障山巒多少處雨埋烟火兩三家水肥去馬行高坂河沒浮鷗上淺沙誰是子猷誰是戴小船杯盡興無涯

高山堂　　宋史安之

閣憑蒐構廠軒扃一望塵寰目暫醒巖嶂遠供千疊翠松篁還聳四時青登臨雅愛恣吟筆圖畫尤宜作座屏我欲從君遊未得壯心方欲羨南溟

夜坐憶剡溪　宋陸游

早睡苦夜長晚睡意復倦斂膝傍殘燈拭眥展書卷時時搔短髮稍稍磨凍硯更闌月入戶皎若舒白練便思泛樵風次第入剡縣名山如高人豈可久不見

遊修覺寺

上盡蒼崖百級梯詩囊香椀手親攜山從飛鳥行邊出天向平蕪盡處低花落忽驚春事晚樓高剩覺客魂迷與闌掃榻禪房臥清夢還應到剡溪

金庭山　宋馬幵

右軍學業隱林邱世隔年遥景尙留苔鎖一泓殘墨沼雲遮三級讀書樓歎逢羽客開金闕儼視仙童侍玉旒自怪今朝脱凡骨飛身得到洞天遊

遊金庭觀　宋李清叟

山屬蓬萊第幾重奇峯翠岫繞靈宮雲藏毛竹深深洞煙起香爐裊裊風放鶴已歸天漢上養鵝無復小池中羽人盡得飛章法神與寥陽路暗通

泛剡溪　宋許棐

水濶無風似有風蘆花搖落櫓聲中鷗無一點驚猜意認作當時載雪翁

宣妙寺　宋方鴻飛

雲觀烟樓是梵家竹圍如洗逼寒沙因風綠浪搖晴麥遇雨紅香

落澗花人鎖畫房聽鳥語僧歸晚塢放蜂衙不須老遠來沽酒只覓天酥爲點茶

剡溪　宋倪光蘭

東山山下海潮通一片江流出鏡中度嶺拾薪歌稚子和烟牧犢走邨翁千年橋鎖高人迹百尺巖垂烈女風此去天台知幾許桃花深處失西東

題宗鏡上人歸剡因寄聲高九萬孫李蕃　宋林表民

送師歸隱鏡中山萬壑千巖指顧閒菊磵花翁如見問爲言憔悴老禪關

神剜天畫成巖洞橫亘危梁接應眞垂下玉虹三百尺雪飛花濺一山春

一僧禮拜能行過下面人看膽亦寒月出幻成銀色界始知方廣

在林端

隨處禪房有水聲我來石上坐忘形臨行更酌潭中淥要洗多生業障清

石窗訪金庭道士劉友鶴　元許　薦

拄杖鼓雲登翠微黃菁青蔓牽人衣寒泉涓涓澗底發幽鳥逐逐山前飛路入青雲細如綫天風吹落桃花片忽聞白鶴空中鳴報道劉郎請相見

四明山石窗

玲瓏九洞天壁石四明山曉檻烟霞煖夜窗風露寒龍吟眠正熟鶴唳飲方闌塵世無人識關門煮白丹

題張莘疇東山樵屋　元史　濂

君不見前漢會稽朱翁子擔薪在道誦書史一朝富貴衣錦歸五

馬聲名振閭里又不見後漢山陰有鄭公採薪日日耶溪中鶴山偶拾仙人箭朝南暮北來樵風莘疇居士剡溪曲揭來東山置樵屋夕陽壓簷不爲勞幽谷丁丁歌伐木棋聲剝啄着爭先疑君便是爛柯仙高山流水如聞韶知君曾取爨下焦荆扉反關山窗靜松火熒熒爇茶鼎石株竹箇亦幽絶別是一壺貯風月近聞多收鄴架書柴門可傲小石渠自名其屋託以樵深居欲養林泉高我本南山老樵耳登山東枯將禿指短褐過骭騎黃牛高歌叩角空山秋樵屋徵詩誠好奇未聞責字堪療飢君今肯學芻蕘者更斫生樵爛煮詩

上趙主簿霽宇　元張熻

辭棘鸞飛遠重來棹雪舟政聲清似水官况冷於秋譜系王侯貴文章班馬流賑民問錢穀名已在金甌

重沓嶺

松閒疊石步高低唬鳥幽林聽隔溪七尺枯藤可扶老青鞋香汙落花泥

請趙季憲道可主玉虛道院季憲風流多文

來自東山東復東飛空一劍伴絲桐能令矮屋疎籬下如在十洲三島中錬句入神敲夜月談元動客笑春風聞師曾得長生訣同採丹砂訪葛翁

爲張莘疇題玉虛道院　元崔　存

小結烟霞作洞天日長無事即神仙栽松待化山中石種秫因分屋外田滄海十洲人不到丹砂九轉世空傳何如坐對黄連炷一卷南華内外篇

題東山樵屋　元王左鉞

麂眼籬編紫槿花白雲深處是生涯爛柯山下神仙宅射的巖前太尉家丹竈夜燒敲石火清溪晴汲帶金沙山人挾斧歸來後一笑梅簷嚥翠霞

題張莘疇東山樵屋　元　金世寶

猿鳥聲中屋數椽生涯山後與山前看棋自具神仙骨開卷渾忘富貴年遠岫送青春樹色片雲浮白午茶烟蕭蕭四壁無塵氣好寫東山伐木篇

龍湫　元　錢晁

神物淵蟠如許深水雲蒸鬱畫成陰應知亢晦宜藏伏無復爲霖出世心

贈呂孟倫　元　許汝霖

太白山前習隱者清光閑軒炷香炮當軒長松碧連雲一邱一壑

正瀟灑燕坐時籤岐伯書茯苓熟煮供神廚我哀世人痌瘝如請子盡發囊中儲二蟲不怕二豎驅吾廬洵美寧潛居

清風嶺

元　陳君從

嵊浦之南天姥之北清風嶺上石壁間血字模糊有餘赤云是王家節婦誓死時精誠感天貫金石當時被虜來天台抛男棄女隨風埃豪酋含情向天笑王氏再拜陳辭哀自言人生豈彘狗衰麻在身血在口姑喪未了十日期妾獨何心奉箕帚豪酋聽之爲動色頷首無言指天識行行擬到越王城錦帳羅幃設華席婦面如灰心轉苦四顧清風眞死所嚙指題詩躍斷崖圖得遊魂免爲虜至今血漬苔蘚斑子規夜夜啼空山淚染巖花墮紅雨白雪自逐溪風還卻恨當年大江左多少英雄氣如虎甘爲臣妾學倒戈不值清風一杯土君不見朱娥山下墳曹娥江上水孝節相聞數十

里水色山光互吞吐三靈在天星在戶耿耿彝倫照今古

次嶀浦廟　元黃庚舟

短棹衝寒過浦東扁舟一葉載詩翁斷烟流水殘鴉外古木荒寺夕照中吟罷小樓何處笛酒醒孤枕半江風潮生潮落朝還暮堪歎浮生似轉蓬

和嵊縣梁公輔夏夜泛東湖　元袁士元

短棹乘風湖上游湖光一鑑湛於秋小橋夜靜人橫笛古渡月明僧喚舟鴛浦藕花初過雨漁家燈影半臨流酒闌興盡歸來後依舊青山繞客愁

白峯嶺　元余闕

一過東峯路幽懷不可言山如倒盤谷水似入華源時有飄香度多聞囀鳥喧何人此中住謂是辟疆園

王烈婦祠　　元張翥

清風嶺頭石色赤嶺下嵊江千丈黑數行血字尚爛斑雨蕩霜磨消不得當時一死眞勇烈身入波濤魂入石至今苔蘚不敢生上與日月爭光明千秋萬古化爲碧海風吹斷山雲腥可憐薄命良家子千金之軀棄如土奸臣誤國合萬死天獨胡爲妾遭虜古來喪亂何處無誰能將身事他主兵塵澒洞迷天台骨月散盡隨飛埃楓林影黑寒燐墮精靈日暮空歸來堂堂大節有如此正當廟食標崔嵬君看嵊江之畔石上血眞與湘江竹上淚痕俱不滅

王烈婦祠　　元楊維楨

天荒地老妾隨兵天地無情妾有情痛血嚼開霞嶠赤嗁痕化作雪江清能從湘瑟聲中死全勝胡笳拍裏生三月子規嗁盡血春風無淚寫哀銘

張處士藏書樓

戴顒溪上藏吾舟三十六曲鏘鳴球濯足太白雙龍湫名山更須瞻沃洲沃洲之陽溪上浮著此一所張家樓捲簾爽氣天姥曉倚閣秀色蓮花秋張家之樓無百尺夜夜虹光射東壁中藏異書三十乘太史東來殊未識城中瓊樓高五城吳歈楚舞塡峻嶒一錢不直兔園册一丁不識黃金籯樓中主人計誠左遺安遺危各在我韋門弈葉有光輝郿塢何人徒賈禍樓頭校書腹便便眼中松楸手遺編前年燎黃光九原書中始識兒孫賢郤問瓊樓金玉貯還有美人化黃土君不見魏家高樓何足數誰復西陵護歌舞

清風嶺　　元李孝光

山下江流本自清山頭明月已無情此心若愧王貞婦莫向清風嶺上行

王節婦詩并序　　元　錢惟善

丙子歲天台王氏妻爲兵所掠至嵊縣清楓嶺嚙指題五十六字石上投嵭江而死迄今血書宛然泰定初邑徐丞始上其事請立廟旌之晉張仲舉首倡一詩邀好事者同賦又聞丙子間襄陽賈尙書兒婦韓魏公五世孫也岳州破被虜之明日以衣帛嚙指書長詩渡江中流自溺而死其詩有江南無謝安塞北有王猛之句士大夫咸膾炙之因感其事類故並及之云

昔年襄陽賈尙書兒媳韓氏身葬魚當心血濺雲錦襦至今波蕩青瓊琚嚙指堂堂丈夫氣乃見蒼茫甲兵際倚舵不忍渡中流翻然直向龍宮遊嗟嗟赤城王氏妻青楓嶺滑愁雲低嵭江水黑香魂啼峭壁萬仞無由梯望夫不來歸路迷石痕雨碧風淒淒流離

失國時所偶兒女喪家我何有丹精貫日名不朽朝廷立廟嵊江口荆陽孰謂風俗媮嗚呼貞節無與儔二女允也忠義流他年太史煩編搜

秋日遊石屋　　元王　逵

愛此好巖石日影寒蕭森草荒虎留迹山空猿一吟流泉有細響老木無繁音忽驚飛鳥墮機械何其深

嵊縣志卷二十八終

嵊縣志卷二十九

藝文志

詩二

香山塔院　明　單復亨

招提登覽久野客興偏濃路入千巖翠窗涵萬疊峯溪聲來小院雲影落長松坐對老禪榻焚香話若空

遊惠安寺　明　錢莊

欲識招提境相將策瘦藤風鈴鳴雁塔旛影暗禪燈鐘斷鶯聲細烟消瑞靄凝浮生駒過隙何必羡飛騰

遊桃源觀

宿雨初收月露文模糊樹色未全分羅衫拂影桃花落藜杖穿雲柳絮紛仙馭珩璜鳴秘館簫聲彷彿隔梨雲卻懷採藥劉郎處一

徑蒼苔鎖夕曛

璠田歌　明　張遜

山如城水如帶谷口深谷中大璠田宅裏節度基碧瓦紅樓至今隘年年三月茶筍香家家壓酒勸客嘗嗟哉剡源風不惡寬褐方巾人甚樸作此歌聲不磨

石梯躡雲　明　錢尙直

石梯千仞白雲間登陟猶如蜀道難回首但驚天地闊不知身在幾重山

清風嶺用陳亦亭明府韻　明　王鼎

濺嶺書憑霜雪撼照江碑待日星扶閨闈風義存殘宋何况鬚眉陸秀夫

汴北三軍輪莫返江東一女節能扶啼痕不化鵑飛去終古青山

泣望夫
八千餘騎心難恃五十六言雅共扶須知巾幗無馮道爲報羅敷自有夫
凌霜節共千松峻化石心堪一劍扶南紀倫常兒女喻東湖莫怪有樵夫

挽璚田錢松崖　明　錢尙賓

身廿代父死無辜飲憤封章上帝都丹照喜容全骨肉彩衣寧得弄嬰雛孝名自許同天老壽算咸期到海枯天道無知竟淪没愁雲山色盡模糊

贈詩僧義久　明　孫仲益

長廊合沓履聲中一笑懽迎得遠公定續千燈齋去佛先招一瓣供詩翁

花光水色樓　明　王以剛

千古金洞庭，丹霞一徑通。花光明永夜，水色湛長空。勝地滄桑裏，仙壇渺漠中。登臨與無限，回首幾春風。

游金庭觀　明　王鈍

金庭幽勝地，攬轡共登臨。石洞風霜古，仙壇歲月深。好山供野趣，流水洗塵心。欲拂吟鞭去，徘徊待日陰。

題阮肇故居　明　張冑

春溪溶溶春水滿，兩岸桃花連不斷。遥看彷彿武陵源，曉色晴薰洞霞煖。花深樹密別有春，青山負絕無塵氛。參差樵舍依林住，窈窕漁家傍水濱。當年劉阮曾居此，採藥天台遇仙子。靈境那知難再逢，塵緣未斷思鄉里。歸來但見七世孫，舊交零落知誰存。人間歲月等飛鳥，浮生頃刻何須論。我來弔古得遺蹟，祠廟荒涼翳荆

棘逝水東流去不迴桃樹年年自春色

剡山　明　錢汝貫

剡山千丈聳晴空下瞰羣峯培塿同官舍半依青嶂外僧房多在白雲中清吟此日思王鋞高隱當年憶戴公卻笑秦皇多此鑿不知隆準起山東

羅烈婦哀詞　明　錢汝貫

羅烈婦命何苦從夫未三年中道成間阻姑亡舅年高寂寞誰與伍強將門戶自支持晝擘萱蔴夜紉補小郎當盛年其力復如虎昨夜走擁門直前敢相侮羅烈婦叫皇天呼后土欲避欺凌竟何所願赴黃泉叫杜宇羅烈婦命何苦我作哀詞陳爾肺腑觀風使者天上來會見清名播千古

璠田

剡中饒勝境最好是璚田俗僻輪蹄少居稠棟宇連桑麻滋廣陌詩禮繼前賢冠履名場地笙歌小洞天龍湫雲氣潤龜石露紋鮮釀酒時留客圍棋或遇仙樵謳雲外起漁唱月中傳陟險穿吟屐臨清放釣船藥爐明宿火茶竈起新烟李愿誇盤谷王維詫輞川雲開山作畫雨過澗鳴絃風景恣登眺濡毫賦短篇

天竺寺　明王　寅

尋幽遠到梵王家踏蘚捫蘿鳥道斜半畝銀塘通石罅滿簾金粉散松花巖前草暖初眠鹿林下煙凝正煮茶老衲心情何所似野雲孤鶴在天涯

陳古靈先生祠　明錢　悌

千載古靈廟鄉民作社壇聲鏗犇小澗香薦擷芳蘭空壁描青雀晴光入畫闌解衣磅礴久嵐靄逼人寒

題王鈍劬書閣　　明　袁鉉

人生穹壤間百事宜習勞所勞在六籍識廣志自超先生世儒家立志異常髦思與姬孔接神與朱程交簡編肆探索精粗析秋毫兀兀窮歲月繼晷焚蘭膏乃厭喧雜聲別築山之坳峩然成傑閣輪奐干雲霄揭扁時仰瞻冀免寒暴嘲願言益自勵終始慎此操他年深造詣至理融以昭

過圓超寺次黃別駕韻　　明　丁哲

別駕巡游爲軫瘝公餘乘興訪名山滿林嵐氣蒸衣濕一逕苔痕染屐斑石壁插雲天路近藤蘿過雨鳥聲閒江南行樂知多少罕有登臨到此間

游靈源菴　　明　夏雷

步入招提眼界寬森然數畝碧琅玕層崖滴翠半空雨萬木屯陰

六月寒活水有源通石竇白雲終日護經壇蹁躚更有成雙鶴得食階除去復還

畫圖山

舟過碧溪漁唱杳雲收斜谷雨聲殘生來老檜龍皮皺削出奇峯石骨寒

游普安寺　　明　魏文傳

步入招提取次游無邊風景快迎眸白雲低護經壇冷綠樹陰籠寶地幽夜靜榻留明月冷雨餘泉帶落花流滿懷塵慮消磨盡何必乘槎到九州

游清隱寺　　明　魏　瑱

尋幽隨意入林巒勝地憑人取次看竹色曉含烟色翠松聲時共澗聲寒禪房寂靜纖塵絕心地虛明雜慮安最是遠公能愛客更

留清話坐蒲團

子猷橋　明　胡　淮

百尺長虹臥碧波依依兩岸枕青莎絕憐一夜扁舟興贏得芳名萬古多

金庭山毛竹洞　明　張　燦

毛竹陰森洞門古靈蹤舊號神仙府洞中仙樂杳難聞月明微聽朝眞鼓鶴馭鸞輿紛往還仙官催入玉宸班鼕鼕妙韻在何許只隔煙霞縹緲間

嶀浦

夕照穿紅波瀲瀲漁家舴艋臨孤岸一聲欸乃水雲間鷗羣驚起鳥羣散太平官事不相關醉歌長得開笑顏曉風歸棹泊何處只在黃蘆淺水灣

艇湖

素練涵光川色静淅瀝篷窗六花迸亭亭孤艇雪中行清絶難禁此時興訪戴高人去幾秋至今登覽慕王猷莫誦當時招隱曲一官還是晉風流

金庭墨池

元香漬水沉雲黑肘運縱横秋兎泣當時神龍號無雙千古能書誇莫及碧澗荒涼古蹟存猶含遺墨映氤氳公餘按轡攬奇勝好似蘭亭高會人

王母石氏節孝歌

舞鸞鏡劈鴛鴦離麝煤誰畫遠山眉空閨寂寞蕙蘭欹閉戶獨誦共姜詩堂上老姑垂暮齒膝下嬌兒幼方乳梧桐雨暗孤燈明甘旨供餘習機杼心許黃泉不二天天應照得此心堅不然請看池

中藕湧出雙頭並蒂蓮

西溪晚步

空闊川原入望平晚來天色弄陰晴虹邊殘雨疏疏下鵶背斜陽閃閃明淺渚微波羣鷺浴斷堤高柳一蟬鳴行吟澤畔非憔悴漁父無勞詠濯纓

紫極宮

紫峯壇上鶴成羣碧洞靈芝產石根雲引畫陰歸竹塢水流春色出桃源藥爐伏火仙留訣茶竈生烟客到門欲就上清傳寶籙未知何日謝塵喧

游金庭觀

金庭山接東海頭南連華頂西沃洲地脈遙通海閶國天光鬱抱巖中樓仙家洞天三十六金庭正在神仙籙日覲霞宮縹緲間雲

窗霧閣逶迤曲煉丹道士懷玉霄每於洞口候琅璈鸞輿或降赤松子鶴馭時來王子喬靈蹤一閟今千載羽蓋飈輪復何在五粒松子不可攀三秀靈苗誰許采晉朝内史王右軍舊宅嘗寄茲山根清談已無舊賓客高致還遺賢子孫衣冠閥閲開天表暇日邀余共探討石刻閒摩沈約碑墨痕猶記羲之沼放鶴臺前春樹晴濯纓亭畔石泉清瑤草叢深臥馴鹿碧桃香煖聞嚶鶯攀蘿陟險窮幽谷盡日清游殊不足一道飛泉瀉玉虹半畝清陰覆茆屋王郎手攜九節筇雄詞宛有謫仙風香爐五老屹相向紫烟上冪金芙蓉壺觴晚就松下酌高朋滿座爭懽謔劇飲狂歌烏角巾高歌醉擲金錯落飲餘長嘯倚林坰散作林間鸞鶴聲裁詩復和神仙曲寫石共結烟霞盟青天月出興未盡攜壺又欲花間飲萬事須憑北海樽百年盡付邯鄲枕此情於我更悠悠但思方外覓丹邱

遥遥瀛海安期棗渺渺扶桑徐市舟仙丹有緣豈相隔偶隨風塵爲行役洞裏神仙倘見招歸臥松雲燒白石

平溪

溪融沙路軟無塵拂面東風醒醉魂紅雨正飄花落澗白雲深護鳥啼邨山光已豁春晴景草色都瞞野火痕咫尺金庭仙洞近應隨流水問桃源

游下鹿苑寺　明　邢德健

古寺一荒邱禪房續舊遊蓮花看漸發瀑布不曾收佛是當年供鐘爲此日留喜逢僧共語久矣狎沙鷗

長春圃　明　鄭重光

卜築閒臨戴水濆翠微佳氣倍氤氳名花手植纔三逕春意胸藏已十分洛社此時堪接武山靈何事更移文桑間亦有閑閑者高

雅誰能得似君

春歸明覺寺樓　明　周汝登

春日迢迢投古寺流鶯蛺蝶驚征騎颯颯行來步履聲舊年黃葉堆空地葉底幽泉屈曲流青山面面入高樓樓頭一片起烟霞樓外新開姊妹花可憐花好不長久浮雲倏忽變蒼狗慷慨東風發浩歌斜陽玉笛千杯酒

尹如度長春圃

元亭自作楊雄草花徑何曾緣客掃北窗一枕傲羲皇春去春來春不老

四山閣次萬明府韻

共登絕壁倚重城虛閣玲瓏見四明遠水帆歸江樹晚隔林鐘起寺雲晴葛衣翠幌松風入玉笛胡牀海月生今夜庾樓須盡醉更

深閭巷有歌聲

戴安道宅

星子峯前草滿坡醉餘乘興復經過山通曲徑郵烟古水落寒潭
樹影多歌鼓城中喧落日鷗梟江上弄輕波戴公宅畔尋遺事惟
有枯松掛薜蘿

山居自述

獨枕城隈自一家小堂初構只如蝸鹿門野老鋤荒徑洛下先生
過小車杯酒肯同消歲月盤飧惟有供煙霞留連莫盡厭厭興松
際光多月未斜

尊聖寺

偶逢樵客引勒馬過招提布地新沙擁環牆細竹齊堦前看虎步
枕上聽猿啼色色通明妙無言自啓迷

真如寺

青山開北牖兄復寺堂清鳥語出深翠僧衣曝晚晴觀魚成久坐數竹自閒行身世不知有何當更問名

資福寺

遶徑歸山寺都無鐘磬聲老童猶帶髮荒殿不安名柏蔭環池滿松根迸石生縱令禪誦少自覺意根清

九州山　明　錢思棠

一望中原盡此巔淋漓杯醁午風前白雲已幔歸時路不識身居第幾天

艇湖

雪夜懷人思不禁西風一夜發山陰縱然興盡情何盡千載難酬欲見心

遊靈巖　明　喻安性

躡登絕壁俯羣邱縱目烟霞到處收奇石鑿開青洞府飛巖倒掛碧雲頭山花有意迎仙屐邨酒無錢負勝遊且傍潺湲弄輕靄主人邀我賦高樓

文星亭

更陟崔嵬處羣山此獨豪三垣羅地局一柱倚天高夜靜河斜注秋深木怒號勞君頻指點王謝舊弓刀

文星臺

是誰叠石作雲梯百尺高臺聳大堤水湧白虹驚欲住山圍蒼玉望全低幾聲僧磬來煙郭數點漁燈散遠溪今夜臨風一長嘯不知身已與雲齊

登星子峯　明　丁彦伯

探幽登絕頂佇望與雲齊日落孤城小烟迷萬壑低樵歸松下徑
鹿過澗邊蹊恍出天人界孤高未可栖

石鼓山　明　周孕淳

探奇來石鼓疊翠覆青蘿隙受天光少空谷樹色多千尋誰濬斲
一刻暫偷過望望靈鵝遠松中起浩歌

卧龍山懷友　明　吳應芳

山骨何稜稜藉茲奇石礪道力果堅強日結幽棲契此山本荆莽
一朝增體勢譬彼懶梳娥爲之挽髻帨時節相因緣不爾竟埋瘞
昔年恣攀陟物物窮其際眼豁片石寬一泓輒思揭猶記梵磬聲
間雜潺湲細惜哉詰人遐遺文鶴引唳胡爲不自達若被塵鞅繫
松篁拂地垂擬再牽余袂

翠寒亭　明　周光臨

古木參差翠作團窗虛影合磬聲寒僧來説偈天無暑客到題詩壁未乾竹影低垂橫講席松花細落點棋盤晝長讀罷無餘事閒聽鶯唬倚曲闌

三懸潭　明　王三台

三潭懸絕險丹壁聳危臺古洞龍常卧深山雲不開凌空奔白浪墮峽吼狂雷片石浮千頃飛身照膽來

畫圖山

林巒秀削俯溪流勝境天教恣覽遊日暮烟寒看不盡扁舟載月宿溪頭

夏烈婦哀詞　明　王國楨

鹿苑之山高且峩鹿苑之水怒以烈淒風白日亂荒烟下有烈婦操如雪嗚呼烈婦遘不辰雙丸忽跳世胥淪綠林白莽干戈起撲

面颯颯飛妖塵妖塵到處鬼神泣獨有金閨持玉節頭可斷兮骨
可碎志不渝兮身不涅穿喉折股面猶生血香濺處草木馨福祿
殷殷女在手寧爲同死化日星噫嘻節義人之性秉彝在我綱常
正聞有永新譚烈婦雙磚血漬孤心映崢嶸清風來王氏攖身萬
仞拌一死題詩石壁血常新後先一樣炳青史我仰芳蹤悲轉劇
舉眼便覺日無色多少士女血模糊空樹西風泣反側嗚呼烈婦
今不死共見貞心貫金石鹿苑山高水復長松柏年年鬱寒碧

艇湖行　明　金之聲

朝從剡中事夕復剡中行艣過眠鷗起江空落月明山雲歸舊閣
漁火冷殘更王子回舟處蒼茫千古情

平溪　明　盧鳴玉

溪小鸕鷀促驚魚走石汀廟留秦代物水志晉時名蒼塵揮檜樹

清言轉鶴聲流雲與駐馬一片古人情

過港坑

昔年懷澗槃今夕澗邊宿水瀨襯石蒲雲幮眠巖鹿聊爲寄棘鶡仰看摩天鵠古道豈殊尤於義稱止足

葛仙翁壇

輕浮短棹入溪光石瀨盤紆與與長野杵亂舂新黍熟葛巾初漉晚秔香霞封古洞仙翁竈月近高樓處士牀未許入山能久住願隨沙鳥共相將

艇湖　　明　王國楨

空山木落暮烟收買得扁舟恣覽游一棹西風杯在手半江殘雪月當頭懷人夢輒尋梅寄報客郵翻教鶴留晚興到今吟不盡湖光雲影共悠悠

百丈潭

纔到秋來天地明嵊山山下水渟泓虹光不逐湍流瀉劍氣常隨逆浪生忽放榜歌寄嶺去驚看松影逐波横澄潭一碧鬚眉見不死人心憶令聲

送許時用歸越　明　宋　濂

尊酒都門外扁舟水驛飛青雲諸老盡白髮古人稀風雨魚羹飯煙霞鶴氅衣因君動高興我亦夢柴扉

發嵊縣至上虞道中　明　劉　基

磴滑泥深去馬遲雲殘青嶂不多時荒烟蔓草中郎宅素石清溪烈婦祠日落風生臨水樹野寒雪濕渡江旗宣光事業存青史北望淒涼有所思

入剡　明　呂不用

古壘何年戍凄涼弔刼灰桑榆民氣樂松竹縣門開山市溪雲入野航江雪來戴公墳尙在零落向崔嵬

嵊江夜泊

清風嶺上行人絶嶺下嵊江征棹歇老篙眼前有清興汲水船頭煮明月天公生我命本薄年事難逢赤壁樂愁魂莫問東來鶴舟前鳥鷺同夜泊

呈古剡笠山人師性　明　呂升

春雨溪頭洗瘴氛溪邊深隱笠徵君洞門遠接梅花塢石溜斜飛澗道雲獨客寒溫知歲久諸生問難坐宵分東風不省幽蘭怨解續離騷弔楚魂

南山小隱爲剡黄性能賦

見說南溪小洞天隱居標格似神仙壺中日月不知老谷口田園

樂有年鶴夢松間和月墮猿聲枕上隔雲傳我今欲謝世間事未卜東隣屋數椽

璠田　明　黄份

門外溪山雪未消高低林壑綴瓊瑶等閒一樹梅花發贏得詩人過石橋

資國寺次黄別駕韻　明　陳煊

大明寺裏竹林間獨秀曾經吟此山松蓋鶴歸能自庇巖扃雲去不曾關簾垂香裊清風細僧定堂空白晝閒今日屏星照勝地喜從驥尾共躋攀

謁宋朝奉郎錢德茂公植墓　明　錙績

佳辰命遊侶整轡出郊坰東南指上巖葉郵古蘿磴緣空青度險石齒齒瀲幽水泠泠日晏抵斯境雲厓連翠屏湍洄騁手濯林茂

樂嚶鳴山澤固靈氣陰陽殊晦明右蹲伏金魄左挹闊蒼精淑哉
武肅裔爰茲卜佳城穹祠儼新構殘碑覆古亭朅來訪舊迹剔蘚
拂遺銘於時淹暑雨翻瀾如建瓴曹元總愛客釃酒羅羶腥矧茲
羣賢集文物式攸矜緬懷世德隆宛宛見儀型積善豈虛應福害
由謙盈千禩期弗替永言薦明馨

三懸潭

欲識三潭險相將踏磴臺青天咫尺近丹壁萬尋開沫噴千秋雪
晴喧五月雷尋幽不到此空負剡中來

張門雙節詩　明　許泰

東房曉色纚新絲西房夜雨鳴寒機一門妯娌保貞節百年辛苦
相扶持錢也願不愧夫子范也誓天甘守死和睦同居有始終長
育諸孤無彼此諸孤既長知讀書北堂奉養何親疎白髮千金有

時改丹心一片鐵不如皇天從來報有德聖代於今表其宅有筆
如椽太史公五色文章勒金石

太白山葛仙翁祠　明　許岳英

斷崖崔巍天驥勝虛明倒影勢欲崩太陰生寒激山瀨微茫烟水
涵青冥遠峯堆瓊摶霄漢芙蓉城高錦雲亂殘紅稗綠春尙濃綺
戶雕甍插天半當年仙子遊無方釣車足跡名殊鄉世傳得魚化
龍去千年遺事歸渺茫雲烟蔽虧漲穹顥斷碑龍文近丹竈偶來
屏屧步山椒兩袖風生漫吟嘯

金庭山

金庭之山幾千尺上薄穹窿象緯逼雲溶霞剽陰液升造化鍾靈
神所惜天台雁宕相鉤連天吳屏翳精英騫危厓颶飅力動石律
合擊搏江濤喧元精夜降淨瑕穢河鼓鏗訇徹幽秘踉蹡百怪歸

杳冥仙窟丹房景奇麗右軍之居竟渺茫千年遺跡爲仙鄉吹笙子晉不知向浮邱羽化緱山陽蠙蛛脱殼影搖抗疑是丹光照書室庄閒薜荔五色縈磵底石泉清夜涼望美人兮貯青宮翠眉丹頰世罕逢握瑾懷瑜人孰與猿儔鶴侶自相從翩然被髮步幽曠聽得瑤華聲清壯暮歸不知山月高撼郭潮聲動虛幌

鹿苑山　明　黃　璧

數載期來鹿苑遊夙心今日喜初酬茯苓都向松根結瀑布還通石縫流日上三竿纔覺曉風生六月已知秋山僧獨擅閒中趣何事年來亦白頭

泛剡溪　明　趙　寬

行役曾何補江山似有緣雨餘天姥屐月下剡溪船游興塵勞外歸期日至前乘流風更便飛鳥欲爭先

送錢畏齋還剡　明　沈　鎮

畏齋先生好才華，挺出剡東名臣家胸中機杼奪神巧碎織萬點秋天霞官家五斗無心戀輒向茅茨親筆硯詩情畫意妙入神幻化江山春一片攜琴遠向五雲遊數月不下東湖樓鄭君酒甕大如海信手賭過三千籌嗟予生晚見不早無由縮地傾懷抱今朝一棹兩西東回首天涯怨芳草

黃榜山　明　臧　鳳

一幅齊雲峙剡灣分明天榜揭人間登科莫作人間事要使芳名壽此山

剡溪歌　明　何景明

剡之水兮幽幽誰與子兮同舟舟行暮入山陰道月濛濛兮雪皜皜千載重尋戴逵宅溪堂無人夜歸早乘興而來興盡休君不見

王子猷

清風嶺王烈婦祠　明　萬民紀

當時戎馬正縱横烈女忠臣志不更柴市臨刑天地老厓山抱溺水雲清赤城俘婦芳聲並剡水留題指血明江海無靈潮故止何如遺像掃倭腥

送施知縣三捷入覲　明　陳士彦

河陽一縣花千樹花下留君留不住六龍此日御雲飛雙鳬前夕朝天去碧水渺渺烟霏霏邨落人家近不稀田疇待畬子待教吁嗟此去何時歸

王烈婦祠　明　陳汝璧

剡蓋有王烈婦祠矣宋德祐二年元兵南下烈婦死之余過剡父老爲余談烈婦投水事爲愴然低徊者久之覩其額曰

元貞婦夫烈婦而臣元也彼何死哉善乎王元美之言曰二君而人者行禽也乃烈婦即偉丈夫何加焉余改題宋烈婦而係以詩

道旁遺碣自嵬然灑血千秋尙可憐嶺上清風垂異代溪流嗚咽似當年一詩色借蒼苔潤九死心同白日懸知汝英魂原不散額題吾爲洗腥羶

長春圃　明　王志達

有圃名長春圃中何所有纍山僅盈尋架屋只如斗梵音繞蘭若列星當戶牖異卉本過百雕闌曲成九時亦事清修時亦攜趣友時亦叫奇句時亦酌清酒撫琴慰爾心彈碁談君手東臯或舒嘯北郭或矯首我來明月中正值清秋後蕉死餘紫莖蓮枯有碧藕楓葉紅於花松子翠於柳階除幽以閒池沼清以瀏盎然元氣融

習習春生肘得與溪山清得與煙霞耦圃中許龍臥門外憑虎守悠然護桂蘭爲國作新標卓哉大人志學圃良不若

印月寺　明　胡濬

沙頭精舍好暫借息塵喧萬籟空中絕三生夢裏論水雲蒸紙帳山月浸松門靜極令人愛無門脫業根

贈王鵝亭　明　徐渭

本朝花鳥誰高格林良者仲呂紀伯短人信耳輒觀場只曉徐熙與崔白崔徐一紙價百金風韻稍讓呂與林卽如此圖王鵝亭云是剡溪雪夜人雁兒一掃足百隻何隻不落青天雲沙黃蘆白喜相逐逸者飛鳴勞者宿不須彭蠡泛扁舟彭蠡湖今在吾目

來青亭

畫棟將雲繞脩檐傍漢閑亭非邀翠入山自送青來遠色書難寫

遐觀縱未回共言春景麗不見使人猜

王烈婦詩

赤霞城畔女郎身曾將羅袖障胡塵半巖竹淚猶啼月一水菱花解照人但取藁砧還破鏡祇持完璧碎強秦江天風雨來何急似覺詩成泣鬼神

龍眠石　明　葛曉

萬仞未易梯綿蜒亘雙邑草木不敢生中有仙人室登臨俯層空羣峯亂崒嵂勺水蛟龍蟠今古不枯溢農人向予言歲歲沛高澤

雨阻仙巖詰朝至新昌　明　湯顯祖

江寒風雨飛仙巖氣噓碧崩雲沈戶牖衝飈蕩檐隙孤亭下車馬溼裝閒委積煴衣寧及晨蓐食且茲夕安知氣淋漓滅燭移枕席恐爲奔湍阻侵宵鶩前策抵嵊日逾午𠝹棹興非昔黽勉向津衢

新昌留暮客信宿何足難去住亦取適欣言領幽意南巖候𦩬魄
極目梅梁滑路迴桑州驛略約風雲掀始覺霞標赤軒署復開敞
消散流寓跡豈兒厨傳費用慰山水役佳期良在茲秋光灑蘿薜

剡中　明　許汝蘭

從來名勝地况復是清秋境僻墟煙少天晶日色浮樹光連野合
溪響傍山幽黄葉飛何急霜輕淡欲流

籚峯看雨　明　王　稌

剡西多名山籚峯擅靈秀絕頂生白雲好雨飛清晝捲簾看移時
飛泉落巖竇

石梯躡雲

石磴如危梯捫蘿差可上白雲足底生清猨耳邊響安得王子喬
飛舄共來往

剡溪　明　陶望齡

剡溪如畫映清波石磴崚嶒挂碧蘿虹亘兩橋思去馬帆輕百道傍浮螺夜燈邨落紅千點春釣汀洲綠一簑明月寒潭無限景山陰樂興雪中過

初入剡中　明　陳子龍

夙昔躭奇異久負名山期詎意肅于役心賞獲在茲高峯疊遥巘曲徑沿回溪沈沈迷積翠藹藹含朝暉洩雲岫時沒急雨瀨屢移青蘿被修坂絳樹灼陰崖回互見別趣登臨各異姿碩人昔考卜荒塗恆若斯心迹既杳冥衡宇亦參差抗懷感人代尚志徵前規終焉協要妙遅暮良可悲

事斯堂　明　劉永祚

英雄衞道翦繁蕪獅王一吼膽落狐仰溯渾沌何所始洛沈書兮

河秘圖中天幾傳傳孔氏昌黎空訶孟軻死舜江直指天先知龍溪海門共此水嗟哉末流士狂奔青牛白馬連天昏巍巍宗幢鹿山巔聖學孤懸不二門不二門頭誰發光西江紫垣耀文芒春風一笑大小從快我下吏亦登堂天空花落雨漫漫雙腕擎來七寶盤赤羽白羽高日月偏裨莫敢睨漢壇中流砥柱更覓誰之人學問信吾師記取教人真種子呼將童子捧茶時

過剡　明　王思任

千山夾束盡此地一回寬古縣仙常到名溪雪不乾晚魚呼市酒野鶴下舟灘月色時來鬧挑眠夢未安

百丈潭　明　張岱

余曾入龍湫仰面看瀑布余踞龍湫上瀑布出吾胯石齒何嵯岈奔流激其怒鯁咽不得舒張口只一吐萬斛遂傾囊一去不復顧

風雷送白龍攖奪山鬼怖噴薄盡驪珠逆鱗焉足護余憤填胸中
磊塊成癖痼何日劃然開探喉如吐哺大快復酸辛破我千年錮
笑與涕淚俱氣慄無可措此氣既已伸山靈敢復妬願隨百尺泉
奔騰出雲霧

玉虛道院　清朱鼎元

山東捨宅爲琳宇公子超然趣不羣帝足龜蛇交水火將壇龍虎
擁風雲花階晝靜迎仙客月殿清香禮老君何日投閒同採藥松
邊坐石許平分

事斯堂和文明府　清徐一鳴

天地何日始惟人開象先衆彙羅羣峯一靈俯其巔末學務卮辭
詹詹徒刻鳶同歸復殊途懸河競一偏眞儒窺性藏乃至忘言詮
心同理亦得萬月總一川此是象山諦千古炳眞傳大江西復西

一派姚江連宗風仰高足遺文景前賢哲人今已萎法堂草芊芊
君行凜桓騶下車卻金韉博詢首絕學鈴鐸四喧闐若心復有知
不應事空拳若知復外心道法匪自然海水茫茫沸日輪晝夜懸
水若不在海日應不在天大悟發羣疑了解息衆喧浮雲點夕阿
微風起清漣雲收天亦出山花爭芳妍自性本無物俗眼苦自纏
我亦乘風立泠然欲登仙因知成妙契個中得其元誰知誰不知
凝人還相憐三更月出東方曠會得元明處處圓

臥龍山了眞洞

衆喧誰大寤獨照見吾天堅淨蓮花筏輕浮莢子錢松垂雲到塢
花匯石留泉個是眞消息從君共解顏

石門山石門洞　　清　王國蕃

撥破雲煙空洞懸巨靈巧斲是何年金波漏彩長流月玉宇支空

別戴天匝地瑤林氛杳靄淩厓碧澗水潺湲丹房春冷難成夢欲把塵心問偓佺

遁山

扶筇閒殺看歸雲待得雲歸不贈人倘慕甘霖仍出岫北山早已賦移文

福山寺

修篁曲澗護禪關掃徑依然苔蘚斑犬吠一聲秋月靜天花落盡瀑聲潺

遊金庭觀　　清　王國維

信屐金庭路林寒值暮冬香爐雲篆靄石鼓雪函封鶴跨思遐舉笙吹憶古蹤徘徊誰共語赤水有潛龍

悠然軒　　清　王心一

終日對南山悠然心自閒花隨流水去鳥共白雲還竹蔭移幽徑松濤度遠灣鶯啼清夢覺無客叩柴關

超化寺　清　吳光廷

北郭山臺古浮圖蒼蘚封雲連象鼻岫烟鎖鹿胎峯徑曲千竿竹深林萬樹松花陰留拂塵梵響雜疏鐘鶴唳懷支遁鸝歌憶戴顒琴莊餘逸韻神駿徹禪宗流憩渾忘倦憑將制毒龍

明心寺　清　袁尚衷

禪房纔七月山色已三秋日淡芙蓉冷雲寒薜荔幽深池開石鏡老樹臥松虬不識風聲裏梧桐葉墜不

三懸潭

策杖穿雲嶺攀蘿入洞天瀑高虹百尺潭徹鏡三懸石冷苔生雨松幽鶴唳烟神龍時好靜也擇澗阿眠

夜雨泊嵊浦

一天細雨泊嵊橋坐對篷窗夜寂寥雲接浮嵐江黯黯風翻落葉岸蕭蕭漁舟燈影來寒渡山院鐘音送晚潮鄉夢不成秋思遠數聲寒雁旅魂消

白雲洞

仙人騎鶴去古像遺桐柏無地覓吹笙雲封洞口白

望台晚磬　清　高克藩

日落剡江暮僧歸竹院門不盡雲堂磬隨風到遠邨

藏岸晨燈

旅客不眠江上晨燈亂出門急喚船回言夜未半

鹿胎夕照

鹿胎草木疏望見人影小夕照入空林雲歸亂飛鳥

郊行　清　錢華鼎

趁曉尋幽去行行露未稀雨餘山較秀春老草初肥新綠延樵徑紛紅落釣磯風光如畫裏小憩欲忘歸

望畫圖山　清　商元柏

烟雨雲濛望欲無懸崖倒影映澄湖篙師指點前山路一棹分明入畫圖

嵊署雜述十首 錄一

地絕山川秀飆開風日清客心隨野馬山色媚流鶯葵葉裁成扇溪魚膾作羹無端爲幽興又作剡溪行

浦口晚泊　清　商元柬

夜靜山月高湖水明如鏡孤蓬入翠煙住久波始定遠樹隱招提白雲度清磬何處滄浪歌泠泠四山應

耕菴

清　李茂先

天地一頑塊藉玆人力措裁成有匠心光彩沈復露不爾竟荒莽
高厚將無誤四明兀且凝巒岫如相互衆山皆雲礽千百堪吞吐
中有羣龍居呼吸分寒煦噴沫瀦爲虹兩山夾而澍倚岸有蠶叢
蝘蜓聊爲路此外環峭壁危竦不可步失足分寸間身墮那及顧
山林使之然空向馮夷訴問君胡爲來寶藏與焉故况復結廬者
班坐而待餔飛則非鷗鷺躍則非狐兎行人轍若鮒股栗心還怖
老衲憫衆生瞑眼出幽悟自判瘦筋骸爲山開迷渡積薪置石根
縱火燔其錮烈焰少頹時輒復沃以醋旋將椎鑿加去之如切腐
更揮斧斤手芟草仍柞樹一綫嶔崎塲忽焉坦如鋪昔險今方夷
山適逢其數乃信事無難成敗憑心素昔也不周傾煉石資老嫗
王屋與太行愚公移以效是皆手足功智巧非天付策駑振康莊

予亦砭沈痼

資福寺聽松

招提頻印屐多半愛松聲風捲濤無迹琴彈曲有名方從窗外過旋向枕邊生一榻分禪室心閒夢亦清

漁邨漫興

天山占得第三爻翠竹青松訂漆膠高韻特從君子節清風還瀉大夫梢柴門欵客驚雞犬社酒隨人賽虎貓乘興何妨歌一曲無心閒步出東郊

家山遙望暮雲多萱草堂邊安樂窩隴右終須歸太白少陵原不戀岷峩久疎酬應門羅雀小試經營帖換鵝從此還添借書債牙籤堆案慰蹉蛇

少年蹤跡半沈浮可是娉婷待蹇修將種雖甘歸馬革客星偏悔

着羊裘梅因有核酸仍在蓮到無心苦始休失笑塵緣除不盡草
堂昨夜夢封侯
剡溪接應近山陰萬壑千巖愜素心倘許精靈隨翠管何須鬼物
變黃金烟霞圖畫誰烘染造物才華自古今冷韻不磨仙翮健還
思跨鶴更攜琴

望疏秀山　清　魯巽鴻

屢欲攜筇卻步艱憑欄日日對螺鬟嵐光有意釀雲出樹色無端
招鳥還春雲樓臺烟樹裏夕陽鐘磬翠微間夜深竹塢蕭蕭月爲
我移來一角山

放生池　清　陳錫圭

庖犧結網後鱗族無可逃不期魚樂國乃在剡西濠潛躍適情性
上下隨波濤究之咫尺水曷若龍門高

晚泊江邨　清　張華

茅舍深深竹掩門四圍新綠長苔痕艤舟隔岸聞雞語幾樹桃花是一邨

清風嶺烈婦祠　清　吳師瑗

慷慨從容事兩難血詩題罷赴江湍赤城霞起神長往楓路花紅淚未乾殲賊威靈森草木報君名節愧衣冠嶺頭留得冰霜在六月無風亦自寒

雨後望太白諸峯　清　商盤

晚望太白山心與翠微遠新沐露烟鬟藍鬖不堪綰道書稱福地中有雙鹿苑廣信既登眞稚川不復返瀑挂玉虹亭草沒太平館懷古意蕭疎茲遊安可緩山靈遥相招報書愧炎琬

放舟仙巖嶀浦閒卽景成詠

嶀浦如靜女仙巖似羽流青蒼杳無際一氣安可收我本林壑身坐此書畫舟相賞在物外貌遺神乃留惠風淡以遠景色同高秋牧笛弄初晴樵歌出古邱繞崖百丈潭其下多潛虬未堪靈犀照何用寶玦投朱霞千萬縷返照入林幽扣舷發清吟獨唱無人酬

題商譻意剡溪秋泛圖

是太白非采石是蘇軾非赤壁何時寫此尺幅圖好山好水絕代無贊花香細秋容淺吳縠如冰不堪剪銅斗蕭蕭起暮寒七十二屏向空展晚霞染出紅楓樹曾是當年泊舟處一曲清波值萬金全家羅韈生烟霧我今竊祿燕京城朱顏欲凋白髮生子猷安道兩寂寞此事原不關公卿吾第歸耕不須卜管茹且縛三間屋君不見鳳凰竹實無處尋野田黃雀爭餘粟

自題剡溪秋泛圖　清　商　書

山人無俗尙雅志惟薜蘿况生山水鄉面面明修蛾昔年游歷處
剡水清於羅自來京國遠夢斷清江波潛魚樂深淵棲鳥戀故柯
濯纓豈不願回棹情亦多涼秋吹白紵皓月舒清歌誰將謝公屐
訪我東山阿

送鄭布衣南歸　　清　吳炳忠

戲具隨身木一竿吹簫擊筑有悲歡原非劇孟田疇侶漫作林逋
魏野看見我何妨露肝膽逢君不必諱飢寒拂衣歸隱年猶盛且
向清漣賦伐檀

擬戴安道雪後遺書王子猷約重泛剡溪　　清　葉方棪

寒溪羃同雲風起吹還碎霽雪艮復佳空山誰與對新暘射朝墩
白月澄宵瀣遙看爽氣橫笑指此君在聞子昨來遊乘興了無礙
有意聽彈琴何必不見戴

曉登嶀山　清王燕春

嶀山名勝地，登陟興非凡。撥草尋幽徑，披襟倚古杉。天空遲落日，岸曲急飛帆。縱目渾無礙，歸雲斂黛巖。

遊石屋禪林四明山道中作　清葉封唐

高山結靈妙，造物爲巧匠。白雲引幽路，路轉出雲上。回瞻徑九鎖，前進更疊嶂。奇峯銳於錐，幽谷深如盎。崖交澗曲轉，亭出巖退讓。錯落苔蘚重，嵌空洞穴亮。龍潭貯天影，水碧如春釀。僧寮忽隱現，吾頭頻俯仰。力疲興尙豪，地窄心逾廣。懸想出山時，林巒已背向。一一目送迎，定復成新樣。

大水

帝命驅海海欲飛，神龍噓氣天低壓。雷公怒擊天門鼓，電光閃爍助厥威。狂風吹山蛟啓蟄，夜半忽乘雷雨出。陡地摧折山頭樹，劈空裂破崖間石驚濤湧雪看如此未知何事差可擬單于三軍逼漢關天山萬騎摩唐壘馮夷踏浪立如人跋扈鯨魚掉其尾剡中人家水滿屋釜內游魚波浪蹙昨日黃雲一片鋪正值郊原香稻熟而今汩沒同芳杜水去天晴化作土田家傾淚助洪流未必江神識此苦江邊邨落最堪憐廬舍飄如失纜船幾家八口波濤死髑髏帶血沉深淵或留白髮一老父或留總角一兒女傷心骨肉竟何在身雖幸存命如縷爭言大水天之變百歲老翁亦未見酒酣我欲賦此詩寒浪高低生鐵硯

宿石屋禪林

佛刹嵌山坳三面峯陡絕左如馬首昂右似駝峯突背負白額虎踞爪堅削鐵一面獨淩虛天光補山闕樓前合雙澗澗邊插萬笏石屋溼生雲石泉白疑月峽訝巨靈分書或龍威竊騰身千仞上

路曲刀環折山門逼天門語笑聲能徹燭上羣動息斜光漏深樾
不知風聲猛謂是千崖裂清禪合幽輿擁被猶細說

剡西道中

水田千頃外一馬踏青蕪林樹時來去人家忽有無花光圍佛寺
山色帶樵夫俯仰懷安道溪流下艇湖

上金波山

白雲如有意陪我此山行苔徑明斜照茆簷帶嫩晴寺深惟竹色
風至忽松聲夙與林泉契何因有世情

遊獨秀山

散盡流霞聳碧空梵王宮殿翠千重石寒苔護偏旁畫僧定風傳
縹緲鐘洞口落花三月雨山腰唬鳥一株松右軍已往今誰弔墨
沼鵝池沒舊蹤

次韻顧伴檗遊明心寺　　清　吳啓虬

春塢隱蘭若花蹊傍竹開禪關緣客啓好鳥喚人來生意悟新柳
清心逗早梅憐余隔塵俗未得共追陪

同朱梓廬師遊白龍潭　　清　史載筆

剡溪之南南明北別開天地攢怪石有美人兮薄言遊折簡陋巷
招幽客踰岡陟嶺度清溪十里黃花炫秋色始至已非人間世漸
進佳境窮足力覊禽空山時一聲綠篠含烟風戛擊忽聞清磬度
翠微煩襟塵顏都洗滌剡之山川入畫圖似茲佳境費刻畫按諸
圖經幷地志胡謂聲聞偏寂寂徒使湮沒荆榛閒不許齊稱東西
白豈其千古終南山尙須表章昌黎伯豈其嶺南諸幽勝直待柳
州留筆墨我聞屠釣有名流老死巖窟終窮阨誰知山川亦爾爾
此道古今同惋惜

遊金庭觀集唐　清 薛贊化

金庭路指剡川限羅隱 萬木清陰向日開靈一 自哂鄙夫多野性錢起 獨尋春色上高臺薛逢 檐前施食來飛鳥廣宣 石上題詩掃綠苔白居易 全覺此身離俗境皎然 白雲歸去幾徘徊貫休

星峯晚眺　清 王永春

憑高閒望暮晴天不盡風光到眼前鹿嶠草荒餘夕照艇湖波靜起寒烟興來幾度尋佳境醉後那堪憶少年紅葉紛飛秋易老登山臨水轉悽然

雨後自倪家渡放筏還城　清 馬林

雲歸雨斷日初開獨下晴溪放筏回流水不停山亦走四圍新翠逼人來

一江春色鬭晴開斷續殘紅逐浪回水鳥何心偏狎客平沙飛過

柳陰來

贈翰月上人　　清　吴金聲

去歲風雪中脱羈從幽探贊公極避俗未許酬清談今年一相見骨冷鼻亦鈍蕭然絶塵相孤鶴飛雲嵐童子出延客進退亦所諳况師清淨心皎然月映潭肉食不足誇蔬筍留餘甘山中風月佳吾亦歎虞曇

別周明府鎬

義馭忽不留雪鴻無定跡落日滿長江西風送行客城南一杯酒千里雲山隔雲山隨去舟屈曲浪花白憶侯初下車相覿期甚迫清風滿襟袖古道見顔色示我琳琅音文章邁李益洪濤瀚海翻太華巨靈擘乃愧瓦礫姿空藏宋人石邯鄲方一夢星霜忽三易竟奪我侯去使我心不懌禾黍滿舊疆父老歌召伯天語表循良

攀轅究無策安得時往來飛飛見雙鳥

閏六月初四日大水

方憂晴作祟倏爾雨爲災颶毋空中見楓人海上來浪疑將岸去
山似擁潮回一望黿鼉窟何時百室開
民乃國之本何堪遘此災亂流風約住怪物雨催來海道千灣隔
江聲一夕回禹功寧未畢重把了溪開

登四明第一樓

剡中名山稱四明矗天峭立誰抗衡細徑犖确澗道逼古木盤錯
苔蘚生藤纏草蔓人迹少虺蛇毒螫豕鹿橫老僧恆傳此卓錫巖
下趺坐靜不驚瞑目忍饑幾寒暑霜夜瑟瑟寒魚鳴岐山居士有
道者慨慷解囊初經營架楹疊石施紺碧窮谷轉眼成雕甍中有
一樓最高敞坐眺落日懸銅鉦天青霞頳衆峯出一一俯首如角

崩我來樓上偶憑倚山風吹暑留餘清樓中懸額居士筆鍾張義獻同峥嶸須臾僧厨進蔬食胡麻煮飯羹蔓菁坐久月上卧禪榻五更寐覺聞鯨聲曉起開窗雲入室但覺身在雲中行

暮秋登星子峯

星峯城北路秋晚一登臨雲物多遷變江山自古今遠風吹落葉唬鳥動歸心嶺下人家近天寒響暮砧

臘月偕友人至明心寺遇雨歸　清　張基臺

探幽破清曉雨在西南峯忽然雲滃谷不見寺外松殘梅落點點澀澗鳴淙淙天影互明晦山氣雜春冬一友發高興不顧霑溟濛欆帽繫筍鞵予所欣相從彳亍二三里危磴下幾重回望來處山但聞雲裏鐘

四明石屋

鳥道千盤上登天似有門巖扉斜架屋磵樹倒生根拂石看猨挂穿林駭虎蹲遇僧聊借榻明發再窮源

過白峯嶺 清 施燮

松杉接翠到尖峯合沓羣山鎖百重那得夸娥山盡徙家山不被白雲封

許城旅邸過五峯周少府 清 陳文緯

廿年宦海各風塵旅舍重逢柳色春遊盡天涯少知己况君更是故鄉人

塔影樓 清 錢曰青

雁塔空中飛忽向池心峙層樓俯澄波倒影乃相似詰朝卻西斜薄暮又東靡樓塔兩難分回風蕩中沚此景靜者參闌干獨徙倚

遊定心禪院 清 柴際春

我比淵明放擕罇慧遠前此間堪避暑相對且談禪密竹仍留徑
閒雲自在天覓心不可得心定更何年

三懸潭　清　呂夢陽

天姥山高與天齊粤惟仙靈之所棲駿馬騰驤幾千里一支分出
剡之西就中湧起雙巖岫矻如青螺覆如鬟天邊夾瀉瀑布飛晴
雷夏雪常昏晝下有龍湫深淵淵兩維璧合三珠聯淨無沙石不
見底迴風旋浪生紫煙訝是波智國中三池爾何日移來今在此
上池龍王中龍婦下池盤攫戲龍子長歌告龍對清泉勿用駕雲
飛上天方今五風十雲遨天眷正好抱珠湫底眠

月夜泛剡溪　清　邢澍

東南山水區剡中稱最樂白石走清湍飛流挂絕崿衆脈匯大溪
練影空中落長橋激箭飛古岸寒藤絡夕陽倏西沉夜靜波澄壑

喜見明月來皎然天宇廓高帆張綠蘿圓靈冰鏡灼蒼烟隨棹生
幽草如繡錯嶀江鴻鵠翔楓嶺猿玃躍上下水天連左右畫圖若
飄飄風景幽朗朗胸襟拓頗似登瀛洲與發杯自酌當風醉亦醒
扣舷歌聲作千載繼子猷乘興時夜泊

戴逵宅　清 邢炯

剡中高士宅乘興復來尋溪雪無行艇山泉有斷琴階除蒼蘚蝕
風雨落花深若使嘉賓在應懷改造心

遊三懸潭　清 錢豫豐

剡中侈名勝茲景古所選峽峭嵌嵓潭水鏡懸三面仰視天蒼蒼
石竇開一綫恍若巨靈劈又如媧皇鍊瀑布空中懸隨風散雪霰
聲裂千歲松色光百尺練下有神龍蟠逼視目屢眩蕭蕭六月寒
輕袷難久戀與盡憩禪林鐘聲起佛殿

鹿門山莊

春山石磵挂虹霓古樹青蔥瓦屋低半畝方塘斜日外幾窠野菜小橋西瘦藤絡壁藏松鼠濃蔭橫窗叫竹雞咫尺墓門還入望白楊幾樹影萋萋

戴逵宅　　清　喻道鈞

精整誇官舍新居剡水灣烟霞諸嶺秀天地一身閒月影移簾外琴聲出樹間如何來訪者空載雪花還

戴仲若聽鸝處　　清　魏敦廉

柑酒聽鸝處高風説剡濱花飛三月雨鳥喚六朝人古驛有時廢空山猶自春低徊殘碣下欲去復逡巡

烏雛篇　　清　王景程

庭前有佳樹郁郁枝葉好烏烏攜雛來啞啞哺其杪雛飽烏忍饑

雛長烏已老烏老不能飛雛出啄香稻啣歸飼其母奉養知及早人生襁褓中疴癢嗟未曉父母苦護持神瘁容顏槁少壯營名利驅車就遠道送子淚不垂深恐亂懷抱倚閭望行塵隱憂內如擣風雨白髮新山川夢魂遶百歲能幾時來日已苦少富貴本在天世途空擾擾有親不能養乃復增懊惱嗟哉七尺軀問心不如烏

雨後見月舟次仙巖

微雨過江頭漸覺新涼度推篷忽見月淡淡輕雲護俯仰一水間波平興與往長林窈以深渚明微有路繫纜仙巖陰驚飛兩白鷺邨犬吠人聲狺狺隔烟樹

城樓秋望

微雨城頭歇危樓寄遠情嵐光含夕霽人語雜秋聲天際片帆落雲邊殘照明小山叢桂發風過送芳馨

到清隱寺作

家居性不適欵步入晴灣深樹烟中寺斜陽雨後山稻畦新水漫
松徑片雲還便欲歌招隱禪房試掩關

登溪山第一樓獨酌

登臨無限興樓上一開樽城絡青山背溪流紅樹根晴嵐冷秋色
曠野淡煙痕雲際片帆下舟來何處邨

瓜渚秋歸　清施彰

一路接秋芳溪橋窄更長日暄烏桕白霜逼綠橙黃菜甲肥朝雨
蟲聲咽晚涼平沙明月滿花發野蕎香

剡溪舟中　清馬紹光

一帶波流碧舟行圖畫開山迴孤艇去水抱别邨來古廟清風冷
前邨夜雪堆掛帆隨處過勝蹟幾徘徊

愛坑嶺　　清　唐晉三

步入嶀岏境尋幽到嶺西徑開紅葉路溪帶白沙堤日脚隨山轉雲頭壓戶低卻看邨落近茆舍忽鳴雞

同陳子遊五龍寺過雷嶺觀龍潭　　清　吳仁傑

昨夜說龍潭壯志思一逞凌晨杖策遊詎畏風露冷便道謁龍神先過招提境山水拓奇懷竹木涵虛省叢林日欲暝禪宇晝方永寺僧供午餐飯後度雷嶺鑿險比龍門躡空追雁影峯高迴入雲淵窈難垂綆鹿鋌魂已飛猱升心屢驚兩手攬幽篁側足緣荒梗匐地暫凝眸倚巖偷引領攀附若登天顛越如投皿尋幽誰復知出險猶爲幸強步向前移崒嵂雙峯併伏竇水奔騰懸崖勢嚴整穿巖注作渦觸石旋成井云此神龍居歲旱常禱請時或風雨狂響若波濤打卽今乾涸時噌吰聲不靜若使乘雲雷天路任馳騁

俯視混鴻濛跳擲噪蛙黽聞言壯我神怯懦一時屏顧盼有餘姿腰健力復猛日暮尋途歸登頓窮俄頃臥恐夢未安坐久心猶怲回思攀躋危胸次如遭鯁

嶀浦　清　吳仁葆

剡邑據形勢嶀山壯北門溪流穿洞底水氣溼雲根巖陡潮歸浦峯迴綠抱郵長官祠下窟時復見靈鼉

茹古軒偶作　清　鄭心水

蟋蟀壁間鳴如與幽人語庭樹漸蕭疏涼風吹何許清影落雁鴻急響傳砧杵流螢耿微光團扇捐殘暑相彼芙蓉花清香凝淺渚蘿徑閴無人抱琴空延佇

自嵊泛舟至郡　清　錢鎔

風掀巨石裂山竹雷逐脩蛇竄鈞缸奇景忽從驚裏得篙師偏要

掩篷窗

桃源觀

想見桃花舊日栽剡溪地本接天台阿儂自愛山川好不爲劉郎採藥來

鹿苑山紀遊

小白去家十里餘呼朋選勝苦無便案頭昨讀仲皎詩澗月林花令人羨勃然游興不可當着屐去省白雲面一路松花鋪峭崖四圍嵐翠浸幽院老僧欵客飯麥香紫筍綠蔬閑清譙天風引上葛洪祠木杪轉出緣一線咫尺峯巒向背殊片時山氣陰晴變危巖高壓丹井低琮琮琤琤水聲濺白猿睨人赤玃號錦雞吐綬肉光絢平生閉戶鮮大觀到此已覺心目眩小憩更進作蟹行氣豪路險性命賤吹帽時逢風力遒沿溪軟履藤陰遍多年丹竈已沉埋

滿地藥苗時隱見石筍對立作天闕過此或與仙人見俗駕惜被
山靈憎亂雨打頭急如箭遺丹無從覓九華冷雲空教咽一片行
行重尋蘭若來倚楹稍蘇筋骨倦轉眼天光又放晴夕陽斜下紅
郊甸火速去看第二泉歸途尚訝雷聲輾

舟行嶀浦　　清　錢瑞棠

路入嶀江路轉幽嶀江風景在行舟翠橫雲截懸崖樹紅淡烟迷
古佛樓亦有漁歌來浦口惜無明月到船頭山禽水鳥交喚處一
片輕帆過蓼洲

春暮偕友人遊白雲山寺　　清　魏蘭汀

空山闃無人一磬泠然響寒雲溼不飛澗水流泱泱路轉入翠微
殿宇更幽敞山僧出揖客叟鑠攜藤杖茶煙撩鬢絲禪榻恣偃仰
坐中清風來花落大如掌興盡方下山極目空萬象歸禽沿路喚

似送遊人往回首暮煙凝前峯月已上

夜宿白雲山寺

夜色杳無邊秋高氣肅然萬山紛落木孤月皓當天風急鳥鳴樹燈昏蝠舞煙倦依白雲臥枕畔響流泉

送王明府實樵奉諱旋楚　清　柴　益

不知官府尊但聞官府好官好必愛民捨民何太早爲問江頭水此行有幾灣載我使君去載我使君還

嵊縣志卷二十九終

嵊縣志卷三十

藝文志

詩

九日偕友人登陶然亭　　清　錢豫豐

侵曉出城南天衢輾車輻沙水散青靄氛埃淡紅旭蒼崖出清泉
涓涓吐石腹羣魚蘆間栖一鷺水中浴我來步層梯林密翠可掬
江亭傍禪林軒窗豁遊目境靜想仙界心遠謝凡俗僧徒煮香茗
花磁列紅玉朋簪啓高會賓筵設林麓陶合千載人逸韻寄糟麯
劉郎一世豪題糕尚瑟縮吾曹暢清游閑散卽爲福石欄罩碧草
松徑綴黃菊涼風吹客衣到處香馥郁亭西夕陽麗鐘魚響佛屋
倘問歸何遲陶然得所欲

異蜃歌爲剡中吳大文賦幷序　　清　商盤

溪光一鏡相傳戴氏舊居山翠千重不待周侯著色家在畫圖之内人以耕織爲生桑土既蠶鳴鳩拂羽莫不簾垂密宇梯倚濃陰乃有分繭未繅宛然紈綺臨流欲浣皎若冰霜長可盈尋薄如無物雖百歲翁所未睹笑五色草之非奇作爲詩歌廣諸好事

昔聞員嶠山冰蠶七寸覆霜雪璇璣夜織雲錦衣入水不濡火不滅又聞搏桑國曾泉蠶食開鴻濛野蠶作繭大於瓮此語傳自蘇髯翁吳君舊住東山麓十畝閑閑拓陰綠老妻採葉朝掠鬢稚子提筐暮歸屋蠢蠢屢化眞靈異口不能言通以意集思廣益厥功成小物居然知大義乍如數尺鮫人綃天風海色翻秋濤又如一幅澄心紙紅燭珊瑚照修史吳君得此輕璠璵夜夜光氣騰空虚百頭直可勝園客八繭何必誇吳都吳君珍重經綸手述異誰從

問遺叟剡藤蜀繭聚名材爲君作記孫曾守君不見聖人在位陰陽和九歧五穗聞農歌男女耕織無輕重懷寶不獻理則那豈無珠玉貢天闕不貴異物貴用物此繭一出登饁筐織貝荊揚同黼黻繭兮繭兮奈異何吳君遇合無蹉跎淮南子日至於曾泉是謂早食注曾重也早食時在東方

社蠹

清　吳金聲

社蠹復社蠹吾欲向天訴訴天天不聞煩言人瞋怒雖然瞋怒多猶欲言其故紫陽古賢人立法本非誤自宋迄聖朝事寖非朝暮邑老應與劉稽古多欣慕法求大憲行遂將良法布吾邑民多貧嗷嗷自待哺義士自斂醵助彼春耕務歷久弊竇生從此遂舛互胥史徵規錢年年空册注是名爲蠹政白日如蒙霧亦曰奉舊章舊章成禍具是名爲蠹法先哲枉垂裕壅格恩不流民已爲涸鮒

是民爲蠹民詛聲盈道路吾皇燭其奸一言發沉痼故事流新恩
豈復屯膏慳持此告鄉閭此事宜熟慮誰其秉義心吾民仰飽饇

紀事

剡邑本山區縣治營山麓市井前錯陳餘制次第復聖廟宜宏敞
要令瞻拜肅亘古無二人營修勞賢牧諸典亦並舉報祀薦香馥
陰陽職並重隍神祀寧黷造創昔先民邃宇儼山腹朔望官焚香
歲時民禱福奠獻廣陛堂神靈足栖宿廟古有頽圮歲久生蠹木
補葺固宜虔黝堊亦貴速期以妥吾神安用驚時目仍舊如之何
道謀胡反覆雖非爽塏更欲與瑤臺續拓基尋丈增徵材四方逐
既移藥王宮又還大士屋石楹雙龍蟠珉堦百花簇高簷礙浮雲
兩翼翔飛鶩棟擬虹橋橫臺比露盤矗衆匠聯寧婺羣計窮山谷
籧篨兼戚施臃腫幷卷曲金碧歎遊車廣蔭庇老禿天地有限財

人世無厭欲釀斂收脂膏衣食少布穀神亦愛吾民豈必侈版築
吾思籲穹蒼急雨荒年粟

金童妻

明成化八年海康人金童與妻莊氏并其女避難新會止劉
銘家銘見莊色謀殺金童於江中莊見夫屍遂抱女赴水死
哀哉金童妻夫死於江不能知浮屍悲慟報仇無期捐軀殞命并
以女隨風淒月暗魂何依夫因妻死妻亦同夫歸千秋萬古魂悲
悽哀哉金童妻

送周梁溪明府　清　吳啓駿

暫記甘棠蔭常聞治邑規勞民與休息柔道合時宜政補前人闕
文爲後進師臨行重惜别何日奉光儀

清妙亭　清　喻學紛

花封依鹿岫攬勝築新亭飛閣連霄漢雕楹映日星拖來一水綠送入數山青多士從公邁琴餘樂授經

遊顯淨寺　清　吳啓虬

捨宅爲禪寺東山屬遠公紺園苔蘚綠祇樹曼陀紅舊事人誰溯塵襟我亦空試看留姓氏何日碧紗籠

遊獨秀山　清　呂耀

閒來策杖上危巔剡縣春華在眼前四野縱横開繡陌萬家錯落起晴煙書樓蹟賸空王所蘚壁名題異代賢獨立蒼茫思往古風流誰似右軍傳

太白山訪趙廣信煉丹遺蹟　清　呂鏞

太白之山萬丈高蜿蜒磅礴翻雲濤白鹿馴遊元鶴舞層巖紫芝谿蟠桃十二瓊樓金銀闕仙樂時聞奏龍璈我愛道士褚伯玉小

廬當峰棲蓬蒿亦愛山人趙廣信九轉紅鑪煉玉膏刀圭三七丹成紫乞得長生歸仙曹揭來山上一相訪烏鳴吐綬聲啁嘈岭嶒嶙峋洞無厓山前山後風蕭騷如何越盡千峯頂不見埜叟生綠毛道場荒蕪丹井冷行雲流水俱滔滔

周烈婦坊歌　　清　呂　至

烈婦氏張邑開元鄉周慶餘妻也乾隆閒建坊垂八十年欹斜將圮忽一夜天大雷電以風沙飛石走村社木盡拔意是坊必就傾矣詰旦視之整飭如新同治五年二月初六日事也

烈婦之坊本峭絕乾隆丁未賜綽楔雨淋日炙將敧斜不知何年石柱折將傾未傾勢險危天心有意表貞烈同治丙寅二月初霹靂一聲風雨颶共訝空中萬馬奔誰知暗裏六丁掣詰朝晴霽頓

改觀完好宛如初施設聖世百神俱效靈鍊石補天合符節

金庭山

蓬瀛扶桑兼方丈縱對會稽不得上何如剡中金庭山裹糧着屐堪躋攀金庭山與天台揖五老峯同老人立洞天蒼蒼接香爐放鶴凌雲瑞雲集東晉風流王右軍誅茅山上養鵝羣讀書身帶煙霞氣洗墨池留松麝薰我來此地窮幽討桐柏合生遮古道但聞空中打麥聲不見前賢遺眞草

夜泊東渡　清　錢壎

闊岸月落船尾橫遠波灼灼浮長庚似南似北估客語忽遠忽近官蛙聲涼氣襲衣薄露下巨魚躍浪寒潮生吾身幸免遠離別推篷坦腹傾玉觴

簡呂孝廉又村

吾剡山水窟歷詳輿地誌土沃俗復淳自昔稱易治所以王謝流於斯樂避地誰與官茲土此風乃大異但愁訟不繁甚非長官利民良激使澆吏愚教使智十家中人產片紙破之易所恃有大僚師生兼戚誼嗟嗟一路哭忍視置不議前後任六年流毒一何肆野鬮遍村落人命等兒戲昊天復不弔旱潦更連歲民窮訟反息獄空俗益敝百里好溪山對之魂魄悸安得千萬金合邑買宅避惟君知幾士橐筆遊燕冀雖懷遠離愁差免陽鱎忌新皇哲知人慎簡常與季燭奸及荒陬我邑澤先被今冬赦令來重霾忽開霽勤儉身兼持威惠法互濟廉名婦孺知恩感父老涕誓當臥轍留名山老仙吏小泉方討偕尺書託鴻寄家鄉復還淳足慰遊子意明年試春闈杏花宴及第斧柯一假手晚成登大器何以勵官方此咏君須記

鑑清池懷古

鑑清先生不可見鑑清池水常如練臘雪初融小漲生漾漾溶溶掠輕燕燕去燕來春復秋天光雲影空沉浮煖風池面紋千疊寒夜波心月一鈎我聞先生頗好客不事田園事文墨卜築東偏倣水軒酬唱西崑繼詞伯吁嗟乎青巖集失遺詩無逸傳難尋君子書故事半隨流水逝孫支猶是傍池居君不見秋色高樓已傾倒春暉古刹迷荒草徘徊池側轉愁余誰把瑤箋懷衆寶

贈商孝子

欲遂終身慕結廬親墓傍只緣心愛日不覺鬢如霜斷竹歌能續名山草亦芳感余還起敬題句晚煙蒼

登鹿胎山望薛華封先生故居　清　陳世昌

高邱日色白寒荄滿郊墟獨立望四野頹然惟敝廬大雅已塵土

斯文將何如千秋不可知淚下霑襟裾

錢懷西周明府　　清　郭廷翰

戴溪一碧天悠悠南薰匝岸颸輕舟舉杯獻言各慷慨行旌載道誰攀留自來古剡多循吏編民歌詠太平治户祝長懷慈母恩近或前徽嗟墜地廉平今復見我公悃愊不與凡人同西子湖頭芰荷放走也最早承仁風水壺四映偉軀幹陡覺福星耿雲漢剡川從此沛恩膏問民疾苦忘宵旰下車深憫疑獄多無知陷法奈若何殷勤解喻衆心醉訟庭草綠春暉和持躬節儉重力穡農獲深耕耜畟畟去年旱魃遠遁逃立槁嘘枯食公德語云學道能愛人慧山之側梁溪濱十年讀書隱深霧操刀迺奏貞經綸薔薇花露櫝山稿明府文集理熟因文可見道格物養氣窮其源哲匠聞言紛絕倒曾攜蕪製壂清芬鼻堊忽落成風斤方期父母兼師保誰知望

斷江東雲得公如此忍言別借寇無由覺心結豈惟散木少栽成野老兒啼臥雙轍圖畫新傳陸浚儀閭澤早入人肝脾區區片紙慰離况爭似烜輝銘鼎彝朝廷有道循良重指日將爲國梁棟自笑浦南徒苦留枳棘何能宿鸞鳳

剡溪棹歌

雨過前溪落照銜掠波雙燕語喃喃浪花一簇添新漲無恙東風挂布帆

秋晚步萬金隄　清　郭佩聲

鴉聲催送夕陽西紅葉隨風點碧溪怪道波光澄五色一鈎新月照人低

鹿門紀勝　清　郭鳳樞

直上天門頂人間別有天疊書規叔貯卓筆晦翁傳白鹿曾遊洞

直龍侗睡淵肇州區九點興雨禱二縣劍嶺青霄聳蘆峯翠蔚連機忘來鵠俗羽化憶鸞騫香滿堆瓊墅音流漱玉泉過橋聯友誼警鼓振兵權拾級梯雲便臨池得月先雙流鷩望漲片石欲留仙絕澗參羅漢遙坪訪偓佺卜鄰惟給事雅詠紀高賢

太白山　　清　邢照

西望太白何磅唐上游高踞森開張跨越三邑作屛障拱揖四明羞雁行峰巒出沒數不盡倏忽萬狀搖混茫風雨蛟龍走東海暄晴宮闕凌青蒼丹井涌泉品第一由來味美如雪霜仙女有盤旱不竭七夕往往聞珮璫更有天門與天柱吐雲含景靈物藏赤獲彩雞互飛舞蟠桃仙茗交芬芳憶昔廣信此修道九還丹成乘雲翔稚川著書百十六亦有祠宇留山陽恨我不及見褚孔猶幸居傍高人鄉太平舊館刼灰盡亭軒彷彿近道場藤蘿斷碣覓不得

風流自共山俱長閒雲野鶴各有志安能株守空荒莊天台一萬八千丈夢魂飛度恣徜徉會稽禹穴親探偏陽明伐鼓驚磅硠爲登鹿苑攜酒榼爲攬畫圖停風檣靈奇洵可增達識況復此山峙廬旁會須著屐上絕頂手挽銀漢湔詩觴

横店渡

雙崑屈曲齊奔赴路入太平成古溪忽聞横店一聲雞來往行人不知數水發多從短筏過天晴時向斷橋度或騎瘦馬踏清沙或駕筍輿穿曉霧當湍水碓喧邨舂近岸人家戲童孺驚起天邊影落波魚沉水底鱗依樹草堂頗與囂塵離夜夜溪聲枕邊注南望廬峯與鹿門擬歌匏葉幽尋趣

萬松隄

太平東畔有古隄欲斷不斷隨桓溪老松錯立不知數作勢偃蹇

蟠虹霓節是冰霜葉風雨遥山氣應蒼龍舞靈秀何論鄭家七支離直壓秦封五熲聞父老説榮枯此隄昔日通行艀谿流還徙向南去相將荷鍤開荒蕪一簣功成沙日積高者成隄下阡陌至今隱隱存刼灰臨厓葱鬱失寒碧滄桑變幻本如斯漫道今時異昔時彭殤壽夭齊道眼坐閱千歲松寧奇卽今翠蓋蔭林麓和嶠森森李謖謖與來挈伴一登臨脚下龜蛇若車軸

太平館懷古　　清　邢樹

憶昔褚伯玉高風式頹俗少小懷隱操青紫非所欲願從白雲遊歸隱剡西曲廣信相後先稚圭相依屬寂寂三十年無榮亦無辱高帝心慕之手詔郡守促但乞一片雲肯就千鐘粟鳴騶何處尋空懷芻一束帝欲全其高不使亟僕僕建館號太平用慰棲遁躅我今來山阿往事勞凝矚欲尋不死藥忘想長生籙欲追高士蹤

摩天作鴻鵠奈何鼠餂丹吐腸還自曷又如馬困車短馭遲逸足
悵望松石朋應許觀碁局飛流吼石厓天柱含朝旭赤獲空有聲
彩禽時吐綠不見齊雲蹤浩歌酌醽醁

愛吾廬八詠

風動金鈴艷影斜難將妙術駐芳華多情還是梁間燕銜着香泥
葬落花 花蹊

清虛誰似此君心莫怪名賢愛竹林一片笙鏞發深夜月明何處
覓知音 竹所

夾徑疏桐蔭綠莎夢爲幺鳳集高柯秋深風過聞天籟壁上無絃
也是多 桐徑

綠葵紫蓼徧牆東還有臺城馬面菘何允年來識眞味肯教飷脯
穢胸中 菘畦

聚芳愛繫百花帶垂釣絲搖互瀉舟爭似長廊聽流水夜聲環珮墮瓊樓漱玉廊

太白峩峩聳碧虛奪將翠色到吾廬游神玉笥龜龍走不是看山是讀書拱翠軒

鸜鵒巢林喚客頻不須翦舌亦如人殷勤傳語羣花道火速開齊爲寫眞鸜鵒林

小池秋水一泓清喜見紅雲萬朶橫但使天公能適意何分蓉鏡與蓉城芙蓉池

環碧渠　清　錢曰青

黃河自天來有時清且淺迺者問此渠一碧自流衍春浪拋魚梭秋波掠燕翦致身水晶宮迴環窮睇眄時有落花來前提晚風善

剡山書院示諸生　清　邢復旦

姚江飽學素臣尊曠世風徽溯海門斯道久無慚後覺瓣香私淑待重論狂瀾須作中流砥藝圃無忘夙好敦祖逖先鞭期共着分陰珍重古人言

留別愛吾廬　　清　王景章

一別吾廬去飄零嘆轉蓬來乘三伏日語罷五更鐘舊巷篘浮綠新園藥洗紅主人能愛客清宴幾回同

其二

重握河梁手潸行淚滿衣羅含欣有託王粲竟無依蘭契千秋在萍飄百慮違天涯回首望落日片雲飛

會流寺訪周漁帆敏軒　　清　王紹祥

拱明門外路古剎已荒涼幸有高僧至重開選佛場我尋周茂叔來宿贊公房遺墨循牆讀寺有先朝議碑記中懷暗愴傷

其二

地已纖塵少僧同白業修開窗山翠入挂塔夕陽收修竹綠藏屋小桃紅上樓從來愛幽寂茶話未能休

牧牛兒行并序

歙縣王氏子去秋八月洪楊軍陷歙脱身依族伯於嵊今春正月予見之外舅家備述家世及避難狀又言生小依庭闈不堪耕作之苦語畢淚下予亦悽然雨窗無聊復憶及作牧牛兒行

牧牛兒爾何苦既不爲萬里遊亦不能三倍賈胡爲居此邦如適彼樂土牧牛兒涕漣洏欲哭不敢哭吞聲前致辭自言家在高眉峰外住門前一帶綠楊樹父販茶母織布弟妹團圞樂太平春秋聚會多親故生不逢辰事可哀黄巾十萬從天來繡衣花帽馬上

賊一呼百應聲如雷旌旗前擁金鼓後催披髮跣足跳且舞風馳雨驟天浮埃大軍當之忽披靡長驅飛越重壕裏縣城何人閉復開縣官莫問生與死渠魁坐堂皇火光滿街市不聞人聲聞殺聲但看流血如流水賊行無定蹤一夕居城中村墟聯絡路盡通鄉民避賊心忡忡戶庭闃寂雞犬散篋笥檢點衣裳空出門不復辨南北逢人盡見雙眸紅是時八月秋雨急天公應爲災黎泣雲愁霧慘原野昏路滑泥深衣履溼富翁出無車貧兒戴無笠少壯行步多顛連老弱婦孺尤堪憐心旌搖搖脚苦倦失足蹉跌投深淵小兒呱呱啼索乳脫綳棄擲眠荒阡但期性命出僥倖那思骨肉能團圓晝夜兼行百餘里路入深山忘遠邇野突無薪空忍飢陰厓生蘚艱移趾猛虎貪狼長蛇封豕伺伏道旁磨牙礪齒可憐十步九不前山後又聞哭聲起賊兵休息纔向晨鄉里括財兼捉人

老翁攫爲奴執爨攀枯薪健兒編作兵抵死張前軍諸營號令肅進退多逡巡片言偶違誤血濺地上塵括財更喜及墟墓破塚椎棺慘無數朱提不見白骨拋鬼哭啾啾天欲暮平原焚掠都無餘山林搜剔真如梳長矛丈八急攢刺列炬照耀羣吸呼幽深方幸得窟宅存亡豈料爭須臾我家田園久相守一日離鄉幾回首望望還嗟行路難遲遲竟落他人後爹娘頓足悲弟妹牽衣走坦途急分趨仄徑共攜手去如赴壑蛇窮若喪家狗忽聞劍戟聲錚然鬼魅突出爭向前揮刀殺人刀苦短雪光電影相盤旋後來馬隊更馳駃追奔直上層崖巔頑軀何惜竄叢棘枝葉撐拒藤蘿纏諸奴相顧不得入嗷然一笑回飛鞭晝伏夜乃出茫茫天地黑八口存一身咫尺隔天日痛定還知魂魄飛悲深已覺肝腸裂去去欲何之行行且乞食荒村百里虛無人行道一錢哀屈膝遥從建德

下嚴州隻身隨上桐江舟舟中估客劇憐我解衣推食情綢繆錢塘江頭風浪惡西陵渡口行人愁鑑湖風拍拍剡溪水悠悠一夜挂帆席城邊逢阿伯別久認未眞聞聲疑始釋相看握臂喜生全轉思糊口無良策念我手脚粗令我把犂鋤傷哉零丁子去作耕田奴烏犍曉就原上草鴉嘴暮劚園中蔬君家丈人愛我如愛子夜寒覆我木棉被新裁白袷衣舊製青絲履弗忍施鞭箠無令苦驅使嗟嗟父母生我多劬勞今日何堪在泥滓我聞此言心慘悲妖氛逼近鄉邦危長江一綫作天塹大厦獨木終難支方思我躬不自保安能爲爾相扶持牧牛兒我有一言明語女聖書重農桑豐年多黍稌卽今衣食同艱辛况爾居停得賢主充腹當知藜莧甘努力無忘耕鑿古牧牛兒更有一言爾試聽元戎胸中富甲兵王師尅日趨金陵掃除巢穴縛元惡蠢茲餘寇難橫行兒兮兒兮

無自苦明年歸去尙有荒田耕

四月廿八日聞官軍將守白峯嶺

賊從三衢來遂入婺州境郡城既摧陷旁邑肆吞併我鄉苦毗連諸路日告驚訛言更繁興人情難鎮靜幸爲大府知俯從下吏請命師趨東陽扼險白峯嶺側聞兵與後閭閻多不靖官兵與民兵談者齒輒冷官兵久弱豢行列未能整奉令意則驕望敵氣先屏大挫固其常小勝或天幸民兵本烏合特聚羣不逞貪利應招募臨危護腰頸一潰留空營萬事成畫餅此輩固庸怯平時乃頑獷剽掠村墟空遮截道路梗金錢飽腰纏羅綺圍項領未足當賊鋒先已苦鄉井駕馭豈無方告言或深省施恩戒姑息用威示嚴猛號令既彰明轉移在俄頃作詩達總戎我懷殊耿耿

證道寺 俗呼五龍寺

古寺閟崇阿凌晨策杖過岡巒四圍合林木百年多壞壁荒苔蘚殘碑隱薜蘿空餘銅佛在往蹟盡銷磨

遊鹿門　清　周廷傑

西風吹我上天門松檜蕭蕭別有村絕勝園林依水角無多池館劚雲根東萊著述餘邱壑南渡風流屬子孫果許結鄰梅墅側好同騷客一開樽

其二

底事松陰掃綠苔危樓百尺絕塵埃煙迷洞口樵歌起雨過山腰霽色開宿鳥慣啼青嶂曉老僧閒踏白雲回從今領畧煙霞趣箬笠芒鞋幾度來

剡溪用康樂赤石泛海韻　清　張熙純

楊舲溯翠微寒蟬吟未歇崖窮澗道閒煙深林影沒哀淙漱雲根

明瀾鑑秋鬓沙嶼恣沿回谿山自映發嶺表送斜暉巖端吐纖月時聞瀨瀨喧遥見樵蹤越芳樽還共持高詠詎能闕遠情寄空濛乘運任淹忽眷兹曠世風雲蹤繼前伐

暮入剡城　清　王景程

到眼多秋色山城已夕陽炊煙低白塔古廟出紅牆歲稔人聲樂天清吟興長獨憐南浦水幾度變滄桑

元學士許時用故宅

風雷雜沓起龍魚一鳥高飛戀故居天與遺民好山水人歸華屋半坵墟斜陽古磴虛芳草秋雨空階長野蔬剩有危樓烟柳外村童指是讀書廬

仙巖夜泊　清　茹贊元

落日映寒流仙巖住客舟嵐深千障暗風緊一江秋節序逢黄葉

行踪等白鷗明朝挂帆去蕭瑟使人愁

陳豫山孝廉死節　清　裘丙元

咸豐辛酉洪楊軍陷嵊被執脅之降罵曰豈有降賊陳豫山平恨無力磔汝遂遇害明年賊退骸骨無覓處邑人以衣冠葬焉

欃槍星掩少微星大節昭昭仰典型入月有魂飛月冷吹畦無骨賸風馨一抔黄土埋冠履千載青山待誄銘荒草迷離空塚在教人何處哭英靈

王孝子并序　清　邢佳畹

王孝子者金庭鄉人也名瓊字廷玉幼業儒洪武八年父以萬石長事在逮中時有明賦役之法尚未頒行姦民黠吏得上下其手類以富厚而謹愿者竄名役籍以充糧長動至破

家罹法百計不能脱孝子知陷穽已深奮身代父與妻石訣石亦勸行遂詣縣引罪論戍不勝勞瘁是年冬歿於金陵戍所石以節孝著明代文人各爲詩歌詠之孝子未有聞焉蓋當時有所諱也近朱意園先生作孝子祠記言之始詳惟以爲與父同行則不免失實矣勉爲敷陳本末非敢言詩祇冀拋磚引玉爲孝子一發幽光耳

傳家惟詩禮耕讀緜先澤衣食舊有餘豈解爲官役生平允醇謹畏吏甚於官自充萬石長魂夢何曾安姦民設穽深黠吏發機驟一朝墮術中罄家不塡漏同處光天下獨擠黃霧中符書天上下霹靂突從空沸耳哭聲喧痛迫劇於煮阿玉拽阿童相將入室語欲語聲仍咽但見淚滿腮阿童謂阿玉空悲何謂哉我家世修善何以有此禍郎宜作速裁徒哭未見可阿玉謂阿童卿言發我蒙

我爺得安處一一皆卿功我家世好善此禍憑空墮阿爺良不勝
代行莫如我我爺與我孃年皆半百強兄有年七十大母在高堂
我今既遠行誰勸加餐飯老人或不歡將惟卿是怨阿童謂阿玉
郎慮亦太深結髮已四載胡不知妾心偕老有成言而今永契闊
縱然妾願乖患非郎自掇妾身實郎身郎親即妾親妾拂老人意
那復得爲人郎意今已決不用頻回顧此後千斤擔非妾將誰付
我家積累厚食報定有時郎今不食報食報俟此兒此兒生三年
何必果成立自來天聽高感應通呼吸善惡非無報遲速良有因
安知郎受屈不爲兒求伸郎如林下草罕經風與日一朝霜雪侵
難保纖纖質妾有繡衣裳葳蕤雙鴛鴦鬟[illegible]通天蠹耳懸明月璫
釵釧爲郎捐環珥爲郎卸粉黛爲郎拋蘭麝爲郎謝爲郎效慈烏
爲郎將穉雛郎行但無慮慎保千金軀阿玉謂阿童卿言我盡喻

勿驚我爺孃我便官裏去行行入郭門徑與長官言但云罪在己不言爺有冤長官謂阿玉爾莫將余廷一家誰主張科罪宜坐長爾本不曉事孱弱一書生虧空胡至此非爾亦已明阿玉仰面說官言得無誤所願平心聽爲官設一喻自來成與敗家國理一般國事如大壞多半由大官長子果能賢家豈憂傾覆一朝事至此子罪安可贖長官太息言我今知爾心此罪良不小恐非爾所任阿玉叩頭謝謝官曲相體累無及阿爺身死甘如醴爺孃覓阿兒阿兒行何之兒往官裏去有罪憑官治爺聞大驚愕兒計一何錯我已老無能情甘塡溝壑奈何將兒陷重負媳婦賢我孽由自作禍乃嫁少年便欲出門行罪甘一身坐媳婦前致辭翁計亦復左翁如岡頭木清陰能遠遮兒如盆中植未能庇一家人情翻覆多翁在庶少沮閱歷兒未深外侮安能禦况兒有誓言此禍降由天

官如不我許拚將軀命捐翁今自引咎誓言兒肯負翁行兒不歸
於家更何有願翁且忍耐守此懷中孫兒生固如願兒死誰讎寃
有客從外來開囊授尺素言兒徼天幸得向金陵仕金陵遊冶地
况爲帝者都歡樂昔無比湛恩今誕敷仲弟年十八早能弄筆札
季弟纔四齡資性尤聰黠二弟嬉庭階自足娛老懷兒今又安樂
何悶不堪排阿兒出門後魂夢縈千里今日見此書一家皆歡喜
金陵果如何近天雨露多獨有遣戍者日夜受折磨折磨復何似
屯務困驅使日日腰鐮出夜夜荷戈起平日耽經史勞力非夙諳
驅策劇奴隸此身何以堪年少猶不堪况值年衰邁回思求代時
得允良一快夏出赤日烈觸熱如炮燖冬起朔風急霜雪安能禁
豈不畏法令無如困二豎始尚強支吾終究難撐住奄奄氣欲盡
情知與鬼鄰相看惟火伴無復貼身親縱有貼身親不敢輕相見

恐與爺孃說心疼劇穿箭當時請代戍原不爲求生今日得所願
胸中何不平親恩倖持載君恩均覆幬此生未了願來生重補報
低聲呼火伴多謝看顧頻同憂及半載不與尋常論今日與君訣
願君埋我骨毋以我喪還高堂有白髮生成不能養不孝安所逃
沒貽老人戚愧彼跪乳羔刺刺語未已無乃舌先結神氣遊太虛
淚痕凝碧血火伴皆掩泣爲葬長江濆靈魂永不昧年年望白雲

王大有寡妻石有奪其志者星奔依父卒成其孤

夜靜挈兒行逾山傍父兄虎狠何足憚人比虎狠橫
不入王氏門終作王氏鬼孤兒未長成此身那可死
兒身何日長妾心何日安傭力給衣食筋骸半已殘
幸託父兄庇敢爲父兄累但得節無虧何妨骨盡碎

蘆峯　清　呂爕煌

我欲駕雲車飛陟蓬萊島蓬萊不可即雲水空渺渺鹿門聳蘆峯秀削出雲表白雲度長岑清風媚翠篠中有龐眉仙偷食如瓜棗瓊樓居五雲顏色長不老有時長松間攜琴舒懷抱放聲歌一曲鶴夢墮林杪

翔鸞館

一邱抱一壑一山環一林窈窕古仙館遺構蒼崖陰頹垣薜蘿擁畫壁苔紋侵疊石留仙蹤餐霞清道心羽化不復返鸞鶴空遺音

漱玉泉

三懸飛瀑布五月晴雷吼誰知文公泉潺潺鳴玉漱恍聞鈞天樂空中金玉奏又如早朝天鳴珂待曉漏矯首聽清音白雲生遠岫

訪友橋

艇湖子猷橋訪戴留芳躅到門不見戴扁舟去何速賢哉紫陽子

訪友蘆峯足寸衷舊雨深別意春波緑相逢一笑間石泉漱寒玉

望仙坪

谷口過新雨石門破蒼靄高坪縹緲間泉石有餘態仙人乘鸞去空與翔鸞對心馳仙館中目斷暮雲外青島何時還斯坪已千載

仙人洞

竹色洗人心山翠悦人目一片白雲根嵌空結如屋中有煉丹人夜夜抱雲宿採樵者誰子入洞聽琴筑歸來寫遺聲迥異人間曲

羅漢石

女媧補天石遺落鹿門畔一聽生公經點頭化羅漢春煙認碧鬟藤蔓縛雪腕趺坐峭壁間惟與白雲伴拈花看奔湍不知歲月换

李給事山居　清 錢登化

鐵騎侵淮海投簪隱剡流江山餘半壁亭榭自千秋繞宅煙霞古

連山桃杏留結鄰有節士雞黍共夷猶

辛酉避難短歌　　清　呂錫璋

涼秋九月節悲風嗚菰蒲我生良不辰躑躅嗟窮途周道徧荊棘假威皆城狐我北妻在南流離已難俱兒命僅一息不能親提扶有孫僅三歲無母啼呱呱骨肉七八口幾爲枯魚枯百憂惻中腸老淚沾袍襦翹首問蒼天胡乃罹此辜

更樓

鹿門異境半山開編石成樓氣壯哉洞口行人銜月上林間飛鳥破煙來禪關徑曲風陰竹古院壇空雨洗苔時有野雲窺色相尋幽何必到天台

題胡節婦傳後　　清　樓鏡人

勲冬花自耐冰霜十六年中苦備嘗力代藁砧支大廈時謀菽水

奉高堂縱傷曲奏孤鸞早賴有絲抽獨繭長尙幸輶軒來大吏崇碑姓氏有餘香

鐵牛歌　　清　錢　鎔

宋淳熙間吳越武肅王九世孫朝奉郎諱植自台還剡攜有此牛或云是吳越宮中舊物或云葬朝奉公於剡之葉村掘壙時得牛於土中也

牛郎避債逃銀漢玄黃龍戰牛驚竄思逐聖牛西湖旁誤隨白馬錢塘岸錢塘潮頭狂於雷不睡眞龍鐵弩開鐵弩三千矢不絕牛畏王怒化爲鐵渡江泥馬來杭州金牛半壁天地愁九世朝奉小太邱九世祖有碩德世稱小太邱還剡遂得鐵水牛剡中孫枝紛如雲瓜綿瓞衍七百春闊袴大襪無從覓驚枕粉盤亦化塵區區烏金微乎微歷劫不磨呵護神牛背微帶土花綠雙瞳剪水尾拳曲叩角錚錚

聲應宫兒童驚呼角能觸昂頭崛立僵不眠意態似欲奔山谷凡物積久精靈生寶劍化龍几化鹿丑日書生桃林士怪怪奇奇駭流俗昔人恐牛變化不再留不然胡忍折牛之一足牛乎牛乎聽我歌爾愼莫見水踴躍翻身沸海波許遜化形與爾鬬施家大王神劍磨亦莫彳亍田野隨牧豎朝耕暮耔長鞭苛虐丁持刀新發硎攘臂相向將奈何置爾寢室憑寢訛吾祖待爾素不薄忠孝家稱蘇東坡爾不見銅雀荒蕪瓦作硯留與詞人肆譏訶又不見洛陽城外相對立荆棘叢中泣銅駝惟爾經宋元明猶爲人愛惜歷代手澤當比杯棬多子孫百世相撫摩垂之弓矢兌之戈周家天球赤刀不爾過嗚呼我家一尺五寸鏤金鐵券猶世守乾隆之閒御墨淋漓冠諸首爾其尙與此券同不朽

自嵩壩舟溯剡溪紀事

天晴江水清見底淺處三尺而已矣後者搖櫓前者篙沙石歷鹿聒人耳自從日出放船行到午不能三十里須臾習習來北風布帆十幅懸當中船尾袖手坐篙工穩行如駛到青楓青楓嶺險石脚大石牙觸船船立破狂飆大作天冥冥一片人聲雜水聲倉皇解衣塞船漏一面喧呼鄰船救前船檣折船將傾後船舵碎船已橫瞠目直視色如土破篷飛起空中舞雨點如豆亂入艙船上水積一尺強波濤洶洶向人立內水外水相激昂疾雷一聲雨便息雲開日麗風無力水光嫩綠平如鋪天氣蔚藍淨似拭朝暮氣候艮不齊一日天淵殊險夷桑田三見變滄海誠哉此語不我欺疾行到處無善跡毋寧鈍拙被人嗤驚魂初定悟物理爲賦長歌紀剡谿

商孝子

君不見剡中有孝子厥業則農厥行士孝經一册何曾通生來孝字銘胸中銘于胸碑人口遠近無間言嘖嘖歎僅有堰底里繼錦鄉字世林姓者商自幼有至性至今二毛種種幾成霜欲酬罔極恩未嘗一日去衷膓昔年父病篤奄奄牀褥氣幾不續巫醫豈不具僉曰吾技不能拔人於鬼籙孝子傷悲病終不可爲忍坐視親垂危無術可施術無可施五衷碎裂爰刲其股股痛可忍心痛幾欲絕股間瀝瀝出心頭血羹之而進病驗不驗那可定擲刀籲天天爲應二豎遁逃三彭退聽兒肉換得那父年子體毀親命全綵衣重着樂事偏無奈春暉近暮天二老畢竟有時赴黃泉泉路茫茫親墓中兮子墓旁眼前栗主徒虛設不見化鶴歸故鄉三尺宿土野草荒數椽茅廬朝夕相於依魂魄以居久不改其初自古至誠所感往往甘露芝草難意測孝子不博物卽有異徵當不識一

心只悼不能永承膝下懽安有孝之名譽橫胸臆二載乃言回含淚拜別心肝摧路旁觀者列如堵衆口孝孝聲成雷莫壞吾廬吾當復來每於霜露既變農事畢時時墓畔一徘徊口宣佛號木魚閣閣聲喧豗老年思親如嬰孩官府聞其孝大匾壓堂高巍嵬卽此一端名鼎鼎况平水架橋陸施茗家富吝錙銖不逮中人之產乃能惠然肯孝子錫類詩所欽不匱直與古人並吁嗟乎斯人疇則無二親養生送死豈必多違禮故事是循大都少性眞疇則有二親余亦多年感風木荒墳斜照中怕見烏來墓上宿側聞談孝子愧汗泚顙心慚恧已也哉終身孺慕世所稀空言蓼莪難卒讀詩成傷余衷太息父母乃讓孝子獨

紀孝婦

孝婦錢愛經長樂里人下龐山邢遵淼之室也殉火救姑事

在道光癸巳

綱常日淩夷吁嗟人心死罔極不知恩往往袖手視臨難毋苟免
大義垂裙笄邢家有錢婦孝名播剡西譆譆復出出毒焰紅一室
紅焰非不畏有姑尋不得出火復入火火勢一向曾知難不知退
人與火爭烈火烈不可救姑驚不可走扶攜恐太遲忙將肩背負
幼姪大號哭惻然心爲矜情迫勇自奮挾之力向勝力勝幾出火
翻然撲前楹只此尋丈地哀哉焚其身旁人苦無策排立如堵牆
睽睽萬目看淚落心痛傷來日火初熄形迹留灰炭成殘瓦礫場
數日香不散古名古初者長沙以孝聞火起伏父柩父柩得不焚
厥後曰蔡順撫棺不肯去火若爲人避轉眼燒他處昔火胡其靈
今火胡其悖同是純孝人感應乃不類謂孝有等差孝奚不如古
問火火無言余請代火語火徹孝婦心燭照光同日姑婦不同寢

婦可不死一巾幗不讀書誰想深責備身既脫急難婦可不死二自來慷慨士變節在立談衆競來勸阻婦可不死三出險復入險已足敦風誼見危隻身還婦可不死四得姑疾以奔或尙能出戶姪如不相逢可不死者五以慈累厥孝未必不自悔安知非姑命何得爲婦罪火平語不詳天平何蒼蒼謂人各有命叩之終渺茫天雖無從問玉成孝婦名名成惜太酷使我心怦怦熟謂閨中弱勁節挺雲表下龐山峩峩擬之尙爲小山下繞崑溪流與剡江通剡江接孝水可過百里中曹娥殉其父沉瓜洪濤底孝婦殉其姑燼骨青山裏水火終不絕孝名終不湮欲繼幼婦辭媿非邯鄲淳

剡溪藤紙　清　馬鏘鳴

三尺寒冰百杵餘剡中新樣竟何如百番玉版憑裁翦一幅羅箋任卷舒太守遠遺官庫紙參軍乍郤故人書元輿弔後谿藤盡空

使姚黄九萬儲

義犬行　　清　周誥

辛酉之變被害者狼籍於道強半飽犬腹族子恩祐畜一犬雄偉異常見祐被害日夕臥其旁他犬來必奮力與角飢則茹路旁草或自食其矢以故祐屍獨無恙賊退祐子歸覓父屍不得遥見犬始識之呼之餓不能起蓋已一月餘矣嗚呼犬耳顧若此哉爲賦義犬行

豺狼當道虎豹避社鼠城狐肆無忌天生萬物人爲貴大義誰知存異類咸豐辛酉十月冬黄巾百萬來洶洶殺人如麻委道路血肉狼籍天無容青天白日聞鬼哭有犬咆哮食人肉生前不獲還鄉閭一死卻教歸犬腹就中一犬儼如人日對髑髏聲狺狺忍死不與羣犬伍力護主軀酬主恩主人有子不如犬父屍兒忍兒獨

遠主人有犬勝如子生既追隨死猶視惜哉能言非猩猩此際寃苦難分明君不見明皇舞象何昂昂不拜祿山殉君王又不見昭宗弄猴孫供奉奮擊朱溫何其勇渠非人類知人倫慷慨激烈忘其身此犬對之庶無愧韓盧宋鵲焉足論嗚呼賤畜人不齒犬義硜硜猶若此

上巳偕鄭谷香丁益甫諸子謁戴仲若墓　清　周紀勳

招朋尋勝蹟春色滿山村柑酒風千古鶯花人九原疏鐘更何處深寺不知門放浪容吾輩歸途樹色昏

許學士時用故居　清　竺時醇

餞別都門外榮歸臥舊林君恩懷翊曲友誼感苔岑遺宅秋煙暝荒畦夕照深寥寥修竹裏思古一登臨

錢烈婦歌　清　錢壽清

烈婦長樂人適□□洪□纔一載而寇難作夫被殺烈婦大呼罵賊不辱死歌之以備異日採風

辛酉冬十月其日十之三向曙星光亂隱隱見天欃黃巾忽竄刦溪路漫山遍野紛無數持刀捉人深山裏深入鄉民避兵處烈婦有夫亦有姑被賊擬欲捐微軀全家莫能遁蒼天不可呼伊夫被執旋被殺陰雲漠漠淡白日烈婦一見突出深林聲怒號哭聲直上干雲霄大呼罵賊泣道左欲言未言淚交墮先殺夫後殺我一生何如兩死可舍生赴死何足憂焉肯背夫輕事讎推心誓共泉臺路引臂欲碎仇人頭狠子無事雙目豎揮刀刺婦天爲怒鴛鴦血濺秋草黃至今夜半啼杜宇令我聞之心惻惻日夕臨風長歎息乃知巾幗有丈夫直使鬚眉有愧色新塚纍纍荒山中我來延望攜雙筇正氣凜烈動古柏悲風颯爽來蒼松援毫作歌紀始終

幾回惆悵心忡忡他時載筆備採風輝揚彤管光吾宗

題徐明府剡溪別棹圖　清 周楙穀

難得休文點染工畫圖山入畫圖中江干細柳添新綠塔外斜陽送軟紅別後蓴鱸應憶剡幾時竹馬復迎公數枝官閣梅花在直與甘棠蔽芾同

謁戴墓　清 趙樹誠

柑酒開高會年年訪戴時鶯花春過半風雨我來遲名勝一邱重清芬百代師至今傳韻事誰續聽鸝辭

鹿門書院　清 錢崇鼎

勝地曾傳訪友來淵源一脈溯東萊考亭去後誰譚道門外山花幾度開

山村春近尚繁華開到薔薇滿架斜欲把心香留一瓣階前添種

紫陽花

雅安道上

築屋傍危崖樹出屋簷上蒼翠橫面飛四圍列屏障曲徑入雲深倏忽迷去向前行不見人隔山聞樵唱

同友人遊石鼓寺　清　裘曷星

日午梵鐘幽谿泉抱石流路因多竹暗客爲看山留紅雨花天暮黃雲麥隴秋傾觴期共醉能得幾回遊

桐亭樓

車騎山前太康側中有危樓高百尺桐陰森聳四面環千載樓名稱藉藉咸陽華屋幾塵埃爨下瑤琴一炬灰時無知音弗惆悵願言結契青山隈西觀太白東天姥飛瀑穿牕雲瞷戶春曉花香滿院風秋深葉落當階雨卽今憑眺倚斜陽晴翠含烟生晚涼夜靜

高枝清露滴月明猶見下鳳凰

齊雲閣

空中一夜聞天雞起視星漢壓簷低置身畢竟在何處高閣傑構與雲齊蒼藤怪石盤陰嶺天風泠然白日冷三千永隔塵界遥咫尺可到蓬萊頂客來洗爵傍銀河狂醉一笑當筵歌王母亟賞賜仙樂細聽隱隱奏雲和怪底仲皎新詩成小語直使風雲驚不信長安較日近倚闌翹首盼神京

麗句亭

水色明前浦巒光接遠岑每逢花月夜相見倚闌吟

清風嶺懷古

松花滿嶺古清風華表千尋落照中一片貞心崖上血年年春灑杜鵑紅

猿鳥悲啼古木號懔然陰雨見旗旄家山一萬八千丈不及清風此嶺高

謁曹娥廟　　清　孫瑞文

痛父忍捐軀千秋女丈夫大江流日夜至性激頑愚檜柏蟠邱墓英靈列畫圖邯鄲碑尚在瞻拜重摩挲

題張烈女傳後

烈女俞姓名蕙蘭張翁友情之養女也咸豐辛酉嘗避難山中以事歸遇賊大駡見殺其死甚慘友人梅卿作傳屬題其後

記曾薄海起妖氛賊甚崑山玉石焚多少男兒甦死節轉教名義讓釵裙

秋燐原野血痕斑蹈刃攖鋒若等閒不怕碎身兼粉骨要留青白

在人間
女兒何必識書詩節義由來夙性知可笑千秋垂范史詞章翻取
蔡文姬
嬋娟二九紀年華白璧難容污點瑕祗是死生差一著楚宮慙恨
説桃花

鄭烈婦詩

烈婦周氏爲鄭樹雲妻樹雲亡後一歲以祥祭日仰藥死年
二十七德清俞太史樾爲之傳余誌其墓幷書五絕用發幽
光

朝朝涕淚滿衣裳才識離鸞便斷腸從古良禽原比翼肯留隻影
愧鴛鴦
豈有嬌兒待長成更無弱女繫衷情此身自分原堪死何事孤燈

守半生

瘖將酖毒置牀頭畢命空幃恰一週自是女郎情意厚不教孤魄泣松楸

捐生慷慨復從容孝謹居然宋女宗怕累弱姑營殮費朱提數兩手親封

仲卿詩

廬江往事習聞知一赴清池一挂枝絕妙東西飛孔雀千秋繼唱

謁褚伯玉墓

樓外青迴白石峯樓中人去白雲封天桃春好辭三月瀑布名高動九重故館有時歸夜樓名山何幸瘞潛龍稚圭妙筆題黄絹如見幽人抱雪容

春日遊瀑布山訪褚伯玉隱居

幽人天際去山靈增惋惜春風天來際山林生顏色春風與幽人我心常脈脈欲攄抗古懷且著遊山屐師邀一二禪地訪東西白斷木跨雲根亂泉爭石隙山靈多狡獪特作奇峯隔四顧欲停鞭翹望時脫幘忽聽飛泉喧晴雷半空霹兩耳不聞聲但見洞天砉山僧笑且迎邀我品雲液花光洞口明竹翠檐前滴羣峯畫斷青一水搖空碧水自地中鳴疑是蛟龍宅探原步僧雛厓危徑更窄百丈落巖泉隻身欹澗石中深不知底悄然動魂魄驚走興更豪奮攝凌雲鳥祠探把釣翁井俯研丹客更聞褚伯玉於此安鈞席一臥三十年丹詔揮英辟樓閣雖難尋星辰猶可摘峩峩人與山同歷年千百春風吹林樾恐有幽人迹

題邢氏先月樓　　清　樓宗鑰

錦水東流講幄開先生品第列蘭臺溪山圖畫饒新概壇坫風雲

鬱異材別有閒情樂吟眺幾多後進荷栽培龍門聲價高千丈容我侯芭問字來

雲影天光共一樓憑高百尺足句留春風覓句開吟社夜月延賓唱酒籌萬疊層嵐堆屋角一渠活水悟源頭而今預訂登臨約紅樹青山八月秋

題邢氏溪山眞意樓

我愛院咸逸尋詩到竹林管弦發清興雲壑寄遐心春草池塘夢秋風葭水吟危樓高百尺何幸共登臨

匹馬東風裏年年此地遊看山晨選屐愛月夜登樓鴻雪人前度鶯花客慣留羨君吟詠處壇坫繼風流

白雲院　　清　史大成

如畫青山鎖紫霞林閒飛瀑湧銀沙一龕初闢空王坐半嶺時飄

異域花彼自有燈傳七祖不知何佛演三車從來津路如明鏡丹室黃冠豈足誇

葛洪丹井西尋唐顧逋翁讀書臺舊址　清朱爾邁

陰陰澗底花落落嶺頭柏蒼蒼雲霧重渺渺人家隔相傳葛稚川燒丹此中宅至今丹井閒紅泉漱白石石上臺何高栖遲合騷客新藻灑芙蓉英辭動金碧千載人讀書余也忝後席學仙仙未成知音懷夙昔獨自抱琴來慨焉終日夕

剡溪道中　清宋琬

昔人乘雪往而我遡風行萬壑穿雲轉孤舟與石爭魚游寒水見鷗立夕陽明安道留遺宅寥寥千載名

星峯亭　清施閏章

觸雨凌山椒陟巘展朝霽危亭冒嶇嶔漲水明虹蜺左曳羲和車

右把天姥袂白雲何連蜷彷彿有根蔕秋草爕春華山鬼善凝睇
坑勞秦帝鑿嶺想謝公憩豁達萬古情流覽四山際

剡溪乘漲下娥江

秋霏漲千山孤遊睠歸路揚帆越郊坰漾楫陵巖樹茫昧頹岸村
皎潔導渚鷺楓葉雖未丹林景已垂素側見東山好尙想謝公步
山開窈窕顏井留歌舞處懷古心賞交既往難可遇碑捫幼婦辭
風捲老蛟怒嗟爾一江水千載美無度

羅星亭

剡曲晚冥冥溪邊千仞亭潮聲連舜水峯影識金庭山谷人烟白
河橋雨樹青樓頭今夜望何處少微星用戴逵居剡月夜少微星事

嵊縣贈吳亮公明府

扁舟爲愛剡中山溪畔相逢醉不還天姥當軒開窈窕石樑飛瀑

近潺湲官貧蛙菜尋常絕吏罷追呼日月間安道琴書今尙在使君清嘯一躋攀

明心寺　清朱宸枚

爲愛明心到草堂竹陰深處亦幽涼空階鳥傍殘幢落遠岫天連碧草芳客倦懶尋高士塚僧閒喜說篆碑詳披襟還步迴廊去數朶葵花正夕陽

戴仲若墓

幾疊青山繞墓門石闌干畔古碑存黃鸝不負先生意鼓吹年年慰舊魂

剡溪舟中　清葉蓁

揮手脫塵堁解纜刺孤艇旱後溪水淺歷歷見沙影稍次匯衆流閧頭力乃猛後顧來舟遲前望去帆迥烟邨隔迎送雲壑變俄頃

連山走會稽不絕如修綆歷覽念疇昔一一皆勝景茲來愜所賞
未到先引領眼落飛鳥外心寄雲峯頂扣舷發浩唱明月出東嶺

送通門和尚住持太白山　清朱彝尊

越山東望路迢迢澗口寒藤度石橋惆悵空林飛錫遠海門秋雨
浙江潮

剡中人甌紙歌　清胡天游

搏桑大絸吞霜蠶虹霓纅絲梭投鳳疊織仙裳輕五銖九州作被
曾無用簇眠山蝝初蠕蠕吐絲夜半相縈舒砸冰研雪不待翦魚
網天然驕蜀都奇功巧費無歸處何異三千雕玉楮總負吳娘一
片心未堪醉草縈千縷君家門臨剡溪淥蔡倫臼邊舂萬穀不共
舒郎悲古藤幅紙翻誇八蠶熟我無松溪新漂煙亦不要素縑百
尺披花姸賦成遠遊頗欲寫安得青天萬里鋪瑤箋

清風嶺弔王貞婦　清　孫琮

嘗讀南渡史扼腕祥興末帝船去厓山浙閩俱覆沒元兵入台州沿途肆殺奪金帛無留遺子女咸搜括傷哉王貞婦隨衆不能脫搶地呼蒼天夫死妾敢活主將艷色姝防守嚴邏卒遠攜來嵊縣青楓嶺道歇視者意少弛潛步出林窟四顧盡高山旁有壁如碣撫壁一長號玉指口忽齧以指代寸管淋漓血不竭先留己姓名次書死月日書畢卽投崖身碎魂怡悅至今陰雨天字蹟猶突兀我懷文文山斯時亦被執九死心靡它凜然同一轍千秋柴市歌萬世楓嶺血

阮廟　清　許尙質

萬樹桃花落盈盈水一灣何年曾採藥遺宅在人閒翠屋寒無影丹扉晝不關遙看溪口月夜夜照雲鬟

鄭孝子殺虎歌　清　金世昌

孝子名凝仁嵊縣人國初嵊縣有虎患凝仁父傷於虎與弟製櫝甃兩虎祭父墓嗣又獲虎三鄉人請授其法獲虎二十餘患遂息邑人蔡涵立傳詳其事

阿耶讀書在竹林中虎來咥人乃見凶兒死亦可替兒肥耶瘦虎不從嗟哉阿耶一命終爪爲劍戟齒爲磨礱阿耶何辜一命終徒手難爲搏強弩難爲攻涇涇涕交胸長跽告蒼穹廣求善術殺腥風狀聞太守太守見憐謂兒樸忠兒善行之兒先淬其鋒西山購木石東山集艮工南山安檻械北山謹牢籠一朝虎授首閭左殪雙雄瀝血墓門前哀哀兒告翁是日雷電作爗然天心通此後穽檻無虛設有似壹發兼五豵縣官來督捕效力徧鄉農於菟遠匿跡林莽無伏戎婦子樂安枕樵牧穩行蹤至今遠近德孝子不知

孝子抱恨無時窮春郊草離離春嶺樹重重魂兮歸來竹林中

嵊縣道中記一路所見　清　沈德潛

山作屏風樹作門盤回細路傍雲根霜林焰焰翻鴉舅（僎）隴青青長稻孫沙水渡邊還問渡炊煙邨外又逢邨松篁深處聞鐘磬擬叩人天兩足尊

遊嵊縣四明山宿石屋禪林一夕而返　清　袁　枚

四明山高莫名狀兩峯夾空作屏嶂長篇大股氣鬱蟠絕地通天自開創奇松伸臂似來攫怪石攔人不肯讓白雲偶被風蕩開僧樓影落青天上僧樓可望不可登回盤曲折崖千層業已攀藤攤樹氣力盡忽然飛泉截路如奇兵籃輿欹竹搁短心愈急路逾遠分付僕夫行緩緩縱墜深潭也不妨松花鋪地如綿軟僧樓已到坐須臾盲風怪雨起四隅佛堂鐘磬亦大作似與風雨相唱喝客

子吹燈暫休息兩耳喧騰灘水急徹夜誰將屋柱搖打門疑有蛟龍入分明身臥海潮中明日先生行不得誰知晨氣來陽光照窗縫未午山路乾樹枝風不動依舊松陰一路歸但添瀑布千條送夜雨朝晴樂不支洗心亭上立多時天公於我若有私早知此老遊山清福向如許何必年前乾唬溼哭廣徵生挽詩

過剡溪水急舟不能上

看山不厭複看水不厭曲剡溪百里中兩景皆到目烏篷船小沙石橫當時訪戴難爲行想見風流王子敬青天月照烏衣明我來正值春潮起白浪滔滔打船尾繂斷桅崩行不前一路深愁沒溪底水哉水哉聽我言人生且仕爲佳耳到海分明會有期問君何苦狂如此

偕紳士淨壺山求雨　清　施繩武

夙聞名勝區厥有精靈集呼吸通風雲時能宣大澤今者旱太甚
甫田已龜坼民瘼劇相關請命總無益諮詢徧上下何計登袵席
或言百里遥一潭深莫測中有神龍藏往往著靈蹟越在萬山中
嶔嶇少人跡只恐登涉難未易鼓蠟屐予曰果若茲敢爲足力惜
沐浴潔心齋相邀度阡陌竹柏陰以深邨居幽且僻宛似桃源間
雅與塵寰隔從此景漸佳頓覺炎熇滌有水皆漣漪無山不壁立
天紳嶺半懸噴薄勢奔激疑漱溟漠濤游戲空中滴願借鱗甲餘
潤我枯苗色弗俾歉秋成億兆霑明德佇待甘霖沛敬送歸窟宅

放舟至上虞卽寄唐大令仁植嵊縣　　清　洪亮吉

我抛西子湖來訪山陰月山陰道上夜不眠明月都疑古時雪古
人何太閒今人何太忙四明山色笑人久狂客一去誰能狂山陰
舊友無人到還訪山陰舊時廟巢梁秋燕忽翻飛螢火遥遥出門

照山前月落山背紅十里燈火連青松神籥法鼓聽不足水面黑已搖靈楓北山雲暗誰能見黑點如萍落波面枕中秋夢爾許長船上月痕移一線我且訪友到剡溪故人手板歸無期曹娥江水秋轉綠話舊還來此江曲天台山連天姥青舊游千載誰重經偶然雲朵錯江上訝落十二芙蓉屏道旁峩峩孝女碑當日偏遣兒童爲閒翻拓本坐船屋落落可笑時無才自非賀季真誰識李太白我羞黃絹詞祗憶青蓮客詩成絲雨忽下汀屈指明月秋當晴會須散髮飲官酒百尺樓上眺秋清

留別嵊中父老　　　清　周　鎬

余攝嵊篆二年愧無報稱而百姓厚余有家人之誼具呈於撫軍攀留至再臨別傾城以送留畫像以誌不忘何其篤也情不自禁爲賦數首草薄還純恆久成化是所望於我去後

矣吁

丁巳遯月吉周子離剡城父老爭攀留祖帳傳瑤觥吁嗟衆父老
我何德於卿積弊未能革上理未由行才疏缺撫字勢迫煩催征
我俸與我祿日用胥民生中夜仰屋歎負負私吞聲我去亦已晚
爾送何其誠茫茫不知報回首重丁寧丁寧語父老歸勉爾弟兄
勿以萁煮豆乖爾手足情丁寧語父老歸勸爾舅甥勿以鷸爭蚌
失爾秦晉盟嵊俗薄夫婦翻改如棋枰丁寧語父老相勵以守貞
嵊俗尚剛決視死鴻毛輕丁寧語父老羞效雞鶩爭忍屈勿輕訟
訟勝財已傾何況聽事官未必皆神明貧富各在天勤儉家易成
君看溝中瘠半屬游惰民有絲當早織有田當早耕熙熙樂休養
相冀同太平我行不可挽來者其歡迎但盡子民職視爾如兒嬰
剡山攢玉碧剡水含漪清長揖謝父老回首心怦怦

剡溪登縣樓贈劉明府　　清　孫自式

官舍升丹嶂公餘擁翠屏星峯當北斗溪水入東溟樹接霞城碧雲連鹿苑青賀齊吟眺處猶見四山亭

葛仙丹井歌用放翁韻

葛洪仙去千載年葛洪丹井留清泉緣崖捫草訪遺蹟蒼苔碧樹空依然此井汪深有龍臥丹成九轉天花墮怪雨匉訇龍怒飛空山一夜風濤過至今仙竈化爲有古渫泥澄雲作友水花春泛桃花紅中有丹砂未乾酒

西白山觀瀑　　清　宗聖垣

山石本堅牢水性亦勇悍就下但傾注撐空如抵扞水石互爭轟動靜勢相亂柔克乃勝剛石腰忽中判深排齒齒形欲吞還吐半一射一回擊倒飛作銀爛卻疑蛟龍翻噴珠接天漢星走光四明

風旋態百換懸崖欲崩頹夾樹搖青紺言尋褚公廬足虛神力憚
暝途賦歸來猶覺目光燦

剡溪

東嵊壁立西清風兩巖對峙如雙龍嵺山列嶂若遮護四源合鏡
明當中曲盤過峽三四里豁然如見津梁通巨浸澒洞會淵藪細
通百道歸所宗新漲無波蕩春碧澄潭徹底涵秋空蒲荻夾浦樹
齊岸萬綠深入煙微濛好山秀出不可數雲間遍插青芙蓉二十
七鄉茶氣白一百五日花枝紅人家雞犬隔林竹樹頭邨尾皆樵
農漁鄉牧笛忽隱現鳧天雁水分纖濃夕陽欲下翠嵐滴迢迢梵
舍聞疎鐘武陵桃源亦在此清虛但許留仙蹤鳴禽破曉雨聲住
縠紋溪面光溶溶桃花如雪好乘興扁舟訪戴將毋同

剡溪棹歌

螺峯歷歷雨初收嶼浦灣灣水亂流東岸垂楊西岸竹兩行新綠夾行舟

削壁牽蘿望若城午煙低傍樹腰生青楓嶺上茆菴小樵斧聲兼佛磬聲

黃石渡頭石作堆飛湍激射轟春雷竹編小筏輕於葉椎髻鴉童放鴨來

槎頭煙翠畫圖新山鳥沙禽鬧早春七十二灘灘上下上灘人看下灘人

珠溪歌　清　樓上層

君不見太白山頭雲裂壁鼎吼風欺雨花赤又不見姚姥翠織濃於煙鐘錚劍刹蒼松顛是皆崢嶸古窟宅雙送飛瀑成瑤泉山高水深石齒齒就中瀉作珠溪水精光燭地龍蟠穹玉帶一條吹不

起人言老蚌初潛淵南斗夜播星聯躔從茲得名垂千載波折洄府蛟浮涎酉春上元濤驟雪呷輒筍輿花乍密到來溪上峭餘寒俯不見珠仰見月淩波弄月光夐然月小於掬珠在天扁舟欲渡帆泊渚只疑身在蓬萊邊蓬萊縹緲那可到海月飛來向吾照倒傾河漢邃深溪許大珠懸渡頭棹血縷瓊崖肉怪蟎腰絙蠻蜒爭纖微幾人赤手獲徑寸珠得卻笑離婁痴與極歸來氣壓渤花落山空籟清發月兮月兮卻挂在蒼龍七宿角東頭隨我西尋十堂笏是時周子家隣溪近不五里豪談雞延我入門書萬軸便飛取月穿無梯洞酌茅齋花映酒傑立文章獨運肘卻教回首看青天溪水到門珠在手世人漫說幔亭遊虹匝沙城月挂樓舉頭重輪渺千里低頭一顆懸滄洲

花田拜先忠烈公墓下　清　陳承然

襄樊一夜驚鼙鼓東南半壁傾天柱六陵王氣黯然銷野老吞聲泣如雨我公堂堂判處州國亡與亡死其所旅櫬歸從剡縣行兵戈道梗悲艱苦花田馬苧草離離五百年來瘞此土當時殉國何峥嶸青天大筆曾覼縷側聞天語特褒忠祠祭春秋榮錡釜標題百尺墓前碑不是兒孫媚初祖我來瞻拜整冠衣歎息前朝膺獨撫宋家陵穴樹冬青寒食空山啼杜宇何如歸骨此青山聚族在斯綿世譜春風墓下奠梨花精靈炯炯照今古

過長樂夜宿啓佑齋　清　錢泳

蕎麥花如雪楓林葉似霞停輿來問訊聚族盡吾家錦里頗相仿桃源未足誇開樽分長幼欵欵話桑麻

剡溪舟中醉歌　清　鮑桂星

十二萬年一棋局古人殘著今人續扁舟笑向剡中來不效猖狂

阮生哭苧蘿美人已黃土錦衣戰士空勞苦可憐烏喙太區區枉把東吳換西楚楚水吳山千萬重一瓢一笠一枯筇平生只此山水癖餘事休教恩乃公黃金如山印如斗何如掌中一杯酒出鳴笳鼓入鳴鐘何如去作垂綸翁文大夫范少伯鴟劍不如同泛宅謝安石王右軍誓墓安知卻敵勳人生百年等朝菌摧眉折腰真可憫甕有新醅市有鱸呼童更買江皋篛

招隱寺　清　葛其英

禪關深鎖翠千重今古誰來叩梵蹤月照夜泉珠有淚風搖春蕊玉無容亭中白日傳蕭統樹底黃鸝引戴顒寂寞當年招隱地殘僧空打飯前鐘

剡山訪戴安道故里　清　黃孫燦

晚風吹野步流水聽潺潺沙鷺一何適我心相與閒淡煙迷隔浦

新月挂前山不見徵君宅踏歌空自還

遊四明大石屋第一樓并序　清　張直方

羈嵊苦熱邑士丁芝園湘蘭招余偕無錫孫芳谷錢塘符矩中宿上林張君星毓家明日入山一綫危梯盤曲萬仞股慄心怖蟻行而上登第一樓再宿方去出山復紆道普安寺趁晚涼歸實情實景縈於心目因備紀之

洞天三十六四明入雲霄奇峯二百八石屋居其腰身累謀原拙官貧志忽銷故人猶念舊勝地一招邀

披衣帶酒痕早發上林邨路小平蕪盡天低衆壑昏海螺蹲地出山鳥背人喧小憩長松下溪聲到耳根

翹首望仙寰樓臺縹緲閒路防虛忽轉藤恐弱難攀硬竹當危石幽花在僻山一聲清磬迴咫尺是禪關

嵌雲撑佛窟横澗架僧廬狐兔驚荒莽蛟龍動吸嘘鑿山通路絶
鍊石補崖虚一線嶔崎境何年此卜居
人到三千界僧居第一樓眼中屏嶂合樣上斗牛浮形勢空滄海
江山占越甌問天無謝句搔首但悠悠
款客臨空曠開樽擁翠微日斜翻壁走風滿挾樓飛鳥語空中墮
人聲樹杪歸妙高峯頂望坐久頓忘機
不盡登臨興連宵宿上方流星過戶白暝樹接天蒼夢訝三人笑
心疑六月涼還憐留滯客今夜又他鄉
入山衆山合出山山忽開歸途扶日走倒杖破雲來郵遠煙痕曲
沙高水勢迴荒巖餘貝葉空憶雨花臺
九日偕蘅香應君觀社遇錢君鳳于邀歸小憇遂陪施君南
榮張君星次同登文昌閣　　清　鮑　照

長空天矯雙龍翔鼕鼕社鼓喧神堂百戲横陳廟門外士女觀者如堵墻我來訪俗得酒友相逢一笑寢殿旁攜我登堂踐舊約導我入室覘文房既拜米老袖中臥起與俱之奇石又探陶公籬下探摘滿把之寒香當窗觀字蹟龍蛇壁上蟠鍾王撫几讀畫本末央春色開朝陽其餘佈置俱精絕雲林清秘差足相雁行主人愛客意未已手指傑閣凌青蒼此間高迥足登眺一覽可以窮遐方滿座聞之興飈舉逸馬快脱籠頭繮相將一徑登絕頂萬山迸入青眸光或如獅子踞或作屏風張或似老僧入禪定或若健將登沙場或倚或伏或顧盼表裏明晰又類人衣裳何物造化乃爾作狡獪使我貧兒眼界一朝得開拓向來奇癖十可八九償轉身入席恣豪飲放量一舉累十觴論神説鬼雜沓少倫次不管山靈笑我狂夫狂平生萬事多束手品第一任人低昂獨於登臨嘯詠不

能自抑制足所未到神先揚兄當佳節值佳境肯使後人孱弱前人強徑題一紙留閣上要繼龍山之頂藍田莊

秋日登萬松嶺望太白山歌

松風謖謖松雲飄蒼龍詰曲蟠晴霄紆迴一徑陟山腹人聲漸響溪聲銷攝衣乍喜恣情快高峯忽壓當頭黛盤踞鷲看萬嶺巔崔嵬欲出三山外駸駸風雨藏半腹隱隱雲雷伏空籟聲效頻愁虎豹聞談嘲卻怕山靈怪我聞此山號太白氣象巖巖敵衡岱西連禹穴東四明自率兒孫成一隊當年南鎮禹王來曾上稽山拊山背洪荒屈指幾千春歷盡刼灰身不壞至今羣峯羅列剡溪邊參差莫辨雲礽派晉代神仙葛稚川結廬曾此餐清瀣夜半神燈同口桃居人往往覘靈槪我欲攜筇步其巔白雲片片將身礙應緣世事未全除此身不合離塵界徘徊欲去意難忘且對此山三百

拜日落諸峯返照高歸途曲折逐歸樵回頭卻羨虬髯叟愛爾名山山不遥

浴鵠沼　清　周師濂

山成盤谷水成渦雲影霞光滉瀁多不獨忘機到鷗鷺天邊鴻鵠亦來過

梅墅　清　周文誥

晦翁當日此停車雪後尋芳處士家片石偶留鴻爪印梅花珍比紫陽花

仙人洞

洞門開後未曾關一任游人自往還羽客不歸丹竈冷空餘黃葉滿秋山

友人招集明心寺　清　王慶勳

肩輿破曉來同赴幽人約嵐翠撲衣凉朝霞射林薄行盡綠陰中雙扉露蘭若開軒已公迎清泉先茗酌丁丁一局棋聲共簷花落旨酒勸殷勤進以琉璃杓良辰追古歡高歌還大嚼不惟我佛瞋恐惹山靈愕談笑樂未央夕陽忽登閣嘉會不易逢話別意卽索含情欲贈言爭奈吟毫弱

錢越王鐵券歌　　清　潘　翥

異人崛起東南方擎天隻手支殘唐羅平鳥盡霸基立峩峩宮闕輝錢塘側聞少年走鹽販生來骨相非尋常豫章術士善望氣斗牛分野占興王功成上書報天子圖形麟閣增軒昂帝賜鐵券誓長久古瓦之式黃金相文云皇帝嘉乃績胙女茅土專封疆董昌掃滅救塗炭吳越底定恢皇綱卿恕九死子三死山河帶礪邦其昌往踐乃職固根本敬聽朕命期無荒當日丹書降天室虎符龍

節歌還鄉兩軍賓從車馬輳六營將校旂旗揚釃酒搥牛讌故老道傍觀者如堵墻將軍衣錦籠林木至合溪谷生輝光紇干山頭凍雀死金甌社稷淪滄桑八都兵力昔稱最錢王一去天蒼涼四傳土地歸趙宋百年陵寢虛烝嘗此券流傳一千載晉彝周鼎參翱翔宋季遭亂沒官水靈奇夜夜騰寒芒年深忽落漁父手荒煙古色凝青蒼畫欄半晦一角缺獄底龍劍韜鋒鋩裔孫購歸藏祖廟世世珍重逾琳琅我昔曾讀表忠碣髯蘇大筆垂文章人臣保世道忠順寸鐵豈足關興亡古人受此良不少禍不旋踵徒披猖惟王大節炳宇宙金石朽蠹功難藏舊物鬼神永呵護歷刧兵火兼風霜竇憲碑銘漠北古馬援銅柱天南長作歌無才繼石鼓尋文三歎心徬徨敢告今古百有位各全終始毋相忘

剡縣溪山第一樓　　清　馬賡良

客思渺何處登臨一爽然羣山皆落木萬户正炊烟城郭寒流上樓臺夕照邊滄桑都在望惆悵又三年

偕蔡以瑺季珪剡山晚眺

他鄉猿鶴慰離羣絕巘登臨酒半醺桑樹綠迷三里郭藤花香隔一溪雲戴逵墓上空芳草秦系門前尚夕曛曾是昔賢招隱地不堪塵事苦紛紜

偕沈懋卿周曉徵尋戴仲若聽鸝處

涼飈動秋興幽討剡城隅古跡空山在荒碑夕照孤寒雲連竹柏野水長菰蒲無復黄鸝囀啾啾宿烏呼

剡溪曉發

剡中清曉發煙景正秋殘山色青紅樹溪聲遠近灘亂帆鴉陣沒高浪雪花團百里無多路孤舟上水難

明心寺

佛殿嵐光積山門樹色埋磬聲爭澗筑幡影亂藤釵看竹入莎徑
踏花愁筍鞋山行逢息壤遊興未應乖

入剡

清溪寒淲淲孤艇上灘遲人剡又今日看山如舊時岸崩村徑換
漲落渚沙移不見蓬萊淺滄桑已可知

題文冲剡中遊山日記

嵊縣浦口吾東屯薄田亂後猶幸存年年來往課秋穫碧溪搖艇
紅葉繁
秦帝坑邊曾流連乘興亦上星峯巔把君遊記一再讀無恙名山
來眼前

三界晚泊　　清　李承湛

晚聚喧村市魚蝦水氣腥江分嶀浦綠山接會稽青漁侶歌深葦鷗羣落遠汀人歸夕陽渡沽得酒盈瓶

杉樹潭放船

杯酒朝言別征帆晚挂風山深殘照合潮落大江空蘆雪汀沙白人煙樹木紅我行殊未已覓句且推蓬

丁卯秋末行經珠塢山晚次顯聖寺

蕎麥滿畦花人煙樹半遮小廊分設肆少婦各當家山晚鐘沉寺灘高水讓沙打包僧退院黃葉冷棲鴉（寺僧因事被逐）

曹娥江

神會賽婆娑靈旗捲恨多孝思格天地海氣走蛟鼉檜老陰長滿碑殘字不磨（墓前有雙檜亭）始知江有姓千古屬曹娥

醉後送王履菴沈碧塘之越登鹿胎山頂眺剡中諸山放歌

我愛王子猷乘興來放山陰舟興盡返棹無遲留我愛沈休文登樓但看溪山雲鸞鶴翩飛不離羣讀書讀律成底事抗塵走俗終非計斥鷃寧識逍遥遊青蠅况有飛來議君非莽丈夫我非高陽徒醒眼看人難模糊苦心臨事多躊躇拔劍砍地歌嗚嗚無可如何提壺盧抑鬱牢騷齷齪之氣舉而付之酒我在糟邱臺上招以手入座何分主與賓興酣各縱譚天口縱口倒懸明河流水仙咋舌山魈愁盤空肴盡箸不下狂言奇語充珍羞人生知已不易得知已歡會尤難必奈何停盃君曰行布帆已挂溪南城我醉送君君竟去出門獨上最高處放眼俯睨乾坤隘天馬豈受牢籠住四明雄秀居其東太白奇青西插空屏障對面况有天姥之高峯畫圖江上來清風我踞鹿胎山當中四圍身裹青芙蓉高人逸士不數見如此溪山豈非靈異之所鍾酒氣蒸雲天釀雨醉倒羣山皆

首俯我欲手扶山欹斜雲挾山走翻暝鴉歸途夕陽紅到家

剡溪别棹圖　清徐元綬

此身不合墮塵埃抛却田園入世來百里深慙毛義檄一鞭首出越王臺誓將荆棘乘時刈願把桑麻遍地栽千古戴逵琴韻在虛堂祇媿著粗才

曾看山花兩度紅臨歧把酒祝東風柳絲猶繫溪邊棹草色爭迎陌上驄斷塔餘暉憐過客空齋留月欵諸公分明信宿春婆夢差勝山陰雪夜篷

片颿東指夕陽斜未許輕舟載落花山色送人如帶笑鷴聲勸酒却無譁過林問竹添新筍隔浦聞歌采早茶莫道此間風土陋塼銘斑駁出泥沙

應台門外錄波生好雨知時解送迎舊燕依人饒戀意雛鷗傍毋

動離情手栽蘭蕙香誰護目斷蘼蕪夢亦驚此去畫圖山下路不堪細聽子規聲

題王芷湘聽槐別墅　清林紓

剡溪水空明山影倒濃翠中有隱君子道體養冲粹孝友性所根植品爲世瑞滂仁起槁瘠生命咸云遂活人寧計千盛德感徒類豈復慕曠貴植槐覬名位南柯夢久甦用此表高致諸郎富才略一一瑚璉器墅槐日灌漑用副隱君志萬里徵我圖重此拳拳意我老正苦兵主客方鼎沸因思剡溪路山容曉明媚自謂是義軒不知生標季圖成寄孝檢幻想入衡泌按孝檢芷湘長子

閨秀

題青楓嶺石壁　宋王烈婦

君王無道妾當災棄女抛兒逐馬來夫面不知何日見妾身料得幾時回兩行恐淚頻偷滴一對愁眉怎得開回首故山看漸遠存亡兩字苦哀哉宋史王貞婦夫家臨海人也德祐二年冬大元兵入浙東婦與其舅姑夫皆被執既而舅姑與夫皆死主將見婦皙美欲內之婦號慟欲自殺爲奪挽不得死夜令俘囚婦人雜守之婦乃陽謂主將曰若以吾爲妻妾者欲令終身善事主君也吾舅姑與夫死而我不爲之衰是不天也不天之人若將焉用之願請爲服期即惟命苟不聽我我終死耳不能爲若妻也主將恐其誠死許之然防守益嚴明年春師還挈行至嵊青楓嶺下臨絕壑婦待守者少懈嚙指出血書字山石上南望慟哭自投崖下而死後其血皆漬入石間盡化爲石天且陰雨即墳起如始書時至治中朝廷旌之曰貞婦郡守立石祠嶺上易名曰清風嶺

嚙指題石壁詩事見列女志貞烈傳　元烈婦胡妙端

弱質空懷漆室憂搜山千騎入深幽旌旗影亂天同慘鼙鼓聲淫

鬼亦愁父母劬勞何日報夫妻恩愛此時休九泉有路還歸去那箇雲邊是越州

絕命詩 事見列女志貞烈傳　明 史閨英

生來偏得貌如花異地分栽各手差今日殞身何自苦難云矢志爲誰家

總綠憐我選東牀一樣關情適兩妨獨恨劬勞曾莫報無悲玉碎過心傷

水面落花　清 丁氏 周尚化妻

飄零且莫怨東風薄命能消幾日紅洗盡浮華香在骨肯隨飛絮墮泥中

普惠塘 貞女事見列女志　清 周幽貞

十里瑤姥山蛾眉橫一帶籃輿隨慈親沿緣湖奔瀨仰瞻象教力

適集龍華會添香脩微忱散步衝林靄忽覩明星湖重遊得意外
波浮山翠多影落青天大虛明識性體清淨悟佛最轉覺消金鍋
翻被管絃累詩成聞午鍾竹柏答天籟

古柏堂偶成

家居作宰處古柏蔭深堂翠滴琴書緣香籠簾幕芳吟憾謝庭絮
愛比召南棠擬摘青蔥葉年年上壽觴

清風嶺弔王烈婦

波連孝水暗潮通片石長留宋祚終天地有情完死節溪山無媿
號清風海陵露祝孤軍淚柴市豪吟百鍊忠一代存亡共憑弔鴉
啼祠樹夕陽紅

戲題易安齋

荆釵椎髻恰相宜矮矮泥牆短短籬只是遠山遮不得朝朝鏡裏

鬭蛾眉
小雨空階草色新板門久掩寂無人卻憐梁上呢喃燕分得新雛與隔鄰

美女篇　　清　商景徽

美女城東隅紅顔華灼灼垂垂十二鬟一一飛金雀初日照樓臺春遊出宛洛采桑攀遠揚搴芳捋蘭薄行路何遲遲中心諒有託不知誰家子白馬黄金絡強言立道旁翩然紛酬酢本非淇上姝寧踐桑中約家無薄倖兒白頭負前諾贈妾雙明珠還君抵飛鵲日暮行歸來空閨守寂寞

子夜四時歌

蠟燭照空幃春宵難達曙袷衣不着棉預識中無絮
弄水恐湔裙采蓮畏傷手花欹半面妝願得花間藕

栖烏夜不眠肅肅翻金井五更霜月昏不見雙桐影
五影織薰籠爐灰皎如雪不棄炙殘香爲愛心中熱

子夜四時歌　　清商　采

羅帳碧如煙空林抱枕眠春風弄楊柳正在綠窗前借問遠遊子
今行何處邊
南風五月起荷花滿鏡中輕粉不改翠羞面自然紅新失鴛鴦伴
回頭笑阿儂
秋月白如練明河移向西夜烏棲不定飛上鳳城啼回文織纔就
愁煞竇家妻
寒風吹朔雪白壁滿天山年少輕離別長征在玉關誰將金錯去
鏤取兩刀鐶

落花詩

走馬迴塘細草齊有情常自逐春啼且教天上看成雪敢怨人間踏作泥紅板幾條郵徑小青烟一片酒旗低紛紛蜂蝶還無數翠閣珠樓路已迷

共道韶華上巳佳一生辜負踏青鞋四垂忽見雲如幕千尺何妨酒似淮人號可憐偏日暮月如無恨自天涯金鶯百囀含情甚不爲春光善遣排

天津郡署侍祖母賞花後園奉命作　清　陳　潤

梅花開最早霜雪挹其英抱此歲寒心松柏與之盟香國君爲魁對之足怡情梅

蒼松挺勁姿澗底常鬱鬱移根入盆中未免體稍絀譬如古大才任時而伸屈松

人以竹傳者七賢共六逸我今祗數竿足與古人匹何當種萬个

榜以此君室竹

誦讀小山篇招招我良友薰風自南來香聞木樨否試看金粟身成佛肯居後桂

冒雨乞菊苗荷鉏種成列蕭然籬下英本是霜中傑請待秋風時爲君看晚節菊

箜篌引

易水南北夜泊舟遥聞兩岸胡人謳北風捲雪征人愁忽聞哀唱從高樓有客不寐彈箜篌側耳半晌生離憂風雨拉雜邊關愁青燐聚處聲啾啾雲中鐵馬汗血流追殺匈奴窮荒陬嗚金擊鼓兵馬休委地白骨無人收將軍塞北遭羈留面目黧黑掩褒差欲還故鄉嗟無由氈廬牛酒客夷猶燕支山下聊遨遊黄金千斤賜雖優鄉里長别爲楚囚白揚蕭蕭青冢頭月光慘慘風颼颼懷古感

唱君知不奪却漢帝妃嬪儔海內便得休戈矛何須投筆期封侯

織婦吟 清 陳蘭君

素絲潔如雪皓腕冷如鐵刮面朔風吹寒機終日織莫織蘇蕙錦一年始盈尺莫織天孫綃七襄未成匹不好布衣好農家安樸拙昨日成縑浣碧溪游春有女出鄰西繡服稱身作金釵壓鬟低雛奴嬌婢皆錦視旁有一人掩面嗁自言養蠶三十載償盡西鄰昔日債眠起當心不知瘁繅絲早向城中賣

附女冠詩

送閻十六赴剡 唐 李 冶

深水閶門外孤舟日復西雅情遍芳草無處不萋萋妾夢遊吳苑君行到剡溪歸來重相訪莫學阮郎迷

寄朱放

望水試登山山高湖又闊相思無曉夕相對經年月鬱鬱山木青

綿綿野花發别後無限情相逢一時說

題長樂關帝廟壁　乞婦

此番來剡意如何祗爲年荒受折磨踏破繡鞋埋草徑吹殘蓬鬢

任風波沿門乞食推恩少仰面求人抱愧多日日欲歸歸未得夕

陽時節淚滂沱

方外

寄竺道一

晉 釋帛道猷

連峯數十里修嶺帶平津茅茨隱不見雞鳴知有人閒步踐其徑處處見遺薪始知百世下猶是上皇民開此無事蹟以待竦俗賓長嘯自林際歸此葆天眞

送僧之剡谿

唐 釋皎然

雲泉誰不賞獨見爾情高投宿輕龍窟臨流笑鷺濤折荷爲片席灑水淨方袍剡路逢禪侶多應向我曹

山居示靈澈上人

清明路出山初暖行踏春蕪看茗歸乍削柳枝聊代札時窺雲影學裁衣身閒始覺隳名是心了方知苦行非物外寂中誰似我春風草色共忘機

題湖上草堂

幽居不厭剡中山湖上千峯處處閒芳草白雲留我住世人何事得相關

林公　　唐釋靈一

支公信高遠久向山林住時將孫許遊豈以形骸遇幸辭天子詔復覽名臣疏西晉尚虛無南朝久淪誤因談老莊意乃盡逍遥趣誰爲竹林賢風流相比附

贈源澄

禪師來往翠微閒萬壑千巖到剡山何時同上天台路身與浮雲一處閒

下鹿苑寺　　唐釋大宗

鹿苑重興梵宇寬天台羅漢逐雲端雨花石上成趺坐瀑布泉邊

悟水觀四壁無鄰山鳥待深巖有洞老猿看當時婆嶺龍回去今日還歸護法壇

懷竺法深　唐釋栖白

荒齋增暑夢數夕罷冥搜南極高僧問西園獨鶴愁與生黃竹晚吟斷碧雲愁共是忘機者何當臥沃洲

寄獨孤處士

林下別多年相逢事渺然扁舟浙水上輕策剡溪前攜屐一作坐石吟松月眠雲憶島仙巖花紅與白一作歸太白何期伴我雪中船船一作禪

金庭觀　唐釋小白

羽客相留宿上方金庭風月冷如霜直饒人世三千歲未抵仙家一夜長

寶積寺小雨　宋釋文瑩

老木垂紺髮野花翻麴塵明霞送孤鶩僻路少雙鱗天近易得雨洞深無早春山祗認來客曾是洞中眞

山居　宋釋彥強

老矣無能役巖分草草緣放渠藤六尺消得屋三椽雪盡收茶早雲晴拾菌鮮有時臨近澗揎手弄潺湲

葛洪丹竈　宋釋清化

羽客昔眷此鑠液奪化工至今寒雲色挂樹復凝空

東白山猿嘯亭　宋釋仲皎

放意在雲表飄然更自由挂烟羣木冷唬月一山秋裊裊清風裏淒淒碧澗頭三聲融妙聽行客若爲愁

遊西白山一禪師二禪師道場

勝境東西白高僧一二禪只知行道處不知住山年澗月平分照

林花各自姸披雲尋舊址猶在絳峯邊

明心寺歸鴻閣

精舍傍修嶺道心隨眼明山遺僧偃迹水作剡溪聲無雨竹亦潤有風松更淸上方眞可住不用觸歸情

送僧入三峯院在淸隱寺

上人矍曇裔律身玉無瑕力究毗尼論汪汪海無涯振錫復何許三峯隱蒼霞堂上大道師靈芝發根芽相見湧法施鼕鼕鼓聲撾上人招之遊勿憚歲月遐坐待霜露熟香風散天葩

菴居

無地卓錐生計難且空雙手到林間猥隨碧水占明月堅打白雲賒好山巖石空邊依草舍藤蘿低處著松關年來老去知何許合向人間占斷閒

懷剡川故居

烟光流轉太駸駸又見春山換綠陰蝴蝶夢中新歲病杜鵑聲裏故鄉心焦桐冷卻風三尺瘦竹拖來一月尋早晚棹頭歸小陰誅茅千嶂白雲深

斷雲流水古巖隈憶得紫門半扇開雪打子猷船上過春隨靈運屐邊來逃禪野榻排芳草覓句寒崖掃綠苔容易三千拋絕去不勝唬月曉猨哀

病目飛蠅鬢雪乾欲扶吾道媿衰殘把他杓柄力何倦還我钁頭心便安待摘菜花添午供便裁荷葉備春寒不辭高臥煙霞裏枕上青山最好看

題東白山疏山軒

竹外泉聲急松心月色寒人間推曠絕只是倚欄杆

題西白山齊雲閣

山雲吹斷路頭開此處疑穿月脇來恠底行人看碧落笑談容易作風雷

雪作望剡溪

玉樓瓊樹晚烟披擁衲開門四望迷清晚世人誰似我雪中更對子猷溪

靜林寺古松

古松古松生古道枝不生葉皮生草行人不見樹栽時樹見行人幾回老

寄禮法師　　宋　釋擇璘

寺枕蒼溟上門長掩寂寥定迴花漏斷講徹獸烟消入檻泉聲細當軒岳色遥何時重會席南望路迢迢

龍藏寺

扁舟一葉繫江湄，岸笠風行到此遲。弔古有心懷短李，拂塵無力看豐碑。擁門過客難投轄，慕道居僧絕置錐。相望吾廬如咫尺，杖藜來往亦長羈。

幽遠菴

得意幽深觸處眞，何須邱壑密藏身。愛茲殊勝園林地，非彼等閑花木春。白晝杜門人莫到，清談絕俗世難親。紛紛鬧市繞山脚，獨有此中無點塵。

謝吳令惠越紙　宋　釋善權

不用徵文弔剡藤，紙成功用貴精深。雁頭未足全彰美，魚網徒勞獨擅名。贈我喜同青玉案，報公慚乏碧雲情。道山何日鞭歸騎，結札還應付長卿。

題謝公橋　宋　釋紹嵩

白雲深處小橋橫流水涓涓古意生多少升沉都不見至今留得謝公名

剡中秋懷畫師　宋　釋惠崇

秋生剡江濱清氣日泱漭雲歸樹欲無潮落山疑長偶望還獨謠故人在遐想夕景孤嶼明暗蟲四壁響神會如自存安知路途廣

送僧歸龍藏寺　宋　釋宗鑑

雲去無心鳥倦還笠衝晚雪不嫌寒千巖萬壑知何處一片家山卻耐看

尋竹隱寺　明　釋懷讓

聞鐘識寺遥小徑緣雲入日暮下山歸秋衣不知濕

俯山堂越詠題作挾溪亭

香閣俯孤城，登臨敞竹扃。水流雙澗白，烟散萬峯青。華雨迷蓮座，松雲護石屏。何當來借住，重著息心銘。

石鼓山十石　　明　釋仲良

人説雷門此地藏，頑皮面面老風霜。蜀桐不用頻撾擊，自有清聲徹四方。石鼓

一方蒼玉挂巖扃，色潤鏗鏘擊有聲。因憶夢中曾聽處，月涼仙樂度蓬瀛。磬石

造化爐中鑄太阿，四山爲匣鎖藤蘿。倚天未遇英雄手，風雨年年爲洗磨。劍石

神匠凌空截嶮巇，平分蒼碧線痕微。春風幾度花痕藉，眼纈猶疑玉屑飛。鋸石

力挽千鈞勢有餘，性剛名不厠中書。圓錐自蘸銀河水，倒寫烟雲

滿太虛

筆石

何年長劍劃貞珉碧蘚重重護紫紋但覺潤光濃潑墨不知磨盡幾峯雲

硯石

層層苔髮長青柔骨冷天應爲裹頭絕頂西風吹不落黃花知是幾番秋

帽石

方方峭壁立天涯隔斷雲煙蔽月華若使黃金開孔雀定應千載屬豪家

屏石

方員自是法乾坤剛直猶堪擊佞臣誰謂山靈迴俗駕年來正待執圭人

笏石

誰斷雲根數仞堅珊瑚樣闊玉凹圓黃粱炊熟難成夢留與仙人蕙帳眠

枕石

晚歸蒼巖

清　釋淨地

巖路曾行熟歸筇趁晚風香含昨夜雨花發舊時紅蘚石鷩蹲豹鱗松老臥龍所嗟人異代對境思何窮

片雲巖

扶雲獨上雨花山幾度回眸怯步艱竹隱鳴禽聲細細巖懸瀑布響潺潺天花夜落千株靜蝶夢春回一榻閒他日卜鄰容我否傍崖縛屋兩三間

四顧坪菴

峭拔懸巖聳碧空昔年入定憶師翁那知幾代空山裏復見兒孫拜下風

剡溪夜發　清　釋如曉

剡溪秋夜月水靜一舟涼雁落汀蘆白魚翻渚荇香沾衣裛露薄挂席引風長石嶂峯巑岏川迴路渺茫頻年違故國今日別他鄉

悽斷蓬窗夢驚看野店霜傳歌誰鼓枻放棹欲鳴榔孰道江湖晚溪花幾度黃

石泉盟未了更作剡溪遊沙轉灘聲急山當水面浮邨煙多護竹漁浦暫維舟宛昔春無恙桃花指渡頭

金庭觀　清道士李太澄

步步溪山轉幾重五雲深處敞琳宮峯巒秀擁神仙致門逕清如世俗風晝靜棋聲深院裏月明琴弄夜堂中丹成仙子無餘事衹待蟠桃信息通

金庭山　清道士葉　參

迢遞人間入路遥忽窺仙闕入塵囂事尋奇異披燕石文載興崇是漢朝攻藝高樓無筆墨養鵝雲沼識芻蕘英雄雖逐年華謝萬古英風冠碧霄

嵊縣志卷二十終

嵊縣志卷三十一

雜志祥異　軼事　金石

纂志竟輯禨祥占驗金石款識及謏聞瑣語爲一編名之曰雜志班氏所謂小知所及綴而不忘亦徵文攷獻之資也蓋越之俗禨牽於禁忌而泥於小數儒者或勿道然或信徵於見聞而理契於疇範則亦有不盡誣者矧雨暘寒燠休咎徵兆之章章者乎至若剡中多古奇蹟其見於剡錄者文字或不傳而殘碑斷碣古物奇器往往側出於沈灰刼火之餘斯亦石室之碑英洛陽之銅狄矣若夫故老傳聞街談巷議源出於古之稗官誦訓之所掌輶軒之所采亦治方志者所不可遺也故志祥異志金石而以軼事終焉明朝邑志殿之以雜記清西域志殿之以雜錄是其例也作雜志

祥

明

正統二年丁巳孝嘉鄉王鈍家園產芝乾隆李志

嘉靖十三年甲午崇仁鄉裘𦡒年百歲道光李志

嘉靖三十二年癸丑北郊麥一莖三穗甘露降明倫堂前松樹乾隆李志下同

嘉靖三十五年丙辰甘露降縣庭柏樹尹氏庭礎產芝

萬歷十年壬午遊謝鄉粟一莖四穗

萬歷四十四年丙辰王氏正學堂側生芝高一丈類人形

崇禎十年丁丑大有年

清

康熙四十六年丁亥永富鄉張日起年百歲

乾隆元年丙辰大有年
乾隆二十年乙亥莫墺莊增生羅克繩年八十餘五世同堂
乾隆五十五年庚戌長樂莊錢奇俊年九十餘五世同堂又鄉賓錢引球年九十五世同堂李府志
嘉慶十五年庚午上楊莊楊望竣年九十八歲五世同堂道光李志下同高山莊徐寧臣年八十八歲五世同堂
嘉慶十八年癸酉五十二都監生施祖超年八十八歲五世同堂
嘉慶二十一年丙子太平鄉東園莊劉光正之妻周氏年百歲同治志下同
嘉慶二十三年戊寅十七都晦溪莊單智勇年百歲同里單能英年亦百餘歲
道光十七年丁酉十七都唐溪莊監生唐廷棻年九十二歲五世

同堂
道光二十七年丁未馬仁邨馬季常年逾八旬重遊泮宫
咸豐元年辛亥大有年桃源鄉尹家莊庠生尹大欽之妻張氏年百歲　羅松鄉沈邨庠生沈澄沼年八十餘重遊泮宫
咸豐三年癸丑長樂鄉金泥塢李士備年百有二歲
青山頭莊武生王萬壽年逾八秩重遊泮宫
咸豐四年甲寅開元鄉小溪莊周慶進年百歲五世同堂
羅松莊監生宋家坎之妻黄氏年百歲五世同堂
甘霖鎮監生沈清妻葉氏年八十歲五世同堂
咸豐八年戊午遊謝鄉大灣莊監生張夢蘭夫婦年八十歲五世同堂　永富鄉張澄源妻馬氏百有一歲五世同堂
同治五年丙寅茗塢莊周昌富年九十二歲五世同堂

同治六年丁卯崇仁莊州同銜裘坤年九十一歲五世同堂
同治七年戊辰大有年淡山莊監生陳大德年八十五歲五世同堂
同治八年己巳上周莊鄉賓馬大名年八十八歲五世同堂
同治十三年古竹溪庠生錢維翰年八十四歲五世同堂新纂下同
光緒十五年黃尖嶺下莊黃純綱年七十五歲五世同堂
光緒二十二年舉坑村鄉賓馬崇嵾年九十八歲五世同堂
光緒二十四年坎流莊邢炳奎年八十三重遊泮宮
宣統元年石山屏佾生丁舜漁妻邢氏年八十五歲五世同堂

異

晉

太寧元年癸未九月會稽剡縣木生如人面史異

齊

永明元年癸亥安南將軍黄僧成家雨錢數萬乾隆李志

唐

景龍四年庚戌五月丁丑剡地震文獻通考

宋

皇祐三年辛卯饑明年又饑知縣過昱賑乾隆李志

淳熙三年八月浙東西郡縣多水會稽嵊縣爲甚宋史

淳熙八年辛丑饑浙東常平茶鹽使朱熹賑之乾隆李志下同朱文公至浙東理賑事疏凡五上内稱七月十八日到嵊以嵊三年連旱發米六萬八千石

慶元元年乙卯溪流湍暴城爲水所囓存者纔一二三丈按萬歷府志作二三尺

嘉定十一年戊寅大饑知縣趙彦博賑

元

大德十一年丁未夏大旱穜稑俱絕

至大元年戊申嵊大饑人相食萬歷府志

泰定元年甲子大祲乾隆李志

至正二十一年火燬縣治延燎學宮獨存明倫堂楊翮嵊學記

明

洪武五年壬子八月乙酉大風山谷水湧漂沒廬舍及人畜甚衆

永樂七年己丑大饑乾隆李志下同

永樂二十年壬寅饑

宣德八年癸丑夏旱

正統六年辛酉旱蝗明年又饑

天順元年丁丑饑

成化四年戊子大旱詔民間能賑粟四百石者授七品散官服

成化十二年丙申大水

成化二十二年丙午大旱

正德三年戊辰旱

嘉靖二年癸未大旱

嘉靖三年甲申大旱福泉山裂深闊丈許今地名坼坑

嘉靖十三年甲午七月大水溪流入城平地丈餘

嘉靖二十三年甲辰大旱明年又旱斗米銀二錢道殣接踵鄉人有攜麥半升夜歸輒被刼殺於道

嘉靖二十六年丁未旱

嘉靖三十三年夏六月集賢坊雨雪

隆慶二年戊辰秋大風雨溪流怒溢壞西城
萬歷四年丙子城中火望台門燬及民房百餘所
萬歷六年戊寅冬大雪
萬歷十一年癸未旱
萬歷十五年丁亥秋七月暴風連日禾實盡落明年斗米銀一錢八分大麥斗六分小麥斗九分草木根皮可食者搜取殆盡餓莩塞道夏疫民死益多周志補遺云民掘蕨及葛根剝椰樹皮食之所在椰樹爲之骨立有草根略似蒜名三十六桶以水濾三十六桶乃可食也時亦取食無遺先是連年大熟斗米銀三分大小麥視若沙礫識者已早見其有今日云
萬歷三十二年甲辰十月初八日地夜震屋舍撼搖有聲
萬歷四十四年丙辰夏旱
天啓七年丁卯秋七月二十二日暴風雨拔木偃禾大成殿可遠

樓迴峯樓化龍門樓四山閣文星亭俱圮

崇禎九年丙子自五月不雨至於九月民多饑死地中有白土爭掘食之名曰觀音粉多明年山陰劉侍郎宗周祁中丞彪佳遣諸生王朝式來致瘞死

嵊與知縣劉永祚議賑民賴以活劉忠介公賑嵊緣起季春有白馬山房之會偶及鄰嵊災其民菜色有不忍言者蓋自去秋不登迄於今死亡流散之狀日異而月不同勢岌岌盡矣一時諸君子相顧歎若身罹痛而莫爲之所予因商之祁世培侍御請上官暫捐帑金召商轉糴庶幾米集價平官不費而民沾微息亦小康之道乎或曰官帑如洗奈何無已請以吾儕士大夫之有力者任之而終難其事卒付之虛願而已既輟會語稍稍聞之王生爾吉慨然爲諸友倡計以千金行一販而身任四之一於是遠近傳之踴躍相勸方舉事有日而社中王金如亟顧余曰嵊民死者垂盡矣幸有存者手無一錢而欲以平糴博半菽之飽此索之枯魚之肆也請如昔年天樂鄉故事設厰爲粥以食餓者予思以一邑之衆而計口求活於二三措大之手猶西江之涓滴耳雖然士苟存心於愛物於人必有所濟必博且衆將堯舜其猶病矣因聽諸君子隨其願力爲之嗚呼口分世業之制壞而議常平常平不可得而議借販至借販不可得而又議授餐斯爲救荒之策愈

苦亦愈下矣顧予思往者天樂之役郡邑諸大夫實爲士紳倡吾儕相與仰承之不過推揚德意以報成事至今一方之民歌樂只者歸之諸大夫又安知前徽之不可繼乎則吾黨今日斯舉將爲之嚆矢也聞者曰然因相與踴躍行事其條例署之金如頗悉

不再具

崇禎十三年庚辰夏旱

崇禎十四年辛巳饑知縣鄧藩錫倣九年成法募賑縣境乃安

崇禎十六年癸未夏旱

清

順治二年乙酉五月雷震應天塔秋七月大水冬桃李實

順治三年丙戌大旱六月城中大火十一日星隕如雨

順治十四年丁酉大水

順治十五年戊戌大水

順治十八年辛丑城中大火

康熙五年丙午秋旱至明年夏四月十三日始雨十五日富順鄉雨豆六月大水秋大疫

康熙七年戊申六月十七日戌時地震屋瓦多落二十日亥時地又震

康熙九年庚戌三月有虎患知縣張逢歡禱嶀浦廟虎乃遁六月大風溪水溢壞城五十餘丈星子峯亭圮

康熙十年辛亥大旱

康熙二十九年庚午秋七月大水

康熙三十二年癸酉大饑

康熙四十七年戊子秋大水免徵糧十分之三

康熙四十八年己丑夏大旱竹生米會稽俞忠孫竹米記康熙己丑越不歲米價日爭長五月饑民食竹米竹米者叢竹中所生也狀粳糯差小色微紅味甘而冽埤雅云竹六十年一易根易根必花結實而枯實落復生

六年成町戴凱之所云根幹將枯花簝乃懸籜必六十復亦六年是也父老云竹生花其年必旱晉元康壬子巴西界竹生花紫色結實如麥其年旱唐天復甲子隴西亢暘民多流散山中竹散籽出粟饑民舂而食宋陳造竹米行有今歲麥秋旱歲餘得麥僅足償官租竹君憫農如士夫散花結實千林俱句皆旱徵也而鳳凰所食金琅玕則名竹實大如雞卵非中國所恆有田雯黔書以證竹米非是宋蔡京稱瑞作頌識者譏之今記災記祥說各不同予姑誌其略如此

康熙四十九年庚寅八月大水

康熙五十六年丁酉旱

康熙五十九年庚子饑

康熙六十年辛丑大旱野有餓莩

雍正元年癸卯饑

雍正五年丁未大水

雍正九年辛亥大旱

乾隆五年庚申六月大水

乾隆六年辛酉夏旱知縣李以炎詳請散給籽本量加施賑免被災田糧有差

乾隆十六年辛未夏大旱知縣石山詳請散給籽本量加施賑并請蠲免被災田糧

乾隆二十年乙亥夏旱知縣戴椿捐賑

乾隆三十七年壬辰夏旱知縣吳士映詳請緩徵（道光李志下同）

乾隆四十五年庚子七月大水知縣吳翹楚詳請緩徵

嘉慶七年壬戌旱知縣沈謙詳請緩徵次年知縣陸玉書勸賑

嘉慶十六年辛未旱次年署任知縣蕭馥馨勸賑

嘉慶二十五年庚辰夏旱七月大水知縣葉桐封詳請緩徵

道光三年癸未自四月陰雨至於九月禾稼不實民多饑死

道光十二年壬辰夏旱冬大雪至明年二月始霽正月寒凍尤甚

木生多介同治志下同

道光十三年癸巳三四月大疫

道光十四年甲午斗米錢五百塗有餓莩

道光十五年乙未大旱冬塘水溢

道光十七年丁酉六月二十八日夜忠節鄉巖馬山下有赤光如毬高數十丈頃之乃滅如是者三

道光二十四年甲辰七月初九日雷電大風雨金潭莊隄潰廬舍漂沒男女溺死者七十餘人莊外雙溪洞橋一時並圮古竹溪錢維翰捐錢二千緡築舊隄并賑之

道光二十五年乙巳地震屋舍動搖池水泛溢

道光二十六年丙午五月十一日地夜震是年大旱民訛言有怪物如狸能攫人或從窗櫺入人皆驚懼張網自衛

道光三十年庚戌正月風霾十餘日麥苗多枯夏大旱八月十四日大雨亥日平地水數丈舟行城堞上廬舍人畜漂沒無算

咸豐二年壬子自五月不雨至七月冬大雪雪融溪水始通十一月地震

咸豐三年癸丑三月初七日地夜震初八日午又震十六日又震夏大水

咸豐四年甲寅十月甘霖鎮蒼巖等莊塘水沸

咸豐六年八月有蝗自北來頃刻蔽天七年春邑令李維著捐廉捕蝗五月大雨遺蝻頓盡

咸豐九年己未冬至水溢　邑有獸如犬俗呼大者爲馬熊小者爲狗熊白晝入村落啖畜無算或嚙小兒至死

咸豐十一年辛酉七月燕巢民家者皆啄雛其雛而去十月初四

日昏時天微雨有光如弓影見於來山之西忽墜於山巔作青白焰高丈餘自崖而下長二三里光明若晝越二日洪楊潰軍至

同治二年癸亥秋冬旱

同治三年甲子雨豆黑色

同治六年丁卯雨豆自後雨豆處甚多亦有似豆非豆者

同治八年己巳四月大雨蛟乘之水驟漲壞田地無算

光緒十五年己丑秋七月大水蛟水挾之溪驟漲二十餘尺淹沒田廬無算知縣竇光儀請免被災田糧新纂下同

光緒十八年壬辰旱

光緒二十五年己亥大水

宣統二年庚戌夏四月地震

軼事

秦

剡山爲越面相傳秦始皇東遊使人劚此山以洩王氣土坑深千餘丈剡錄　剡卽劚之謂溪山殆以此得名故周志謂剡名自秦

魏

楊德祖至四明山遇兩仙人把火澗中湧金刀一頃之不見祖德曰兩火戍炎炎邊得刀是爲剡字因號溪山爲剡爲銘二百字刻峯上剡錄　按漢志已載剡縣此說似不足信

唐

貞元十八年李紳遊剡至龍藏寺晝寢老僧見一黑蛇上李樹食李復前行入紳懷中僧問曰公睡中有所見否紳曰夢上李樹食李甚美似有一僧相逼乃寤僧知非常延遇甚謹後紳爲浙

東觀察使捐俸修寺耐園不借書

咸通中有客自金庭將抵明州日暮遇道士託宿山谷冲寂烹野蔬以享俄有叩門者童子報曰隱雲觀來日齋道士去客問童子答云觀去此五百里嘗隱雲中故名客驚曰尊師何日當還曰往來頃刻耳道士歸留客久住辭焉乃遣童子指其舊路行未遠失所在問歲月已三年矣天台山志

蜀許寂少年棲四明山學易於晉徵一旦有夫婦偕詣山居擕一壺酒云今日由剡縣來寂曰道路甚遥安得一旦及此心異之夫婦俱年少狀貌毅然其夕以壺觴酌許出一拍板徧釘銅釘抗聲歌莊生説劍篇俄自臂間出兩丸吹之成劍躍起在寂頭上盤旋寂驚駭尋收之飲畢就寢詰朝乃空榻也日中復有頭陀僧來寂具道之僧曰我亦其人也子能學之乎寂辭曰少尚

元學不願爲此僧笑去後再於華陰遇之北夢瑣言

宋

紹興中有方士李季憩石闌干道旁遇異人揖季曰君來何爲季曰秦太師遣往桐柏設醮請福其人太息曰秦今死矣張浚劉錡皆當起爲將相秦豈得存耶李大驚駭去比及天台則秦凶聞至矣名山記

謝深甫台州人家本寒微父母賃舂以食父執某招之課子一夕賓主對飲夜半酒渴無從得水窗前有梨方熟登樹啖之羣犬環吠不敢下主人夢黑龍蟠樹爲犬所吠驚起視之乃深甫也奇其兆遂妻以女深甫得妻後始領鄉薦妻家亦貧但稍稍自給深甫草履赴省至曹娥渡與之錢少舟子不肯曰不怕汝作轉運鞭我深甫乃從他處渡至嵊縣宿古廟中祝遇之厚又飲

以酒深甫訝之祝曰夜夢神告我明日當有宰相來宿必官人也深甫焚香禱曰若成名當言縣官使廟貌一新果登第遂往嵊縣主簿修廟焉後爲浙漕至曹娥渡召舟子曰今竟如何舟子伏地請罪深甫笑曰吾豈果黥汝厚賜之使去曰台州秀才往來勿取渡錢也西湖志餘　乾隆李志云舊志稱深甫係縣尉又稱深甫布衣時由丹邱赴南宫嵊嶀浦廟神告以富貴期與田汝成所志又異姑兩存之

慶元庚申趙彥博夢謁一廟神曰吾廟君爲修之覺而不省所謂嘉定丁丑來知嵊邑友人李謙來訪舟宿嶀浦夢神告曰爲我告令君可爲我修廟矣謙以告彥博矍然曰二十年前之夢今其應矣於是再爲建立趙彥博修廟記

元

會稽楊維楨字廉夫元泰定間登進士署天台尹過嵊邑清風嶺

作詩云介馬馱來百里程清風後夜血書成只應劉阮桃花水不及巴陵漢水清後廉夫無子夢一婦人曰爾自造口孽固應得絕嗣報廉夫不知所謂婦人曰清風王節婦詩豈忘之乎廉夫醒悟更作長律以表其節今志所載天荒地老妾隨兵一首是也後夢婦人致謝未幾得一子田易鄉談

明

王宗科過清風嶺同舟數十人內有蔡姓者朗吟余大昌謗王烈婦詩衆曰止有陳克冬者言爲詩者子孫尚存朗誦何傷又有許從得者曰使其靈便能顯應吾始信之未幾舟遂覆溺頃之復平則彼三人已溺死矣而衆皆無恙潘徐愛神異記

正德丙子五月邑令林誠通考績北上早行迷路忽一老人引之斜行得脫寇害忽不見林及從者憶其貌酷似陳靈濟侯像乃

悉具前後功績奏請祠祀准查未報越二十三年嘉靖甲辰乃祀朱一柏記

舊傳象駱山下多客舍烏船集焉今山下僅有數家而所謂烏船者絕無北門外沿山宋時溪流遶此桃柳夾岸酒樓歌館綿延數里今溪流遠徙遺蹤不可復問隆慶末鑿新河深二丈許見磚砌街衢乃知陵谷變遷不可究詰也周志補遺

清

雍正間德政鄉吳炳忠家蠶功成啓箔成一紙廣長五尺光彩爛然炳忠訂偕入都攜共傳觀一時周蘭坡商寶意諸名士賦詩記其事道光李志

黃維新轂來人甫十齡父沒家貧母氏馬病危謂維新曰得筍病可瘳時積雪滿林維新攜鋤覓之見者笑其癡既晚跨籬落間

果得二箭長尺餘以食母病良已延十六年人謂孝感云同治志

錢承烈居長樂鄉兄弟四人而承烈庶出自幼能順親父母鍾愛之年十六卒父亦亡嫡母盲生母以病廢烈靈不滅家人奉嫡而或遺其生母輒哭於庭弟與族治田幾入訟兄往視田若有嘯而來者兄弟悟曰訟非美事亡者蓋牖我也事遂寢弟客仙居得疾家人倏夢烈告曰弟病甚亟遣迎之次夕弟亦夢烈至謂曰無害家遣人至矣詰明迎者至金華樓上層爲立傳道光李志

唐溪唐步霄羸疾妻張氏事之勤七年無倦志每晨禱於竈願身代夫死病益劇刲股進之頓愈逾數月氏語鄰婦某日當代夫死及期方寢忽起辭翁姑慰撫其女無疾而終同治志下同

黃大數穀來人膂力絕人年四十時來山有虎數腰刃挾銃逐之虎直奔數陷於坎踞不能展數棄銃左手扼其吭右以拳搏之

抵其齶虎不能噬危急間數子年十四聞父與虎持奔救之拔父腰間刃力刺虎喉虎乃斃重三百餘斤數壽至九十八

烈婦張氏閩元周慶餘妻也乾隆間建坊閭左咸豐十一年冬洪楊潰軍踞村月餘每夜邏守積薪坊下縱火達旦坊故風霜剝蝕垂八十年復遭火薰灼石蘇蘇欲泐未幾裂一柱全勢攲斜將圮嗣孫謀修之未果忽一夜天大雷電以風沙飛石走村社木盡拔意是坊必就傾矣詰旦視之整飭如新同治五年二月初六日事也

金石古物附

漢乙卯磚 〔道光志〕明嘉靖乙卯知縣吳三畏築城鍤故址得一磚識云漢乙卯磚（一本漢作劉）剡長吳某記王畿築城記云吳侯築城千五百年之後而與前令姓同其築之歲又同亦奇

剡山銘 〔剡錄〕魏楊修爲銘二百字刻峯上

衞夫人碑 〔剡錄〕舊傳刻石山有衞夫人碑唐寶歷元年浙東觀察使元稹使人訪碑不獲

太平山碑銘 〔剡錄〕孫綽撰文

剡鐘 〔晉書郭璞傳〕晉元帝爲晉王時使郭璞筮遇豫之睽曰會稽當出鐘以告成功上有勒銘應在人家井泥中得之繇辭所謂先王以作樂崇德殷薦之上帝者也及帝卽位太興初會稽剡縣人陳清果於井中得棧鐘長七寸二分口徑四寸半上

有古文奇書十八字其可識者會稽嶽命四字餘莫有識者按剡錄嶽命作徽命

成功嶠字　杜春生越中金石記　舊傳謝元破苻堅歸鄉人榮之大書成功嶠三字刻於嶀山

僧舍古磚香爐　稗史類編　嵊縣僧舍治地得一磚上有永和二字又掘得銅器似香爐有蓋蓋上有足如小竹筒而透上筒端各有飛鶴下三足另有銅盤承之

戴安道琴　剡錄　琴籤安道一琴比常製長一尺

戴仲若墓表　剡錄　在剡山見王僧虔吳郡志

葛仙翁指輪　道光志　長樂鄉四十都石梯灣有葛仙翁釣臺臺上有石著圓暈數十如輪者數處土人謂之石緯車宋咸淳辛未皇覺寺僧正因題葛仙翁指輪五字於其上

剡北奇觀四字 〔同治志〕在縣北五十里嶀浦橋西南崖壁間相傳謝靈運書

石牀石壁書 〔同治志〕在嶀浦廟下半里許龍爪巖康樂釣臺之上正書二十餘行相傳亦靈運所書

刻石山題字 〔南史齊高帝本紀〕昇明末剡人兒襲祖見山上有文凡三處大石文曰北齊者黃石公之化氣也立石文曰黃天星姓蕭字道成得賢師天下太平小石文曰刻石者誰會稽南山李斯刻秦望之風也

應天塔磚 〔越中金石記〕文曰永安二年丁功曹家又一磚文曰梁大同七年癸亥又有永元元年天監二年諸磚 按前志云嘉慶時偶落半磚有永明二年四字下字糢糊細審之乃丁功曹家四字則杜氏金石記云永安似誤又一磚有梁大同九年癸亥七字磚尚完善字尤明顯杜氏作七年亦誤

金庭觀碑 剡錄 齊沈約造兒珪之正書永元二年二月立嘉泰會稽志云據記稱永泰中定居桐柏嶺因地名建觀曰金庭觀命置道士十人而已爲之首蓋道士自敍之言非約所撰其謂之造者疑是後世立碑之類爾今碑重刻

褚先生伯玉太平館碑 剡錄 孔稚圭撰文

許承瓢 眞誥 上虞吳曇得許承一瓢贈褚伯玉伯玉亡後留付弟子朱僧標歷代寶之可受一斛唐先天二年敕女貞道士王妙行詣金庭觀投龍因持以進

顧歡琴 剡錄 歡隱剡山齊高帝徵至進元綱優詔稱善賜素琴麈尾

剡西玉硯 剡錄 開元鄉民劚土值硯色下巖也渾璞瘦蝕唐以前物銘曰玉在深山有道則見山耶石耶陵谷幾變嗚呼此玉不晦不炫不以知貴不以棄賤

八角石硯　剡錄　剡丁發於破塜外肖義畫內鑿禹海越手輕爽石性已空入土老也銘曰二火一刀硯與人俱高甲乙丙丁硯與數不逃石之饕志之勞文之騷人之高

鐵佛像　越中金石記　文云尉遲敬德監製在城東門鐵佛寺

王右軍故宅碑　錄剡　裴通撰元和二年二月立

龍宮寺碑　剡錄　李紳撰太和九年四月立按龍宮寺碑載於寶刻類編杜春生引阮元兩浙金石志云公垂此碑書法雄偉

瞻都鎮開池碑　剡錄　乙丑二月立當後唐天成四年在惠安寺

桃源觀古鐘　剡錄　世傳鐘霾嶽祠前田池中

明心院碑　剡錄　唐咨撰景祐中立

修學碑　弘治夏志　丁寶臣撰慶歷八年立紹興十二年蘇復

跋卽刻於修學碑陰今石已佚

興學五言刻石　嘉泰志　丁寳臣撰在學中今已佚

剡縣孔子廟堂碑　嘉泰志　何淹撰邑令高世安立在嶀浦按碑今不存周志尚載數語

上金龍潭摩崖題字　同治志　建中靖國元年賜紫金魚袋住持僧某題在四十二都開元鄉南山

圓超禪院靈感大士碑　越中金石記　鄭雄飛撰崇寧五年立

嵊縣修城碑　剡錄　管晉撰宣和三年立

嵊縣學田碑　越中金石記　姜仲開撰在縣學紹興五年十月立

修學碑　越中金石記　王銍撰紹興五年立

周氏淵源堂碑　梅溪文集　王十朋撰紹興間立

修嵊學碑 剡錄 周汝士撰乾道九年立

貴門題字 同治志 字刻貴門山叓樓石洞上淳熙九年朱熹題

方橋題字 同治志 紹熙二年長樂鄉人胡某題

嶀浦顯應廟碑 弘治夏志 樓鑰撰嘉泰二年立按碑文云廟成於慶元六年而文撰於嘉泰二年府志作慶元六年似誤

鐵牛銅盆 同治志 嘉泰時長樂錢氏營壙上嚴里得之深谷中今猶存

二大洗 剡錄 嘉定間吳莊漁人得之歸章氏章氏遺高似孫銘曰金兮精火兮明土兮英水兮清器兮貞人兮聲

三足洗 剡錄 周樞得之清化鄉銘曰尙古維人範模首知伊谷可陵厥用罔暨

角端爐　〔冰魚集〕開元鄉周氏有宋時角端爐國朝樓上層作歌紀之

嵊縣遷建學宮碑　〔剡錄〕高似孫撰嘉定七年立今佚

翠壺　〔剡錄〕嘉定甲戌冬剡丁發諸荒墟壺範簡古蘚花黛綠銅性空入手輕甚銘曰黛澤涵靈苔花布蹟金性積蜕土膏輟蝕

嵊縣新學碑　〔剡錄〕袁燮撰嘉靖八年四月立今佚

重建嶀浦廟碑　〔萬曆志〕趙彥博撰嘉定十三年五月立

嵊縣新學碑　〔乾隆李志〕周炎撰淳祐中立

石夫人墓碑　〔同治志〕曾黯撰淳祐中立在上嚴里心月菴前今改立西數十步

靈濟侯廟碑　〔萬曆志〕俞浙撰咸淳中立

松石齋硯（同治志）乾隆間唐田唐氏得之花塢石埘厚二寸闊一尺長尺五寸右側有松石齋三字篆刻南石田圖章左側趙子昂題銘曰藍田石暖赤城霞鮮瞻彼明河七星在天背有連珠星篆刻御賜之寶四字餘題字刓缺惟友仁二字可識

古硯（乾隆李志）元大德中靈慶寺僧得之頹牆下方闊五寸上三角有金紅點如星光閃爍底有十八圓點具五色直透上面銘字古莫能識順帝至元庚辰爲廉訪使實宗茂索去

紹興路嵊縣尹余公道愛碑（弘治夏志）方回撰大德中立至正間周宗元撰文昌祠置田記楊敬德篆蓋即刻於道愛碑陰

王烈婦碑（兩浙金石志）徐瑞撰至治二年五月立於祠中

嵊縣重建譙樓碑（萬歷志）楊敬德撰至正五年立

嵊縣修學碑（乾隆李志）王璛撰至正五年立

重修二戴書院碑　乾隆李志　崔存撰一作宇文公諒撰文至正六年六月立

修城隍廟碑　乾隆李志　崔存撰至正六年秋立

社稷壇碑　萬歷志　許汝霖撰壇在縣西二里昇平鄉西嶺上至正間重修

重建二戴書院碑　萬歷志　許汝霖撰至正二十四年立

重建王貞婦祠碑　杜氏金石記　至正二十四年徐一夔立文見始豐稿

嵊縣學碑　杜氏金石記　月魯不花篆額楊翮撰文至正二十四年九月立

蓬萊二字石刻　道光志　在遊謝鄉蓬萊巖色青筆甚蒼古不知何時所題

漢五銖錢　質銅形圓篆文曰五銖清光緒三十二年桃源鄉月映溪畔掘土得之計六千枚新纂下同

赤烏二年鑿　此五字刻上方井石在崇仁北鎮廟

赤烏磚　文曰赤烏二字出縣城繡衣坊古井

武肅王鐵券　質鐵形似瓦高二寸九分直八寸五分横一尺四寸厚二分重一百三十兩文二十六行行十四字字徑五分楷書鏤金爲之元時因避兵沉水中五十六年故多剝蝕南渡後台州錢氏世守之清光緒甲辰歸長樂錢氏其文曰　維乾寧四年歲次丁巳八月甲辰朔四日丁未皇帝若曰咨爾鎮海鎮東等軍節度浙江東西等道觀察處置營田招討等使兼兩浙鹽鐵制置發運等使開府儀同三司檢校太尉兼中書令使持節潤越等州諸軍事兼潤越等州刺史上柱國彭城郡王食邑

五千戶食實封壹百戶錢鏐朕聞銘鄧隲之勳言垂漢典載孔悝之德事美魯經則知褒德崇勳古今一致頃者董昌僭僞爲昏鏡水狂謀惡貫淶染齊人而爾披攘兇渠盪定江表忠以衛社稷惠以福生靈其機也氛祲清其化也疲羸泰拯於粵於塗炭之上師無私焉保錢塘成金湯之固政有經矣志獎王室績冠侯藩溢於旂常流在丹素雖鍾繇刋五熟之釜竇憲勒燕然之山未足顧功抑有異數是用錫其金板申以誓詞長河有佀帶之期泰華有如拳之日維我念功之旨永將延祚子孫使卿長襲寵榮克保長貴卿恕九死子孫三死或犯常刑有司不得加責承我信誓往維欽哉中書侍郎兼戶部尚書平章事臣崔允宣奉

謝表附

恩旨賜臣金書鐵券一道臣恕九死子孫三死者出于睿眷形此綸言錄臣以絲髮之勞錫臣以山河之誓鐫金作字指日成文震動神祇飛揚肝膽伏念臣爰從筮仕逮及秉旄每自揣量是何叨忝所以行如履薄動若持盈惟憂福過禍生敢忘慎初護末豈期此志上感宸聰憂臣以處極多危慮臣以防微不至遂開聖澤永保私門屈以常刑宥其必死雖君親屬念皆云必恕必容而臣子爲心豈敢傷慈傷愛謹當日慎一日戒子戒孫不敢因此而累恩不敢乘此而賈禍聖主萬歲愚臣一心臣鏐誠惶誠恐稽首頓首　按唐昭宗乾寧四年遣中使焦楚鍠賜吳越武肅王鐵券以八月壬子至國是歲武肅始兼領鎮東節鉞出師大敗淮南兵十八營定婺睦蘇湖等州而鐵券適至蓋其國始盛時也及忠懿王入廟以其先王所藏玉册鐵券置之

祖廟不以自隨淳化元年杭州守臣以鐵券竹册玉册并詔誥等悉上之于朝時忠懿王已薨太宗皇帝復以册券賜王之子安僖王惟濬安僖王薨券歸文僖公惟演文僖公薨券傳仲子霸州防禦使晦霸州侍仁宗皇帝燕閒帝問先世所賜鐵券欲見之霸州并三朝御書以進帝爲親識御書之末復賜焉文僖之孫開府公景臻尚秦魯國大長公主游年十二三時嘗侍先太夫人得謁見大公主鐵券實藏臥內狀如箭瓦今七十餘年乃得見錄本于武肅諸孫櫄家後十字蓋文僖手書游家舊藏文僖書帖亦有押字皆與此同武勝軍節度使印則文僖尹洛時所領鄧州節鉞也放翁文集

謹按鐵券之制其形如瓦長一尺八寸三分闊一尺一寸厚一分五釐重一百三十二兩文三百三十三字其畫皆外狹中寬

晶光閃爍詞語溫純忠懿王入朝詔賜藏之汴京昭化坊賜第神宗時駙馬都尉景尙主宗器屬焉券遂安于都尉之第靖康元年金人入寇詔公主子榮國公忱奉毋出居於江南以券行因避地湖湘間紹興元年還台高宗遂卽台城崇和門內賜公主第由是券世藏於台之美德坊德祐二年丙子元兵南下破台時其家人竊負以逃莫知所在迨至順二年辛未漁者偶網得之宗子叔琛之兄世珪用十斛穀易得之明太祖洪武二年其十五世孫尙德字允一號存齋天台人元末官青田敎諭實寶藏之尙德者卽世珪子也奉詔以進陛辭日命還券像劉基宋濂王褘等咸贈以詩永樂五年正月差行人曹閏馳驛至台十七世孫廣西參政汝性同行人奉券進呈覽畢以禮敦遣藏于宗子鳳墀家前後數百年中其間或顯或晦皆若先靈式憑

台郡邑志俱以是券爲古蹟召南少時即嘗觀表忠譜略知始末今幸恭逢聖駕南巡其裔孫嘉禾尙書陳羣率台族子選等進呈御製歌詩垂訓萬古是券遭遇夫豈鼎彝敦卣徒以世遠得名者所可比並也哉齊召南鐵券考

唐昭宗賜吳越王錢鏐鐵券計三百三十二字字畫全者一百四十七第十四行社稷自起一行書之第十九行未足頒功諸書皆作顯功此字尙宜審也鏐景福二年拜潤州刺史故云潤越等州十國春秋輟耕錄諸書作閩越者誤也陶宗儀又謂鏐拜鎭海鎭東節度使在乾寧三年九月而以券詞四年八月爲疑然鏐拜爵後至次年始賜券自是兩事無足疑者鏐之稱天寶元年在唐天祐五年戊辰而輟耕錄亦未之詳考也翁方綱跋

舊唐書昭宗紀乾寧四年九月癸酉朔制以鎭海軍節度使錢

鏐爲鎮海軍節度浙江東西道觀察處置等使杭州越州刺史上柱國吳王攷其時鏐實兼鎮海鎮東兩鎮而紀祗書鎮海軍所領者潤州刺史而紀書杭州皆其脫誤潛研堂金石文跋尾

唐昭宗賜先武肅王鐵券當爲吾家至寶泳拜觀者凡兩次第一次乾隆五十六年在紹興府與修郡志李曉園太守專扎台府克公借觀第二次則道光三年三月泳省先世墳廟至浙親往台州觀之券藏東門外五十里白石山下一小村莊皆錢姓地名裏外錢其守券者曰錢永與兄弟三人皆務農輪流值管有小樓三間專爲藏券而造并有五王遺像及忠懿王草書眞跡宋元明人題跋極多惜鄉城遠隔未得裝池爲可惜耳謹按鐵券之制其形如瓦高今裁尺九寸闊一尺四寸六分厚一分五釐重壹百三十二兩蓋鎔鐵而成鏤金其上者文二十四行

行二十四字惟忠以衛社稷一行社稷二字平擡連後官銜一行中書侍郎云云合二百四十二字然剝蝕者已十之三四矣鐵色如墨並無銹濫而金書爛然光彩射目尙如新製按自忠懿王納土後至太宗之淳化元年杭州守臣以前券及竹册玉册合三副詔誥百餘函進呈詔賜忠懿王嗣子惟濬藏之汴京賜第仁宗登極霸州防禦使晦侍左右帝問券欲見之晦遂呈帝覽訖賜還券藏於昭化坊賜第神宗元豐四年特令錢氏孫朝奉大夫藻進呈仍降付本家永傳後裔至駙馬都尉景臻尙主宗器屬焉券遂安於都尉之第靖康元年金人入寇詔公主子榮國公忱奉母出居江南以券行因避地湘湖間紹興元年還台高宗遂即台城崇和門內賜公主第由是券世藏於台之美德坊德祐二年丙子元兵南下破台時有家人竊負以逃莫

知所在迨至順二年辛未漁者偶網得之乃在黄巖州南地名澤庫深水内一邨究與漁鄰頗聞賜券之説售以鐵價然二人皆不悟其字乃金也有報於宗子叔琛之兄世珪用十斛穀易得之失水五十六年青氈復還誠爲異事明太祖洪武二年秋八月燕都西北州郡次第皆平郊祀天地大告武成又念開國大臣勞烈將賜之鐵券前一月下禮官議立制度翰林院學士危素奏言唐和陵時嘗賜錢氏武肅王其十五世孫尙德字允一號存齋天台人元末官青田教諭實寶藏之遣使者訪焉尙德卽世珪子也奉詔櫝券及五王遺像以進上御外朝與丞相定國公李善長禮部尙書牛亮主事王肅觀之鏤木爲式敕省臣宴於儀曹恩意有加陛辭日命還券像劉基宋濂王禕等咸贈以詩尙德併其祖王手跡各裝璜爲卷歷代名賢俱有題跋

二十一年正月十六世孫克邦以大臣薦赴闕吏部引見上以
錢氏納土至今子孫尚存尋授克邦建昌知府二十二年都察
院引見奉天殿諭孺子前當五代時天下大亂各據偏方爾祖
能保兩浙之民不識兵革到宋朝來知太祖高宗是眞主便將
土地歸附爾之祖先忠孝好處可延賞也券像復與爾歸守永
樂五年正月吏部奉旨差行人曹閏馳驛至台十七世孫廣西
參政汝性同行人奉券進呈覽畢以禮敦遣藏於宗子鳳墀家
世守不墜至本朝乾隆二十七年高宗皇帝南巡三月初五日
予告刑部尚書裔孫錢陳羣率台之族孫武進士錢選等進呈
乙覽當奉到御製七言詩一首臣陳羣進表稱謝一時隨駕諸
大臣及守土大吏在籍縉紳如莊有恭范清供齊召南沈德潛
蔣士銓沈初費淳皆有恭和御製詩原韻爲一時之盛案是券

凡七登天子之廷非若世之商彝周鼎徒以世傳得名者所可並也三十世孫溗鐵券志

昔成王以夏后氏之璜封父之繁弱爲魯分器俾世守勿替及陽虎敗亂竊取以去旣以無益而祗爲名復歸於魯杜元凱以爲此榮辱係焉故春秋書得寶玉大弓重其事也邑西長樂錢氏故武肅王裔也武肅以誅劉漢宏董昌奄有吴越唐和陵嘉其功詔賜鐵券其子文穆王嘗於衣錦軍樓而庋之矣厥後納土券入汴京紹興間避寇南來攜以還台自是遂爲居台之子孫所守孜其呈進御覽一爲天聖再爲元豐三爲洪武四爲永樂迄國朝純皇帝南巡寵以詩歌天語煇煌雲章璀璨尤極一時之盛蓋自昔重之若此顧其間沉於水棄於幽藏匿於山崖流離於兵燹之際卒乃不愼典司胠篋探囊而轉之吾邑錢氏

因以四百金購還之楚失楚得斯亦異已夫古聖制器其欵識輒曰永用享曰子子孫孫永寶用固未嘗不以善守爲貴然而岐陽之鼓不完菱溪之石已散仲山甫鼎遺落於匈奴高祖斬蛇劍言歸乎典午重以恣睢不學之主若隋文若海陵悉舉平陳平遼宋所得古器銷毀之而桓碑宗彝與夫怪奇瑰麗可喜諸物屢收拾於一二好古有力者之家故或有子姓而不克保守或能保守而非其子姓事會之舛古今同慨而獨錢氏鐵券更千百餘年之久由台入嵊仍還故主以視魯得弓王殆爲遇之則信乎祖宗之靈爽式憑而神物呵護爲有由也錢氏邑巨族其人士又多賢俊必能世世守之語云山輝而白虹水變而五色者至寶之所在也故玉韞石而珠孕淵其精氣常外發而不可掩今以券之珍重緘其櫝固其鐍什襲藏之吾知榮光必

有起而燭天者已乙巳九月邑人孫瑞文記

吳越王金塗塔　五代時吳越忠懿王承先業敬事三寶如式造小銅塔八萬四千座藏之名山明萬歷初常熟顧耿光造先塋掘得一塔高六寸重三十五兩銅質塗金狀如瓦片四瓦合成一塔內刻款云吳越國王錢弘俶敬造八萬四千寶塔乙卯歲記外四面鏤釋迦往因示相前則尸毗王割肉飼鷹放鴿後則慈力王割耳然燈左則薩埵太子投崖飼虎右則月光王捐捨寶首文理密緻乃送興福寺供養清季寺僧以塔贈東陽張挺夫

右金塗塔即朱氏曝書亭集所載錢武肅王金塗塔是也按錢氏表忠譜塔高六寸重三十五兩陰有文云吳越國王錢弘俶敬造八萬四千寶塔乙卯歲記凡一十九字下有一保字外畫

象作飢鷹餓虎狀今燕昌覩於桐鄉金鄂岩比部家題識畫象與表忠譜俱同惟保字金所見作人字按紹定間程珌龍山勝相寺記吳越忠懿王用五金鑄十萬寶塔以五百遣使頒日本據此則武肅未聞鑄塔而竹垞以爲武肅王何邪云八萬四千者水經注阿育王欲破塔作八萬四千寶塔蓋佛家言三千六千者奇數之極八萬數千者耦數之極耳又按憨山記云云則表忠譜與今所見僅塔之一面近日山陰陳默齋得一座四面畫像俱全及吳越國王一十九字又一保字與前人所記大略相同蓋知武肅王嘗鑄塔也竹垞之說殆承周青士之訛耳張燕昌金塗塔識

石匣　上刻文曰大宋國兩浙紹興府嵊縣昇平鄉郭內集賢坊第三保居住清信奉三寶弟子朱過行妻謝氏五娘男瓊媳婦

許九娘孫男考郎壽郎斯者幸值惠安重修寶塔福田難遇舉家秉意捐捨淨財五十餘貫建造石佛聖像四十八身莊嚴周備并捨鐵龍頭連鐸一副入於寶塔表彌陀四十八願祝延聖壽俾使士民樂業原野休兵過行等仗兹妙利植此善緣生生向佛土家生世世在安樂國内六度圓修二嚴克滿現今父慈子孝長順少和公私肅穆火盜銷藏富樂百年歡娛畢世然願恩霑九有利拔三途法界冤親俱升覺道紹興四年五月二十五日朱過行謹誌

蘇軾硯　石質長八寸六分廣五寸八分厚六分上有銘文曰其色溫潤其製古樸何以致之石渠秘閣永宜保之書香是託銘左有蘇軾二字下有奇珍二字小章背有石渠閣印四字大章右有元符三年仲秋日製八字藏湖潭王震家

鹿胎山浮屠碑文　創自梁天監壬年正月二十九日越今千一百二十二年重修與梁經始月日相符亦一奇事周喻兩鄉先生捐貲命釋子大才明綱惠滔等訪名匠丘十三鼎新煥美我祖文敏公囑祇園主人嗣孫賦此以誌巔末峩峩鹿胎山亭亭雁塔峙插雲競星峯摩空麗煙寺勢壯梵王居秀毓人文美經始知何時荒碣鐫梁紀神物衞山靈風霜歷千祀荆棘剌層牙粉繪落風雨勝槩繫人心卜吉思幹蠱天王同正月合辰合千古良工何神王步虛穩平土六鰲新飛暈五色補天柱丹青貌千聖祥光生萬戶從此億萬年永作祇園主皇明天啓二年仲夏之吉檀越文敏劉公嗣孫立

□□碑　在學署正德間林誠通撰書

嵊庠武先生遺範碑　在學宮字多剝蝕不可讀第一行嵊庠武

先生遺範碑八字可認第五行先生溧水人姓武氏諱□字元
序號白峰十五字可認十四行嘉靖十二年歲次癸巳七月十
一字可認按職官表嘉靖間教諭武時溧水人則此碑當爲武
時立也

三尹五豐朱先生儒林八政碑　在學署嘉靖癸丑三月朔日山
陰龍谿王畿撰文邑人惠山李□書

嵊學諭王先生遺思碑　在學署萬歷七年己卯山陰張元忭撰
文周汝登書丹

邑侯王公增置學田碑　在學宫萬歷二十五年九月周汝登撰
文王應吉篆額

護龍刻石　此二字刻遊謝鄉紅字巖字體未詳相傳爲崇禎間
童維坤書

聽鸝碑　在縣城北門外超化寺前乾隆丁未小春月闔邑士民同立按丁未爲乾隆五十二年考職官表是時知縣爲陳純士碑中陳字下一字殘其左方右方屯字形尚可辨

重修嵊縣文廟碑　在文廟門廡壁間浙江學政大興朱珪撰文翰林院侍講錢唐梁同書書

剡中第一泉　此五字刻太白山瀑布潭崖行書徑二尺錢日青書日青嘉慶時人

秀削天成　此四字刻孝嘉鄉石鼓山崖字徑二尺無題名相傳爲道光間毛玉佩書

洞天福地　此四字刻金庭山壁徑一尺行書無題名相傳爲道光間毛玉佩書

譚元妙處石刻　此四字刻蒼巖葛仙翁祠石壁正書徑九寸題

名漫漶不可辨

鳶飛魚躍石刻　此四字刻蒼巖葛仙翁祠石壁草書徑八寸右刻咸豐乙卯四字左二行一行爲退之二字一行爲俞玉樹鐫四字

高山流水石刻　四字刻康樂鄉過港崖壁之陰徑二尺無題名

佛字摩崖　此字刻靈筮金區大石屋菴東崖徑六尺無題名

清節堂碑　在嵊城清節堂光緒二十八年九月山陰蔡元培譔文山陰魏景武書文見藝文志

養老堂碑　在嵊城養老堂光緒三十二年丙午德清俞樾譔文寧化伊立勳書文見藝文志

嵊縣志卷三十一終

嵊縣志卷三十二

舊序

宋高似孫剡錄序

山陰蘭亭禊剡雪舟一時清風萬古冰雪王謝抱經濟具二戴深經學奈何純曰高逸也嗚呼山川顯晦人也人隱顯天也天下多奇山川而一禊一雪致有爽氣可謂人矣江左人物如此然二戴剡王謝亦剡孫阮輩又剡非天乎漢迨晉永和六百餘年右軍諸人乃識剡永和至皇宋嘉定幾千年史君尹剡訪似孫錄剡事剡始有史桑欽水經酈道元註道元魏人先儒辨其北事詳南事略似孫鄮人也如其精覈俟剡人宋嘉定甲戌高似孫

宋史安之剡錄序

剡在漢爲縣在唐爲嵊州未幾復爲縣本朝宣和閒以剡爲兩火

一刀不利於邑故更今名邑舊有鄉四十後分十有三別爲新昌縣今所存纔二十七鄉耳夫州縣之名雖數變更然山川之靈蓋自若也使剡古而有志則歷代因革廢興之典百世可知也予懼夫後之視今亦猶今之視昔故爲剡錄十卷錄皆高氏所作凡山川城池版圖官治人傑地靈佛廬仙館詩經畫史草木禽魚無所不載度此版可支百年後之人毋以印刓而輒廢斯書也宋嘉定八年歲次乙亥縣令鄞人史安之

元許汝霖嵊志序

自夏禹會諸侯於越而會稽爲名鎮自會稽爲郡而剡爲名縣降及唐宋始更剡爲嵊上下二數千年山川之流峙民物之倫類以至氣化盛衰人事得失隨事遷變而不常者非圖牒紀載後欲窺其一二可得乎哉宋嘉泰初紹興守沈公作賓與通判施君宿本

圖經作會稽志剡之梗概附見其中嘉定閒剡令史安之俾鄞人高似孫氏復本會稽志作剡錄而剡始爲有史距今又百五十餘年而其沿革廢置蓋有不得仍其舊者况高氏之書擇焉不精語焉不詳紀山川則附以幽怪之説論人物則偏於清放之流版圖所以觀政理而僅舉其略詩話所以資清談乃屢書不厭他如草木禽魚之詁道館僧廬之疏率皆附以浮詞而過其實將何以垂則後世啓覽者之心使知古今得失之歸乎予於世變之際慨念舊錄雖多蕪漏今梓就燬則一邑數千年之故無徵也因取其遺編躬加搜訪而損益之作十八卷從時制更名嵊志繕寫以藏尙俟知言之君子重爲裒正以壽諸梓與邑人共之庶來者有攷而得以續其傳焉元至正年邑人許汝霖序

明許岳英剡志序

古者列國各有史官掌記時事晉之乘楚之檮杌魯之春秋其義一也不寧惟是至於鄉黨閭里皆有史今天下郡邑之志亦其小史之遺意也予令嵊之二年始得嵊志稿本顧其舛訛殘缺傳寫失眞竊患焉聞之邑有錢悌者好古博學遂禮聘之假館授書治政之暇相與修緝博攷采新集舊靡有所遺適二尹古青齊公倫協恭籌度而掌教閩中陳公烜司訓金陵王公洪福安連公銘實正訛而破疑也不逾月書成展而閱之嵊之土地風俗民物貢賦典章制度與夫名宦之政跡人才之出處節義之可以勵俗作述之可以垂後自古迄今皆於是乎載俾事無湮沒千載之下有所稽考其所係豈不爲益重者乎衆謂宜壽梨棗以傳諸永久於是各捐己俸而樂爲之僉謂予宜序嗚呼嵊之志曠久采集多有略闕然而無有乎爾則亦無有乎爾蓋深有望於後之君子者焉明

成化甲午縣令許岳英序

明夏鍭嵊志序

徐侯爲嵊三載於今矣民樂其仁士趨其義於是刻新志十卷起地理止藝文視人之所簡忽者而獨加之意可謂遠於人矣鍭往來於京師去台山登天姥扣石城而西嵊爲道所必由每泛舟剡曲觸目環山未嘗不黯然而思以二戴王謝之風流願一即其嘯詠之遺處恣想而託親焉逐昔人之履綦以爲樂顧視左右乃無所考問而止矣鬱鬱何如也今覩是編廓然若啓蒙覆何其快意哉以鍭所遇言之志亦不可以不作也夫志有以見得失別賢否達善惡於後世於是取之宜有大者焉區區攷沿革識名山搜摘昔人之遺處以侈耳目快心意殆未足以盡志之蘊也然則志果不可以不作也周官小史掌邦國之志外史掌四方之志皆道以

詔王後世始以一郡一縣爲之志而志爲一郡一縣之書不復領於王官嗚呼亦可以觀世變於是書矣侯名恂字信夫吳之嘉定人是役也屬筆於德州知州周君靜之鄉進士夏君時震本學長教俞君成貳教林君世瑞周君俅鄉士來宦共五人分掇而合編焉各盡其能而時震實總涖之志成侯使聽鈌吏王謐以志與幣來請爲序明弘治辛酉天台大理寺評事夏鍭序

明周山嵊志序

嵊在漢爲剡縣在唐爲州爲縣志亡無稽至宋嘉定令史安之始作剡錄元編修許汝霖修錄爲志國朝洪武永樂正統景泰間朝廷遣使文移天下修志進文淵閣時則爲凡例所拘期限所迫嵊志之所紀載者未免得此失彼簡略不詳稿之存者又皆傳寫訛錯人不能遍觀盡識成化甲午令許岳英重修秉筆者非其人收

錄失當類編纂文又爲人所厭觀予與夏生雷爲庠生時輒欲筆削奈攻舉子業弗遑恆歎息焉迄今二十餘載未有能與之者幸今徐侯尹嵊甫三載政事之餘尤惓惓於修志適予以憂制歸請與邑博俞君成司訓林君世瑞周君俅鄉進士夏生雷爲之余以情事未伸但領人物志餘則分屬於諸君焉於是詢諸故老蒐諸遺帙各纂修之一本許編修所著者增入國家制度缺者補之繁者删之訛者正之略者因之以致詳舊者推之而爲新無非欲明教化之得失而少裨乎治道也豈直辨名物紀事變資檢閲而已哉成編凡十卷謂可鋟梓以傳後請余序諸後夫志之作也其來遠矣成周職方氏掌天下圖小史掌邦國志外史掌四方志秦有圖書漢有輿地圖後世郡邑各紀其所有或有志無圖或以圖合志未嘗領於王官故有以非吏議所急置而不問褊邦下邑無文

獻可徵此紫陽朱夫子守南康下車首詢郡志論者謂其知所務今徐侯每以修志爲急其心卽朱夫子之心歟此志一出則嵊之一邑事如指諸掌可以垂之久推之遠傳之廣亦可使生於嵊仕於嵊遊於嵊者皆得以有所考信而觀感興起焉徐侯可謂有功於嵊縣有補乎世教深達乎治體而知所務矣若或疎略之所當補遺忘之所當入又俟後之君子與爲政知所務者弘治辛酉知山東德州邑人周山序

明王大康嵊志序

夫嵊志之不傳也久矣志之傳自今始也先是嵊令萬公以修志請於郡守蕭公公可之迺以蕭公意請邑工部主政周公總其事旣易歲而書成適予來視嵊篆得取而觀之見其議公而覈其事簡而賅其文古而雅馴至於敍贊都邑之盛衰山川之要害賦役

之繁省士習民風之淑慝尤三致意焉大都扶元氣敦正誼崇節儉拯彫瘵津津乎其有味哉言矣雖然予又有說焉今所貴於志者固以記載詳而評隲當也然究厥所以都邑盛衰孰致之山川要害孰守之賦役繁省孰裁之風習淑慝孰創之令所操耳惟令而以良稱則下之過化不啻風草即數者咸得其理不焉者反是令之責亦要矣嗟夫起弊維風之責在令而其本在令之心繼此而令嵊者誠執是而究盛衰之原探要害之實察繁省之由明淑慝之機不責諸人而反諸己不求諸迹而求諸心吾心實見得是則行吾心實見得非則止得失不亂於中而榮辱不奪於外則庶幾令之賢乎由是而都邑不完山川不理民生不裕風俗不醇吾未之信也吾觀周公志中諸論於令之賢則揚之不賢者略之責備之意隱而不發斯固君子長者之道也余亦有事於茲土者是

以志其固陋僭有言說以俟觀風者採焉萬歷戊子縣令王大康序

明林岳偉嵊志序

夫國有史郡邑有志其所由來尚矣緊厥攸繫豈淺尠哉蓋所以乘載已迬而亦所以作鏡將來是故修之播之皆不可已也偉不佞居在溫陵距紹屬二千里許甫奉檄學製於紹之嵊皇皇心戰以未習聞風土物情爲慮若御者未歷程途則登車猶豫割者未見郤窾則奏刀躊躇然爾迨歲秋仲月之任適前令萬公得郡太尊蕭公可請邑工部主政周公督修嵊志業就郡尊別駕王公敘贊命梓成册將行周公舉以示偉不佞不佞捧頌徹編亟忻忻然非徒欽其論公旨遠詞章古雅明達且也覩邑域山川圖考廢置彰地脈也覩歲時崇尚詳辨淑慝昭風習也覽則壤賦役條舉繁

勞洞民情也至歷紀官師序列選舉賢者傳之不傳者註之見具瞻有在也尋民間士女孝義烈節異蹟方伎鑿鑿畢載莫非維風正俗拯今復古先德禮絀榮利至意也洋洋剡書乎惡可已也備得圖記之詳則不佞向所慮未習聞者今可用以自釋博識前喆之蹟則不佞雖不能至亦謹用以自鏡而知所嚮往矣然昔聖人於宰武城者首以得人問稱君子人者謂自多賢取今不佞從事茲土幸炙周公得所纂志已涉程途矣見郤窾矣猶期斯志播遠先邇而邑有志士咸取覽觀林然猶興則不佞將多得賢士君子若澹臺者相磨礪相規勉庶幾登車奏刀有所持扶無有厭覆阻折是懼矣矧繇茲風行草偃士唱民從物情嫗媮習風敦龐地脈協靈賢杰彙毓異日者且有豔載青史矣奚啻續傳藤箋已哉此固不佞與而邑士所宜共勗以毋負周公志嵊之盛心噫嘻嵊邑

有志興嵊賴之若之何其不亟播而傳之也萬歷戊子縣令林岳偉序

明周汝登嵊志序

剡有志自宋嘉定間高公似孫始嘉定後百七十年元至正間許公汝霖有志至正後又百九十年迨我國朝有錢氏志弗行行夏公雷志今去夏公時又八十七年所矣先是嘉靖中繕部喻公撰余從叔别駕公震議修志業經始弗竟廢後邑令譚公禮學諭王公天和復議修志具草將付梓以授惠昌令胡公采校閱久之又弗就廢乃卒無議志者歲丙戌郡守宛陵蕭公良幹修郡志聘太史山陰張公元忭太常餘姚孫公鑛秉筆網羅八邑掌故獨嵊志艱曠無徵曰邑不志曷爲郡志地况太守右文舉四百年曠典寧當兹太守世而其所隸邑猶有以乏文獻稱者是在邦伯乃以語

南城萬公民紀萬公謨之博士內江楊公繼朝吳興趙公棟連江陳公賓乃告郡公修之報可而余小子汝登方臥病以筆札求請余謝不文請之固太史復贊成余重違兩公指更自念志不文未足深患患不公文不可强公可持夫所患者足持以免而所不可强者則亦所未足深患者明年受札既編摩累月甫半萬公考績不暇問逡巡易歲是爲戊子萬公謝職去別駕冀州王公大康來視篆王公任事無爾我請畢草時余同門友亳州李公國士由名給事僉憲浙司分鎭台越往來剡上弔王謝風流稽戶籍耗實問志謂宜急就余益殫力以圖從弟夢科宋君應光實相左右而侍御董君子行方予告家居及州貳邢君德健鄉舉士張君向宸李君春榮時從請正又間與文學尹君紹元汝陽王君嘉士李君德榮兄士麟姪元齡山人錢君思棠參訂之五月稿具付梓邑貳吳

君鶚鳴經紀甫就八月令君晉江林公岳偉至更申閱始布行焉嗟乎嵊上下數千年志錄僅二覩近且數十年謀議莫決其艱曠如是是令太史咨嗟今一旦肇議投艱小子卒獲潰於成以布則惟諸名公主決裁畫而予小子幸際其逢典筆札以竊爲已效稱幸藉矣顧所論次多謬略無以饜衆志則無如所不可強而勉所可持獨一念耿耿在卷姑以藉手謝諸名公對往哲而俟來許且以其艱曠若彼或庶幾愈已之云爾志凡十二卷萬歷丁亥邑人周汝登序

周汝登嵊志篇目敘論

沿革

登聞之父老云嵊之五十五六都乃會稽之二十五六都也會稽丞徵兩都稅民抗丞乃奏請割地與民歸嵊夫抗會丞則割

歸嵊再抗嵊丞又焉歸兩都去兩縣道里遠近等忽祖制而更置之於計非得諸所種種弗便姑弗論論其大者在兩都來而貽我東關徭役嵊因以敝矣詳具廢置考中

廢置

余志廢置至訪戴驛蓋執筆噓唏久之宋元故有驛而國朝罷不設以僻故烏知百年後非故嵊耶嵊故監司經年不一至而今台郡有專制之兵巡旬時來去驛道東出寧波而近以彼濱海迂阻避不走走嵊以故屬吏涓人奔走旁午於途嵊夫廩之供歲無虛日度費與驛稱矣而歲且協濟水岸夫銀一千七百餘兩於東關驛夫邑自有驛之費而更遠濟東關非法濟東關蓋自成化間始以割都故議者謂宜以兩都復歸會稽而歸我所助東關銀合歲自所供應費復訪戴驛於東門外或浦口惟

是設丞無費則嵊邑小可例新昌裁簿一員裁簿置丞事兩利計甚便也斟酌而損益之是所望於持衡之君子若義倉勸農亭亦古常平補助之遺今圮令長加意反覆手耳不以志廢

城池

有城無兵城孰與守嵊賴吳侯有城而守何恃邑故設民壯若干名民壯者民兵也兵不奔走是供而簡汰訓練令專習武事一足當十一旦緩急可倚不爾如城何若夫飭器械豫儲蓄亦時宜與城俱講夫桑土之計常在事先是所稱瞿瞿者哉

橋渡

城以內無橋而有稱大橋二板橋者何余聞兩隅故有渠則橋有之近渠堙而橋廢矣然渠必不可使終堙也故志兩橋以示之餼羊詳備山水考中南渡浮橋濟甚普說具夏氏札余自燥

髮來睹記東南閭民以渡被流死者無虚歲上官南北交馳人爭渡困苦特甚故浮橋用爲急邇嘗建議興舉不旋踵而廢則咎在當事者例之海東驅石而退託不肩謬矣夫管造擇人則必成置田以備補葺編夫以時啓閉則必久如是垂百千年可也垂百千年所陰活人何可紀業垂而利鉅仁者致力焉人後寧無我輩我後寧我輩之須

災祥

邑之災其饑饉爲尤可慮也夫饑饉臻而寇亂疾疫因之故災大都饑饉始也嵊近無湖陂而溪水道清風閒疊隘無湖陂故乍晴即涸疊隘故乍雨即盈嵊爲水旱視他邑特易凡所志蓋其甚而他時小爲災者十歲而九省斂積貯節省施惠之典宜急講而時行焉夫備在人者天不能災無備之災雖天亦人惟

人所災則有籲天已耳而其何從乃一切他災繼起是眞可慮故余志災異以示人毋徒云天若夫志祥瑞奚取古有之使民田疇有禾黍不必有醴泉芝草使民伏臘有雞豚不必有麒麟鳳凰置弗志

形勝

夫剡中蓋古名士所樂遊而侈談云若越首剡面清妙秀異與夫渭水輞川之擬累代之詠歌備矣顧論形勝之實者於遊觀無取指所控引要害已耳嵊南孔道與新昌唇齒而東西北三面跨山長江爲帶據姚會之上流作溫台之門戶乃形勝之險阻亦云壯哉雖然險德之辨一介冑士能言之故知固國域民自有道即退遊觀而談險阻夫險阻足恃哉險阻足恃哉

山水

剡自昔以山水名其析入新昌者山僅五之一水余邑專焉夫山水非人不名剡山水名自王戴諸人今有若王戴者或度越之則山水之名不特甲東南矣山水惟人是藉哉或者曰剡建星亭鑿新河而文物益振則知山水靈淑乃鍾人文山水實人所藉耳要之建且鑿以導厥靈者亦莫非人故余以前若人責生斯者以後若人責吏斯者夫有兩若人即謂山水藉人人藉山水也無弗可矣

砩塘

嵊田所賴者惟砩與塘而砩利大顧善坍職水者當時巡而濬治焉余又覩夫夏時稍不雨人輒以水爭甚且聚衆百餘持梃石相格不下夫爭始不均田於砩有遠近而勢有強弱或界限不明致是昔召信臣既導水利更立均水約束刻石田畔以防

紛爭其慮周矣合司水者督之碑長次其先後而設牌輪轉其田屬何碑碑管何阪合井井不得亂爭何自起此宜先時爲計俟其爭乃理不直農事廢而且以圯其家夫溝洫本以爲利而反階之禍是職水者之責風之讓畔不易乃次莫如息爭

井渠

舊志城內井不載而載在鄉者余故詳內者何城內井其尤不可湮夫使烽燧或警計欲閉城城守即積貯裕而烏可無不匱之泉嘉靖閒曾以倭警故城不開者兩日人乃病渴裘甫據城時亦惟渴是困往可鏡已故諺有焉城之蕩蕩莫倚其疆三日無水十日無糧以是知井之用大所志特其顯者民居內尤夥守土者禁不得填壅乃防臨渴之思哉若夫渠塞而水走街衢民居率沮洳爲病地理家又謂水出無道如人身血脈壅腫風

氣亦乖故道可遡撤僭者而濬復之邑利也舊志亦不載余幷揭之蓋以示利弊之微而鉅者

風俗

火耕水耨民食魚稻果蓏蠃蛤食物常足無凍餒之夫無千金之子貨殖傳概江以南而不專語越勤勞儉嗇愛而宓廉而遜好學篤志尊師擇友士大夫家占產甚薄務縮衣節食以足伏臘農賈工作之徒皆著本業不以奢侈華靡爲事會稽賦及羣志概全越而不專語嵊然以嵊俗質諸語不爽雖謂專爲嵊語之亦可夏雷云嵊俗敦古禮重爲邪力本務穡不作無益嚴尊卑不獨於宗里閈中肩隨父事之節無敢踰越內外之辨截然婦女雖世戚寡所識面不驚男女外境屋廬服食多從卑陋非惡安土而樂業商賈無出鄉山林隱逸者能以詩文自娛入仕

多潔廉自完尚節概其敝在溺女鬭狠喪死治酒延賓溺堪輿家言久停棺不葬畜婢老死不嫁美惡之故蓋其詳哉由今覩往大都無改乃家立祠堂喪間用素字女或不受財此今差勝惟服食奢淫僭越家人子一切御綺縠純采燕聚窮極珍異盤盂狠藉無算子弟赴試百出詐巧圖倖進崇富羞貧之數事不逮往昔遠甚夫嵊俗初本舜禹二聖人嘗過化是舜山禹溪其徵而清曠玄朗經術節義得之晉以下諸賢所浸沐其山峭古水湍瀉清洌鍾爲人往往勁樸與地稱世系久遠始自晉六代或宋聚族嘗千餘指累世比屋而居祖風能不遺忘山居而谷處不見瑰奇異産爲欲易足性率直鮮緣飾是非不枉其眞或者謂難治而實易感本以列聖賢教澤而所繫於水土成於性者如是故其稱美見諸史志不誣惟近所紀奢僭諸敝乖其故

爲元氣傷不細可慮然亦非其性所安唱之乃和若或敺之邑且未盡爾而風靡者才十之三四因其性乘其末甚司風教者急宜示之趨舍左富厚而右眞修崇恬退而抑躁競使人知以詐巧進者其似穿窬不足美悅黷貨嗜利侈田宅衣馬美飲食以誇耀鄉閭其究饕餮不足倣效民務以敦龐好義爲良士務以學古慕道爲高雖貧賤不足愧恥趨舍定而俗蒸蒸返其古初若順流矣昔巴蜀化譏刺爲文儒穎川改爭訟爲篤厚猶然可待而况復其文儒篤厚之故者易可知已語曰魯一變至於道今嵊蓋似魯夫魯入道易語其變不變失其故魯爲嵊計者毋令失其故嵊則善矣嗟乎風行草偃之機在上而邦人士亦自宜遡古亟反卽無待猶與庶幾不負嵊也與哉

歲時

余讀豳風七月之詩其所記日月剝棗食瓜采苴祭韭等至猥細矣皆緣其習不易其宜而道之禮俗以稱美我邦人歲時崇習撰之典禮不必悉中惟在因習利導使之不詭於正夫誠使樂防淫饗用慤少長儉豐勿踰其節即歲節閒燕閒謳吟伐鼓爲壽伏臘俎瓜享獻進劇飲食大小醉飽衎衎奚盭焉語云俎豆之義始諸飲食余爲采民閒好尚不忌細小著於篇

古蹟

褚伯玉之居以深僻而愈顯戴安道之琴以不鼓而有聲破冢之硯荒墟之壺以沉埋而益重物有晦極而彌光者在質有其內耳語有之避名名歸逃名名隨詎不信哉

物產

邑所產自足於用者秔耳然必歲乃然秔而外鷄豚耳餘皆待

買而足夫邑蠶桑寡藥不足市所種種本無者待買無論已若木綿粳稻竹木等邑故不乏而猶無以自給乃強半衣松蕪之布飲郡城酒求新昌溫歙之木以爲宮室此豈民惰或智計鮮不務盡地力而失觀時變乃爾抑其所有者本不堪爲用耶夫地不四通產不瑰異而人不計然民之日就貧瘠也亦宜故爲嵊民者無如折節爲儉乃足自存逐時好爲侈靡是重自殘矣若夫撙節愛養之尤宜在上治之廳扁曰節愛節愛於貧瘠之民更急扁固有深思哉

賦役

邑之民瘠甚矣間嘗出遊於鄉民稱匱饑寒不免者踵相接而蓋藏之家十無二三父老相傳以爲今編戶無論富不及成宏間以視嘉靖時倍蓰矣觸目可爲流涕事催科者似不宜急而

國用又不可緩用一緩二調劑之使國與民兩無病者非豈弟君子誰賴焉若夫一條鞭法邑可永永利賴而或者議數太儉令掌者掣肘則下便而上不宜豈無圖陰壞是者故論者以為諸所議毋為民每畝惜釐毫俱稍從寬裕使經費常得方圓數外法乃可久斯老成卻顧之識我黎民尚亦有利哉

學校

余嘗覩士在諸生時朔望旅進觀殿宇頹蕪不治輒忿邑見顏色惟當事之非乃其身一旦當事他邑則視學頹蕪多不問有告者曰姑置之吾且有政此為志以境還者也且學官所掌祭祀鄉飲用以交至聖激世風率典禮之大而或者忽之祭齋戒省視不必虔簠簋豆籩不必飭鄉飲在座者不必盡醇篤而視若典弁髦然蓋禮幾以廢禮廢即崇其殿宇彌文已夫世見上

官則折節禮賓薦則隆施而忽玆兩者謂神冥冥而賓無位耳狥勢而闇於理悖孰甚焉邑先有王公天和加意兩者今賢者在前所稱諸弊庶幾以袪余不忍夫所在積習廢禮而懼後來者或履斯弊其爲侮聖瀆典傷教化不細故著二篇使當事者不得玩且將以聞諸握風紀爲廣大教化主者

祭祀

郡縣具立啓聖公祠屆期同文廟舉祭始自嘉靖間稱甚盛典云顧祭祠廟後先所在不一傳曰子雖齊聖不先父食先廟者非情非情則非禮先祠者同日兩祭則誠竭竭則懈懈不可以共神國學先期遣官祭聖公丁日祭先師乃其制不達之郡縣使人得以私臆自後先則督學之任哉或者又曰先期祀祠則孔鯉得以先夫子可乎然統於尊姑勿論乃祭爲夫子設而反

後之可乎故莫若同時舉祭廟主正官而以他官奉祠祀則精誠各殫而後先無妨矣先君子爲靜海訓時丁祭主此議而卒以忤有司然此議終不能易也因附存於此云

書院

嵊止慈湖書院一所而近更有鹿山書院語以學不講爲吾憂知吾憂則必講學務講學則必聯羣欲聯羣則必有止而書院設焉人家父兄於子弟教之讀書則爲之舍讀書之子弟多而舍亦廣故其家之昌明熾大用是卜焉不然子孫愚門祚薄矣爲世道計何以異此故書院惟恐其不繁興而修舉時飭非末務也古稱杏壇即書院之別名而後來白鹿鵝湖益以稱盛吾輩法孔從朱當何做耶曩有甘心毀廢之者幾於坑焚之慘而卒以自坑自焚亦足監矣

學田

田以羣士於業而免士於厄者也可少哉嵊學故田僅餘數畝何與之艱而廢以易也薛侯周以所度盈田地凡百計贍貧生用心殷矣已義民繼捨而姜侯克昌又以入官田益之田益以富夫姜侯益田修廟兩者實勞於學就勞厥勞誰宜掩之余獨異乎朱侯一柏羅俊髦數十輩課之學宮而時其旣廩經歲有常不輟迄今人口其勞不置而久且彌以思旣不田不乏而勞不石不磨吾不知其所由然

典籍

稽掌故邑所爲典籍蓋其寥寥哉好古者宜廣收博購使士得貫穿古今而稱博雅邑固不乏彊記士也若鄉先達及巖穴之士所撰述亦往往不少然自戴王後率湮滅不傳所謂非附青

雲之士無以聲施後世者也悲夫閭有存者附著名氏下或傳中

祠廟

邑祭典統自秩宗者一廟兩祠故論次爲獨詳賢宦祠主之督學使者爲厲世大括是烏可忽他頗不經顧里社所奉按舊志姑著其名不削抑予於賢宦祠慨焉世所祠鄉賢往往稱濫以故主者鄭重不以予獨予邑與他邑異濫生於有權力者而予邑鮮權力者賢者以寡援卒卒不得聞聞矣以無資輒中廢夫士有曾參閔損之行而無所先容不能使人信則寡援者湮上有楊綰包拯之公而煩以文檄不能使無費則無資者阻以故他邑病濫余邑病遺濫則僞者倖使人不恥不修遺則眞者沒使人不貴不修濫與遺其爲教化傷等耳持衡者宜於文檄外

詢之周一獲其真斷之果既防其濫更慮其遺卒能使不濫不遺斯人文教化之大藉也已邑賢若前代而遺有周公汝士本朝而遺有王公鈍不肖先君子諱謨喻公娶杜公民表德學事功炳人耳目余從兄夢秀又業有成議玆六七君子者誰可少哉而且更有未盡者存若名宦之遺亦類是前代有賀侯齊丁侯寶臣過侯昱史侯安之本朝有臧侯鳳朱侯一柏是德與功俱懋者而專語功則有吳侯三畏專語德則有張侯暄林侯森學之諭有王公天和以是求之他邑欲賢與宦之遺若是夥者蓋鮮矣夫國朝以來二百餘年入賢祠者僅僅一二賢晉以來千四百年入宦祠者僅僅兩宦則烏得不遺且夥若是也余慮夫遠益無徵私心痛焉揭其名以俟持衡者按名而密諏其或有信乎余言若不肖先君子有其實義不得掩故不避而筆於篇

寺觀

寺觀興廢廢興不知凡幾然歷千餘年卒以不堙惟其公不有耳乃世有力者利其地善欲奪以爲居或墓公者私之不有者有之心且盩矣何地之足云或更託廬居焚書之說實其口夫假韓朱之公談以濟巳私是蹠竊仁義以爲盜必棄於韓朱者韓朱其與哉若彼二氏之徒亦不必過爲侈大增擴過爲侈大增擴曇與聃之教亦不然

仕宦

舊志合籍中無稱楊公簡者近乃祀之宦祠剏立書院以爲簡固嘗令剡此何以稱焉按史簡中乾道五年進士授富陽簿爲紹興司理常平使者朱熹薦之差浙西撫幹軍政大修改知嵊縣丁外艱服除知樂平縣夫是則往志爲疏然剡錄去其時不

五十年不應疎略至是豈以丁艱不果至嵊故弗錄耶至不至或不可知而合名不宜湮若邑建祠立院則譬之瑞鳳祥麟望者知慕以爲美談而尸祝之卽不至曷云非義余固不敢誣爲之傳而特按史表其名紀祠院於他考蓋各從其實哉

鄉賢

鄉賢元以前凡二十四人國朝三十八人而孝義總之二十八人遠代按舊牒近所進退抑揚不敏竊取其義卽人知罪莫必然以論評求閭里而以心事質鬼神毋苟毋濫如是焉爾矣他吾何知焉鄉賢有以名附著者以類從或以其後乃爾實無關差等覽者當自見焉

補遺

志以十二卷竟矣而更補遺何文藝故實或掛漏於耳目心思

所未周而間分類不盡者補錄焉然隨遺隨補不復分門别類而年所亦不具文蓋示奇於正繼方以圓譬之天十二月而合閏以成歲錯綜參伍俟覽者自得焉

清張逢歡嵊志序

志猶史也惟史不能詳徧天下故廣而爲志史載妍媸俾鑑以自飭志有隱揚俾風以自興其爲功一也邑志古小史之遺尤不可廢俾宰邑者資之奏績則邑治天下之邑各有所資則天下治志豈緩圖哉丙午承剡匱恐恐焉負乘是懼將稽古籍視已成爲吏事式左右以海門周公之志進見非全書又多亥豕不可讀姑束之高閣若戶口之多寡土田之陞除賦役之繁省風習之淑慝都邑之盛衰山川之要害以及城池署廨橋梁道路之興廢茫然不知如操舟而亡其楫馭馬而失其轡倀倀乎無之矣故余於剡志

蓋有志焉而未逮也越庚戌思周志以大儒鉅筆不可湮沒爲完刻其全書竣事未幾而郡大人之檄至郡大人以荆楚奇材旁求掌故於會稽鵬鶚之分雖殊而心理之符適合甚雀躍也即偕學博謝君三錫邑佐胡君玒以洎毛掾鼎鉉謀之通庠酌其操觚者僉曰袁子向衷可請廣之得鄉俊吳君鉉州刺裘君組司戍姜君君獻暨王生心一王生國蕃王儒士國維凡七人秋七月恭致禮聘假館於尹生益之絳雪齋諸君啓訪編摩窮晝夜不輟至臘而稿成今春催檄至乃以王子心一袁子向衷報命又加較讎補殘刪複乃登諸簡閱其書知其紀載則守周之舊錄編次則遵郡之新條約而該詳而不濫可令宰邑者察多寡而戶口得培焉考升除而土田得理焉核繁省而賦役得均焉覯淑慝而風習得回焉知盛衰要害而都邑山川得紀焉審廢興而城池署廨橋梁道路

得修焉如把楫而操舟執轡而馭馬何所之而不可吾知邑無不治凡邑皆然吾知天下無不治修志之功顧不偉歟郡檄徵序沉吟久之余愧不文也烏能序且余志乎志者今志成弗克資之奏績徒以序冠簀深汗浹耳然而郡大人搜羅百年將墜之文獻功不可泯爲述其概云康熙十年辛亥縣令張逢歡序

清袁尙衷嵊志序

越志自孫張兩太史筆削後經八十五年許簡編漫漶掌故不可稽楚中張公來守憫其殘缺用搜討焉庚戌秋馳檄徵修志以爲於越光邑侯張與謝師氏胡贊府毛仙尉及通序諸英公推六子且旁羅不肖彼沈酣理學者有吳君鉉練達治體者有裘君組標鑒人物者有王君心一馳騁古今者有姜君君獻家學淵源屬辭比事者有王君國蕃國維之數人使討論撰次秉管書青則可以

不肖當此何異蚊負山蚷馳河烏能勝任哉嘗閱世情旁觀者每嗤其當局後作者多陋其前規凡事盡然況修志乎故修志者必備三美一曰德二曰才三曰位三美備則人望所歸無遺議矣不肖夙抱羸疾近更年衰而才學識遠不逮前人又自甲申棄業唯與二三知己證學鹿山未嘗紆紫拖青觀光仕籍其得免於譏彈否安敢不辭五辭不得無如何左右諸君以勸厥事相月就館其條例則遵郡所頒本以周子之舊錄參以王子之新編間嘗旁搜他書補其不逮蒐凡四易不肖往營先人宅兆諸君以廩給不繼亦各散去創緒未竟亥之花朝隨檄上郡寂寥旅邸兩旬買棹東歸疾漸作掃榻焚香靜消白晝未幾催檄至諸君邨居皆懶視事不肖思士不可以鮮終無如何扶疾構思以致中暑不能起臥茌苒秋半催檄又至爲吏胥所迫強起卒業佐以補心之劑不勝請

邑侯發刺延諸君惟王友國蕃來屈舍踰月其賦役一書與孝義列女仙釋方技諸傳皆其手訂繫類後告竣是役也諸君既懶於卒業不肖又無如何卒業於疾中觀者作者其鑒之哉康熙辛亥

邑人袁尚衷序

清王國蕃嵊志序

宋邑令史安之訪鄞人高通議似孫作剡錄十卷本嘉泰初郡守會稽志而增之許東岡譏其擇不精語不詳周司空曰以余觀之洵乏體要然其文成一家而創始之難蓋不可泯元許編修汝霖緝嵊志十八卷汝霖見稱於景濂宋公固博雅君子應無遺議明成化甲午邑令許岳英聘諸生錢悌緝志周州刺山譏其收錄失當爲人所厭觀周司空曰既悌筆而有悌傳何也人謂錢君已耄所紀無文理或有然然許爲文令稱其采集靡遺不可謂無功弘

治辛酉邑令徐恂訪夏孝廉雷緝志時有學諭俞成學訓林世瑞周依分門協纂德州守周山專編人物故搜訪文獻甚詳餘姚孫奉常鑛謂其文采可觀而未剪其蕪以濫入故家記述且不脱學究也文采亦志中一長殆未易得萬歷丁亥邑主政汝登周先生緝志十三卷以理學鉅儒手司筆削後有作者未能或先別駕王公大康序其議公而覈事簡而該文古而雅馴知言哉伯氏國楨編備考二十卷續丁亥以後事亦間補前志所遺文物典故得攷鏡焉今者五六君子分任編摩其稽典要以潤精華則袁君删定之功有獨勞瘁不肖附驥觀成實獲厚幸然歷攷修志之得失用是凜凜秖懼安知所撰者不即爲所譏故不肖與袁君雖有損益亦惟闡繹舊聞守其師説以塞一時之命云爾康熙辛亥邑人王國蕃序

清謝三錫嵊志序

甚哉志不易作也非見聞博學術純者不可以操觚蓋見聞不博則文藝疎學術不純則是非謬嵊志成於海門周先生沖然粹然藹乎仁人之言實而不夸正而不詭公而不偏約而不濫以發潛德之光以立生民之命編摩勞瘁兩越寒暑則周公之志不可毀也板藏於周時方鼎革周所爲兵厨頗多散佚豫章羅公以裝潢故徙諸廛至邯鄲焦公時城中火板且燼矣更歷三令未遑補鐫歲在己酉張公來蒞之三載百務具舉與邑人議曰邑不可無志志猶鑑也人無鑑無以别妍媸邑無志無以考得失且上檄時下無以供命盍劂諸僉曰諾庚戌夏始告竣則重刻之功不可忘也諸賢囑余跋其後余思刻志以傳一邑之謨其事小刻心以合先賢之志其事大今日之嵊山川如故也伏莽者投戈矣都邑如故

也茂草者美奐矣土田則坍者除墾者升矣戶口則流者集止者繁矣賦役則正者存苛者汰矣而且抑奔競進操修以端士習而且黜頑囂厲勤儉以鼓民風以至倉廒之肯構泮水之聿新橋梁道路溝渠之悉治凡志所諄諄若操左券王公大康曰邑之轉移在令令之運用在心誠哉是言以心作令以令率邑何患不如志所云則張公之心不可沒也嗟乎志之不可毀也如此功之不可忘也如此心之不可沒也又如此因跋以告後之藏是板者康熙壬子學訓謝三錫後序

清裘組嵊志序

嵊志自海門先生續修歷今八十五年矣物態變遷舊章殘闕一邑之土俗士風版章人物久無所考非無雅意修飭之士而留心典故主持風教者未易遇也我朝右文勅天下修志以成一代之

書郡侯禹翁張公祖學綜今古聿振新猷檄八邑禮聘耆彥各修縣志以續府志而邑令張君玉臺愷悌宜民宰嵊五年政通人和百廢具舉乃遵憲檄採輿論延吳公鉉等六人共議纂輯又以不肖謝職投閒謬委勷理府頒凡十八條留人物公核外分條各任其實草創多出自壬子國蕃而潤色討論筆之削之袁子尙衷有獨瘁焉若不肖與姜吳諸子僅獻可替否綜其大略而已書成上報郡大人又命兩學司訓嚴加校讎始督工修梓眞愼厥事哉獨孝義烈女收不勝收或疑其濫予以善善從長與其苛也而大美或遺毋寧寬也而片善亦紀且以誘進將來風一勸百俾我邑士庶咸知自好於以砥礪名節也云爾書合新舊共十二卷載筆於庚戌之六月鐫就於壬子之九月也閱二載始告竣使非郡侯張公祖主持風教張父母克虔乃事安能舉數十年之曠典而維新

之至於褒美錄遺而補所未逮敢以俟後之君子邑人裘組後序

清李盛旦嵊志序

辛亥孟冬越嵊志成嵊自宋高通議始作剡錄嗣是代有修纂至明周司空而綜博精覈彬彬乎文獻備矣閒數十年曠焉莫記今郡大人張公以荆楚鉅儒剌越首檄八邑各緝志以進嵊令張君學博謝君禮聘名士續成是編越期年乃獻余讀其書詳簡有法成一家言將授梓而郡大人復以校讎見委余謹按其文義屬魚魯者正之存疑者標注若干條以付嵊士之博雅者訂焉閱五百夜而竣竊惟郡大人嘉惠越人記其山川土俗賦役人物使後有考鏡而激勸聿彰而又兢兢詳慎不使有脫訛傳疑若此後之君子觀諸志可以知公之所以治越者矣余猥以校讎附志簡末檇李李盛旦後序

清王心一嵊志序

古者陳詩以觀民風非文也將以云救也蓋有一方之山川則有一方之風氣土有堅弱之殊則人有剛柔之别爰命太史采知四方之風而後剛克柔克儉示禮示各有所施使天下中正和平會歸於皇極郡邑之志亦然正欲審其堅弱剛柔以施補救爲功甚鉅不徒黼黻吏治已也嵊志集成於周夫子吾夫子抱憫時病俗之心發易化移風之論讀其書知見其人迄八十餘年陵谷變遷滄桑更易美弗彰盛弗傳惜哉幸郡大人右文檄縣緝志邑侯徵諸博雅下逮不肖亦藥籠之收溲勃也然夫子成書具在吾友袁子尚衷曾與尊人同升夫子之堂能纂述其教其憫時病俗者更深易化移風者更切觀其續論與諸序意可知矣不肖雖碌碌何難因之以成哉成矣無能贊詞矣顧夫子以理之學儒專筆削之

任文獻足徵也袁子自庚戌至壬子總攬衆長爐錘今古攻苦難沒也故贅一語於後以表彰夫子與袁子之志且使後之君子由此而施其補救也嵊志成知有造於嵊越志成更知有造於越矣

邑人王心一後序

清陳繼平嵊志序

剡城僻介山溪在八邑中最爲褊小而縣志一書自宋明至國朝代有纂述張閬中復延訪博雅釐緝成書搜羅文獻去今未遠也余以辛酉季冬承乏兹土覺兵燹之餘地益貧而民愈困披覽之際雖山川疆域物產風俗依然如昔而戶口不加增賦役日益累他如城池署廨橋梁之屬有廢無興忠孝節義理學文章寥寥不概見豈作者多浮飾耶抑今昔之懸殊耶夫剡處越東鄙荒瘠素聞惟此溪山之勝夙稱擅人耳目宜其鍾靈異者不僅動植之物

已也必且賢豪接踵爲於越光茲何缺略無聞哉余聞之邑之有志猶國之有史史以褒貶垂勸懲志以進退爲予奪體要雖異指歸則同必記事毋濫核實宜詳庶善善惡惡不失良史之遺今田賦之裒益無多也風氣之沿習未變也至潛德幽芳雖不乏人或俟定評於身後或待表著於將來與爲傳疑無寧傳信與爲穢史毋寧闕文惟職官選舉略有增益故列其姓氏以俟知者之論定俾數世而下可以考吏治之得失可以徵文教之盛衰昭示來茲敢不慎歟抑又聞之瘠土之民易於嚮義激厲之氣多所奮興倘吏剡者能愛養教化返習俗於古處而邑之賢豪必且慨芳躅之莫嗣緬前徽之可師將仕者多廉節而處者向淳龐後先興起志不勝書又安見人物風土不若曩時之盛乎余敢以吏治自勉而更爲邦之人共勉之毋使後之操觚者徒志美於山川可爾康熙

癸亥縣令陳繼平序

清姜君獻嵊志序

辛亥獻與袁子尙衷仍周誌之後補八十五年事遵張郡侯之檄也客歲癸亥奉上諭再輯十二年事以勷一統之盛今甲子上諭取天下輿圖命道憲府憲俯臨郡邑攷山川之廣狹核里道之接壤繪圖以獻復輯邑志以垂永久獻思賦役如故景蹟依然無可再紀但風俗於十二年歲在甲寅因東陽賊趙沛卿流入西鄙蹂躪鄉邑張侯請兵討平之迄今水湄山曲不無草竊人情亦多澆競然地瘠民貧勞則思善醇樸尙未漓也况當事者教化眞切民心其返醇乎故於職官外略紀災異而已青蓮曰自愛名山入剡中好事者過而問焉未至者輒以爲憾獻於山水風土萃成一賦使覽者亦如輿圖之一目瞭然可無俟跋涉也賦曰越國名山剡

溪稱最嶀峰北枕上干牛斗之霄天姥南翔直抵壽星之域金鐘毓四明之秀池吞日昬鹿苑涵太白之精泉飛瀑布長鯨跨巨浪限天塹之洪波鹿胎闡性宗匯洙泗之一派秋月春光燦矣浣花溪口朝煙暮雨漣漪兩岸湘江以故地鍾人傑眞儒則周子呂子神仙則阮肇劉晨戴顒戴逵隱士也陳侯朱子功臣哉孝子烈女代有其人有廟享者有祠享者穎士神童世多拔萃有文傳者有行傳者且也萬壑千巖鬱葱盤結一壑一巖皆有名流著跡焉如金庭本洞天福地時見眞人之杖履亭園乃紫府丹邱猶存稚川之井竈墨沼鵝池王右軍之獨秀也懸巖碧水王夫人之清風乎雪棹艇湖子猷尙載其橋白雪潭影支遁還餘其宅釁院有百丈之巖眞珠由五豬幻化始寧八景登高見賦畫圖十里臨流浩歌石鼓插天之岉嶀浦藏蛟之穴穴有吞舟之龍岉巢不死之蝠所

謂虎窟龍湫奇松怪石奚堪悉數豈獨西嶺梅肥東郊柳黯哉迄今俗多古處桑麻之埜依然斗酒聽黃鸝化洽絃歌賡牖之夫莫不彈琴揮素月邑人張君獻後序

清高克藩嵊志序

嘗讀一統志凡郡邑分野山川景蹟風俗人物之屬一覽畢備老子云不出戶知天下信然降而一州一縣莫不有志一統志固州縣志之會歸而州縣志實一統志之權輿也雖然蒐羅未備則略而不詳考稽失實則僞而不眞是非淆亂則私而不公篇帙汗漫文詞鄙俚則擇而不精語而不醇甚矣志之難也剡古無志自余祖似孫作剡錄而剡始有志繼此以後代不一人大率踵事增華補苴罅漏而已今天子神聖兵革偃息文教修明去年癸亥纂輯一統志書禮部檄州縣修志今年甲子上諭直省督撫繪山川形

勢圖進呈直省督撫以圖畫附於志書復檄州縣修志兩年之間兩檄修志可不謂鄭重哉剡志續修於本朝辛亥又增修於去年癸亥今甲子去癸亥僅一紀此一紀中山川景蹟風俗人物之屬可删者無幾可增者無幾於是邑侯蔣公煒謀諸司戎姜子君獻姜子夙具史才優於著述承命增定不日告竣余剡人也披覽剡志者久矣嘗欲倣歐陽公修五代史法使其篇帙稍減事理詳盡簡確古雅成一邑巨觀奈比年以來僕僕公車對策還里悠忽歲月著述之事有志未逮是役也邑侯董成不濡時不多派有愛民之心焉姜子秉筆寧襲故無更新有古直道之遺焉余雖不獲佐其事而樂與觀其成因謬綴數言以殿其後康熙甲子邑人高克藩後序

清常安嵊志序

周禮者太平經國之書也其間版圖之式司會掌之土地之圖司書記之形體之法遂人造之地事之圖土訓記之春卿則小史外史掌其志夏卿則司險職方掌其圖地理之繫於治道由來舊矣後世郡邑有志卽小史外史遺意將考一方之掌故以資行省採擇以備黃圖薈粹典甚鉅也使有倡而莫繼或廢佚而不修舊聞湮沒徵信無從何以稽成憲而昭職守予向於庚戌歲承乏黔藩奉旨纂修各省通志延儒開館發凡舉例予亦相與參訂歷三載將授梓適有巡撫江西之命未獲觀成至今猶耿耿胸臆今春來莅兩浙案牘繁猥會嵊縣李令重修縣志告成乞予序其首予攷嵊爲舊剡縣山水甲於東南杜子美稱其秀異李青蓮歎其清妙白太傅以剡爲越中眉目而王戴劉阮之事又嘖嘖人口乃宋以前無志自高似孫創爲剡錄元許汝霖明許岳英夏鍭周山周汝

登以志繼之國朝張逢歡袁尚衷陳繼平繼之諸編或失則繁或失則略或失則踳駁而不純自康熙癸亥迄今六十載邑事之宜登簡牘者甚夥今兹邑者惟簿書錢穀是務志乘不一寓目李令獨能以編摩自任雖仿前哲之規模實本一已之裁製約而該詳而不濫明晰而有體後之宰是邑者可以察戶口之多寡可以攷田土之上下可以核賦役之繁減可以別民風之淑慝至於山川城池廨宇橋梁道路之屬皆可以知其險易紆直及盛衰興廢所由爲功豈鮮淺哉予嘉其留心治道與周官相吻合迴思黔志纂緝之維艱益知嵊志告竣之匪易爰因其請而爲之序乾隆壬戌中丞常安序

清張若震嵊志序

雍正辛亥歲浙有輯志之役大抵事徵外史博資檢校嘗購宋俞

瑞剡東錄而卒不可得得高似孫剡錄亦非善本云夫剡固浙之緊縣也既掌訓方宜崇典要苟徒侈二戴風流王謝清放核以雅藻之致則諸若夫闢智謫之窟宅闕運數之勾股則未之有逮耳矣踰輯通志一紀而縣令李君以邑志開雕夫秦漢置縣曰剡宋易曰嵊今稱嵊志循其實也且以嵊志之難成也自宋以後一修於元四修於明若周海門尚書有良史之風內閣書目特載之本朝康熙癸辛丙亥間亦各葳事焉而乃書缺有間其故何也蓋嵊本四山阸隘形方氏以其仳離屢有割置然而嵺嶺起伏五馬據泉屏蔽台金柝閩甬越實自古用武之地漢樓船將軍攻東越唐張伯儀平袁晁王式平裘甫宋劉述古平方臘莫不蹂郛躪奧燬及典帙固其宜也今夫大雅江漢之詩歌詠武功然終之曰矢其文德洽此四國我國家自康熙甲寅寧海將軍惠獻貝子殲嵊寇

保溫台策勳最偉永錫爾祉男耕婦織山高水長耳不聞金鼓之聲目不睹旌旗之狀蓋天下之太平亦已久矣是以履其土田昔何以蕪今何以闢覈其戶口昔何以耗今何以繁察其風俗昔何以悍今何以醇數其人物昔何以渙今何以萃泰運郅隆聖人光宅綿綿翼翼文德覃敷召虎對揚學士摛藻志之編纂維其時矣邑雖偏隅聿昭元化甚矣令之志之勤而舉之能得其典要也豈直曰剡溪秀異欲罷不忘也耶余故應其請而序之抑聞唐鄭言平剡錄亦鐃歌奏凱之詞其又剡錄之嚆矢矣乎余且次第索覽與剡東錄同備參考焉乾隆七年壬戌方伯張若震序

清周範蓮嵊志序

自宋宣和而嵊始名縣自嘉定間有高氏錄而嵊志始萌芽自明神宗朝有周海門編而嵊之志始通於上國後有作者難易兼之

何以故夫人未有室家庶事草刱落手茫然猝不知所如往有從
而垣墉之樸斲之或又從而塈茨丹雘之勤靡餘勞思已過半後
之人但賡續而終之姑視其家所少者補苴而張皇之有不可者
乃掃而更之則蔚乎其章矣故曰易然而日月既久時異事異是
故志天文者莫先堯典然其時冬至日在虛昏中昴至宋之慶元
而日已在斗昏已中壁矣志地理者莫先禹貢而自漢以來九河
迷不得路鄭氏從緯書謂爲齊桓所塞蔡氏從王横謂爲海水所
漸矣蓋雖聖人之經不可爲典要已若是而况其散乎故曰難博
白李君當官有幹實換縣得嵊三年而政成一切治辦百廢具舉
念古之爲政者必訪於遺訓咨於故實居今日而求遺訓故實也
者舍志其焉從禮載孔子之言曰古也有志下而陳代及滕之百
官皆稱志曰狠瞕謂周志有之申叔時謂教之故志使知廢興以

某爲邑長於斯而壞亂不修等諸覆車之蠟是失一鑑也其若從政何於是置官局聘名士求遺書具筆札供糗糧費不及下成不譽素嘗試取其書閱焉發凡起例拾遺補闕倍舊志者二之而參之以驗稽之以決疏其穢而鎮其浮正其違而治其煩考證一門彌合穀梁傳著傳疑康成知古知今之指君子謂是書也可以志矣今夫志一也合之則曰邦國周禮小史掌之若今一統志省志是也離之則曰四方周禮外史掌之若今郡縣志是也以縣達郡以郡達行省以行省達京師備土訓誦訓之所道獻之天子而高以下爲基則必自縣始是故爲政者亦必自縣始孔子曰與其託之空言不如見諸行事之深切著明也則願與君交勉之乾隆七年歲次壬戌郡守周範蓮序

清李以炎嵊志序

居恆讀書經史外喜周覽天下郡邑志得以微窺盛衰得失之故未嘗不歎志之所關綦重而載筆之不可不慎也己未受知上憲自湯溪移嵊夙聞周司空汝登志善甚索之不得僅得袁生尙衷本心竊有所未安且踰甲子又一紀矣夫紀載以資考鏡固未可聽其放佚況我朝文教四訖惠政覃敷食舊德而服先疇者將播揚休明潤色鴻猷之不暇乃猶以愁苦怨咨之聲發爲慷慨激烈之論非可爲訓也然則今日之宣聖化而正民心其莫亟於志乎蓋欲知古則考據宜精欲知今則聞見宜確茲則行笥既鮮載籍居是邦者復無識大識小成一家言用資采擇則訂僞難補偏尤難如因陋就簡苟且塞責究何足以昭典章垂軌物故稿經三易意終未愜辛酉夏檄攝山陰篆山陰爲越首邑士大夫多名山石室之藏幸不靳假觀又因田君實秬得識俞君忠孫二君皆以詩

古文詞世其家遂耑任筆削欣然曰自茲可觀厥成矣爰發舊稿更番論次定爲十綱分爲六十六目發凡起例取古今名家著述仿而行之未嘗故爲異同亦豈漫無去取要之所增者掌故所汰者繁芿所部署者後先之序所條晰者累黍之豪縱不敢竊比於胡憲之漢書辨正石介之唐書糾繆而體裁已整規模一變則上述既往庶幾無遺恨矣惟此七十餘年之事既采摭維艱亦傳聞多異間或略近而詳遠舉小而遺大甚至仕宋仕元而冠以前明爵秩越疆越界而借爲本地風光設狥其名不核其實非惟誣一邑且將以誣天下何則邑志者郡志通志一統志之造端也嗟乎志之所關若是不其難哉而予顧任之者亦以彰教維風爲職分所當盡并欲此邦人士知秀事詩書樸安畎畝者皆太和翔洽所致益勉忠愛以成敦龐之俗此所以知其難而不以難自諉也記

曰琴瑟不調甚者取而更張之兹之以述兼作其有大不得已之苦衷也夫乾隆七年歲次壬戌縣令李以炎序

清田實秬嵊志序

志與史何難乎山川區里風俗沿革一切至纖且悉振綱而網羅舉非才與學靡爲也若夫列傳人物權衡惟其識矣顧史家是非略定處嚴密筆削人不得而掣其肘志則綜輿論而爲子孫者類能緣飾其前軌名實譁則取舍憒故視他纘排尤綦難也實秬幼束髮受書侍先君子先君子該洽善古文辭名于時太守俞公委郡志焉先君子曰是府怨我也雖然毋屈吾筆每一傳成必以詔實秬並歷舉天下郡邑志臧否反覆提耳實秬熟而志之不忘戊午省試佹得復失獲知粵鍾山李公明年公自湯溪移治嵊於是始修謁稱弟子門下公既起嵊諸廢旋及志以屬其鄉人王瀚進

士而命實秬操鉛槧其後未匝月瀚需次謝去會世講俞君忠孫倦遊歸里忠孫者鞠陵先生令子續文邃古所謂克世其家學者也亟介紹推致之與朝夕從事定爲十綱六十四目稽類按部追源極委考證同異間或因事寓規期以兩人所稟承先世成一邑書庶幾藉手報知己也書成進於公公之言曰琴瑟不調解而更張之以進郡大夫周公周公之言曰室家草剏補苴而掃除之僉以爲勝舊本矣乃兩人愧未當也嵊故偏邑文獻尠可據曩者海門尚書號良史才手輯志彬彬大雅不百年已無完書今隻字不可收拾自是而上若夏孝廉雷錢文學悌許編修汝霖高通議似孫典文益邈矣下此袁王兩前輩固以舛脱譏忠孫曰訂譌余責乎惟是六七十年來蒸俗造秀此邦人亦欲導揚厥盛實秬宜執簡俟之久而裒不盈帙賢而才者地氣果足以限之與抑風俗之

醇也毋飾美以誣其先歟忠孫誠才學猶弗敢居實秬無識強爲難者諒哉人其知之矣乾隆壬戌會稽田實秬後序

清李可瓊嵊志序

令尹職司民社訓俗型方非徒按簿書愼出納爲目前之計必將通達古今蒐羅文獻舉政之大者而圖之庶足以彰前軌示來轍也嵊邑據越上游山川秀異井壤交錯其地瘠而不貧其民樸而好禮越州八邑中素稱易治維嵊志自乾隆壬戌修輯後距今又八十餘年其間典禮之修明制度之沿革民人物產之滋豐文章節義之建豎日新月盛積而彌多使佚而不紀何以彰前軌示來轍乎李君令嵊之三年政通人和百廢具舉爰取舊志重加裒輯爲門四十爲卷一十有四約而能該詳而有體郁郁乎備歷朝之掌故爲剡水之典型矣抑予又有望焉者嵊之先賢勳名如王謝

經術如二戴著述如姚合威理學如周海門皆南紀之英也嵊之名宦賑饑之如過昱抑豪強如陳著築城禦寇如吳二畏濬河治堤如朱一柏皆慈惠之師也使嵊人砥行立名追嗣前徽樸而愿者從事乎孝弟力田秀而文者陶淑乎詩書禮樂則嵊之風俗日醇矣官茲土者本良法美意之留遺深高山景行之仰慕文物典章各求其備因革損益務得其宜俾政教覃敷化行俗美則嵊之吏治日上矣然則是志之修非特爲嵊人高曾之規矩實宰嵊者百世之鞶鑑也其所裨豈淺尠哉予奉命分巡浙東於井疆戶口之登耗士習民風之隆替每於僚友中悉心體訪以期因地制宜化民成俗茲覩李君是書綜一邑之典章編摩而考鏡之方志也即治譜也洵可謂舉其政之大者歟故因其請而樂爲之序道光八年歲次戊子浙江寧紹台兵備道南海李可瓊序

清馮清聘嵊志序

古者太史陳詩以觀民風小史外史掌邦國四方之志詩以別風俗之貞淫志以詳山川田賦民風物產之屬胥於是乎在此志不可以不作也嵊志始於宋高似孫剡錄元許汝霖明錢悌夏雷邑令譚禮周司空遞修之而周本爲最善國朝張君逢歡李君以炎重加纂修自乾隆初迄今八十餘年闕焉未備者尙夥李君果亭來令是邑懼其事蹟散佚迺延致紳士博采舊聞成志十四卷而屬序於余余謂作史之難莫難於志矧志郡邑紀風土備掌故尤在擇精而語詳於舊所未列者廣之舊所濫入者芟之且古今分野之殊度山川之易名城郭之建置典章之因革人品之淑慝使不徵古籍訪黎獻將何以信今傳後李君是志以儒林賅道學以經籍別藝文以封誥歸仕籍武職附之例嚴矣而崇學校標殊勳

編詩文彰苦節抑又備矣其他山川支派形勝扼要戶口田畝忠孝隱逸諸門無不折衷至當博而要覈而詳其去取有非舊志所及夫嵊固山水之區也勢接江湖界連台越由剡溪而上嶀山嵊山峯巒環列雲霞縹緲樹木欑槮而艇湖諸水蜿蜒噴薄扶輿鬱結之氣靈秀鍾焉是以高人碩士如許元度戴安道王謝諸人往往帬屐風流歌詠自得非以其地美而俗醇歟余守越郡嘗攷風習之相沿其士秀而文其民樸而勤八邑中惟嵊鮮案牘易於化導繼自今其必使士崇實學民益馴良務本業銷獄訟以仰承聖天子教化涵育之至意是則守土者之責也願與李君共勉之道光八年歲次戊子秋九月知紹興府事雁門馮清聘序

清李式圃嵊志序

周禮小史掌邦國之志即今之一統省志也外史掌四方之志即

今之郡縣志也然則一邑之志實爲一統省郡志之權輿顧可聽其年久散佚文獻無徵歟嵊爲漢剡縣東控台寧西道婺暨南連新邑北毗會稽介兩郡六邑間山川秀異原隰衍沃人民商賈之富庶土宜地力之豐饒習尙儉樸風俗醇厚洵浙東之奧區也唐鄭言著平剡錄皆鐃歌奏凱之詞無關典要宋俞瑞剡東錄舊志已稱購不可得嘉定間高似孫本會稽志作剡錄雖簡而有法而去取失宜元許汝霖始改錄爲志閱前明一代凡四修成化志成於錢悌而有悌傳弘治志夏雷譏其收錄未當因就許志而增之嘉靖時復修於邑令譚禮未就萬歷間始有周海門先生志綜博精覈載入內閣書目洵稱善本至國朝一修於康熙時張君逢歡再修於乾隆時李君以炎迄今又八十餘年其官師之職守典章之沿革物產之蕃殖科目之加增若不亟爲蒐輯坐使聞見就湮

荒遠莫續誰之責歟式圃承乏茲邑已閱三載下車時親訪民間風俗講求治理深慮舊聞散佚攷證無從乃謀諸闔邑耆舊延郡中朱意園太史及在籍諸紳士網羅舊聞廣爲采訪就舊志所載冗者削之譌者正之闕漏者增之復於案牘之暇詳爲釐訂歲一周始克蕆事略變舊志體例分爲四十門以歸簡要蓋觀山川疆域之形勢可以知要害觀土田戶口之多寡可以均賦役觀城池壇廟之制度可以脩廢墜觀民風士習之淑慝可以興教養舉凡政治之得失美惡之勸懲胥於是乎在惟有恪守官常拊循保惠以期上揚聖治下協輿情俾風俗蒸蒸日上亦有司之幸也豈僅爲生於嵊游於嵊者作一鑑也哉道光戊子縣令李式圃序

清海霈嵊志序

越有嵊名昉於唐宋因之乎剡剡東兩錄湮沒不傳惟宋嘉定間

高氏出而志遂成迨有明凡四修至萬歷周海門先生綜核盡美於焉不朽我朝風同道一採訪尤周康熙間嵊令張君逢歡乾隆間李君以炎道光間李君式圃先後修輯於是山川人物一覽燦然洎咸豐辛酉洪楊潰軍蔓延越東致遭蹂躪既平漸次經理民人安集廛市擾熙於今數年矣然邑志無存疇其掌故同治戊辰冬嚴懷白權是邑倡議采輯付梓商諸紳集資舉辦是役也始於己巳孟春秉筆者有蕭山蔡硯香孝廉昆仲諸君襄事者有本邑任蒓香孝廉諸君靡不抗懷今古鉅製鴻裁嚴君咸羅致門下相與有成其書去取簡當分爲二十六卷惜書未告竣而嚴君已沒雖曰人事豈非天命哉越明年而志成其時宰嵊者仲令去而陳令仲麟詳加較正焉余來守紹興披閱郡志書闕有間嵊一蕞爾邑記志述事創始告成觀於此而深嘉嚴君之達治體諸紳之成

善本也在事諸君囑余數言弁其首余不敏撮舉大略至其博采旁搜拾遺攷訂讀是志者固能共賞之也夫何贅同治十年歲次辛未知紹興府事海霈撰

清嚴思忠嵊志序

因革盛衰之故亦徵矣哉古者外史掌四方之志達書名於四方至唐而有元和郡縣志後之志郡縣者仿焉嵊之有志則自高似孫剡錄始似孫迄今六百餘年其間山川風土文物典章爲因爲革爲盛爲衰不知幾經變易矣思忠於洪楊潰軍戡定之明年筮仕於浙越三年奉檄來茲土下車巡視幸流亡漸復凋瘵漸甦撫字餘閒得以旁求掌故而所謂山川風土文物典章其未登舊志者既積久懼湮至稽察戶口損益田賦表揚忠義尤闕然有待輒自奮曰此守土者責也以禮聘辛酉所得士永與蔡庶常以瑺暨

其兄孝廉以瑩富陽朱解元彭年授館修輯而增損之邑人士之有文者佐之閱期年而蕆事嗟乎史才之難也似孫之於嘉定徵引賅洽遺文軼事脈絡井井後之人猶有議者况在近代聞見日新而欲苞古酌今有典有要豈非難之難歟夫嵊志之存於今者有弘治夏志萬歷周志康熙張志乾隆李志道光李志今距前志時又四十年矣屬遭兵燹舊錄盡失苟守土者畏編晉之難不及時蒐討以明因革盛衰之故將何以詔方來而求治鏡哉若夫成書之有當於史才與否亦俟後之覽者評之非思忠所敢知矣同治九年歲次庚午仲春之月知嵊縣事丹徒懷白嚴思忠序

清陳仲麟嵊志序

國有史邑有志志史材也亦治譜也民鏡於志以自治吏即本志以出治察形勢稽戶口紀沿革振愚頑闡燭幽隱考鑑得失將於

是乎在非徒以誇名勝摭佳談也嵊環皆山扶輿磅礴之氣獨鍾於是俗因之其民樸且馴自南朝王謝二戴輩出代有聞人而醇悶相安政稱易治仲麟於庚午之夏奉檄涖茲土方以未閑民事爲慮甫下車得閲前令嚴公纂志稿本蠹簡鴻編廣搜靡缺其於風土人情山川圖紀復羅列如指上紋舉而措之脗相合焉夫以仲麟之拙於從政得借助於志而所慮爲未閑者一一以志治之誠哉志之有裨於吏治也且嵊志權輿剡錄自宋迄今删脩各異或限於條例或絀於文詞成編雖存善本蓋鮮加以辛酉之變鋟毁於兵簡燬於火守土者方葺堙堵濬溝渠闢污萊置舍宇之不遑何暇求掌故即是邦一二有文之士又復以越俎爲嫌遂令義碣貞珉日湮沒於西風禾黍中而不可識別迨嚴公以撫字之暇起任校讎禮羅名士相與左右之雖卒業未臻而大指已備較之

舊志繁者汰略者增疑者闕以待昔溫公稱宋次道長安河南二志雖因革述舊記而詳不啻十倍歎爲眞博物書仲麟於是志亦云且仲麟從諸君子後終事纂脩並得快覩成書以匡治體之不逮是仲麟固不敢居功於志而志且大有功於仲麟也異日覽是志者有以自治即有以出治蒸蒸然上成聖朝郅治之隆則是志且與史册爭光一邑之譜云云乎哉是又仲麟所厚望於來者同治九年庚午仲冬月邑令遂寧陳仲麟序

嵊縣志卷三十二終

重修嵊縣志跋

嵊有志權輿於宋高氏剡錄似而續之有元至正許汝霖志有明成化錢悌志有宏治夏雷志有萬歷周汝登志有清康熙袁尚衷志有乾隆田實秬志有道光朱潒志有同治蔡以瑺志周志號稱古雅賅治其書已不得見同治志亦不數數覯民國五年邑令牛公蔭麐莅嵊倡議重修以他調不果行閱二載牛公復任實施前言聘丁廣文謙爲總纂郭慶蒿呂壽名袁耀章三君爲分纂丁廣文議援近修江蘇浙江通志之例斷代於宣三並循舊志例目斟酌而損益之未幾丁以病辭去繼之者擯棄丁議創爲地理人民職官學校人物藝文六篇越三年具草將鋟梓未慊識者之心洎時由贛回籍亦期期以爲不可羣議滅竈而更炊之謀諸金華王公廷揚王諾之而尋以國事未遑謝浸淫至二十有一年壬申都

人士僉謂志事不可緩以書幣延致暨陽余君重耀總其事本邑張君冶任參訂一本丁廣文前議集舊裒新拾遺補缺繁者簡之複者删之訛者正之疑者闕之前後桼文者敍釐之傳聞異詞者互存之都爲卷三十有二甲戌季秋稿具繇今大合羅公毅暨嫻於文獻者申閱焉以印以布距牛合君倡修之年閱寒暑一十有九嗚呼修志固若是其艱曠乎哉

中華民國二十有四年夏仲邑人孔龢錢適焌